Georg Simmel · Lebensanschauung

Georg Simmel

Lebensanschauung

Vier metaphysische Kapitel

Dritte Auflage

Duncker & Humblot · Berlin

Die Deutsche Bibliothek – CIP-Einheitsaufnahme

Simmel, Georg:
Lebensanschauung : vier metaphysische Kapitel / Georg
Simmel. – 3. Aufl., unveränd. Nachdr. der 1922 erschienenen
2. Aufl. – Berlin : Duncker und Humblot, 1994
    ISBN 3-428-07385-1

Unveränderter Nachdruck der
1922 erschienenen zweiten Auflage

© 1994 Duncker & Humblot GmbH, Berlin
Druck: Berliner Buchdruckerei Union GmbH, Berlin
Printed in Germany
ISBN 3-428-07385-1

Messo t'ho innanzi; omai per te ti ciba;
Chè a sè ritorce tutta la mia cura
Quella materia ond'io son fatto scriba.

Dante an den Leser.

(Ich tischte auf; nimm selbst dir dein Gericht:
Denn m e i n e ganze Sorge gilt allein
Den Dingen, die zu künden meine Pflicht.)

Inhalt

I. Die Transzendenz des Lebens 1

II. Die Wendung zur Idee 27

III. Tod und Unsterblichkeit 96

IV. Das individuelle Gesetz 150

Erstes Kapitel.

Die Transzendenz des Lebens.

Die Weltstellung des Menschen ist dadurch bestimmt, daß er sich innerhalb jeder Dimension seiner Beschaffenheiten und seines Verhaltens in jedem Augenblick zwischen zwei Grenzen befindet. Dies erscheint als die formale Struktur unseres Daseins, die in dessen mannigfaltigen Provinzen, Betätigungen, Schicksalen sich jeweils mit immer anderem Inhalt füllt. Gehalt und Wert des Lebens und jeder Stunde fühlen wir zwischen einem höheren und einem tieferen stehen, jeden Gedanken zwischen einem klügeren und einem törichteren, jeden Besitz zwischen einem ausgedehnteren und einem beschränkteren, jede Tat zwischen einem größeren Maß an Bedeutung, Zulänglichkeit, Sittlichkeit und einem geringeren. Wir orientieren uns dauernd, wenn auch nicht mit abstrakten Begriffen, an einem Über-uns und einem Unter-uns, einem Rechts und Links, einem Mehr oder Minder, einem Fester oder Lockerer, einem Besser oder Schlechter. Die Grenze nach oben und nach unten ist unser Mittel, uns in dem unendlichen Raum unserer Welten zurechtzufinden. Damit, daß wir immer und überall Grenzen haben, sind wir auch Grenze. Denn indem jeder Lebensinhalt: Gefühl, Erfahrung, Tun, Gedanke — eine bestimmte Intensität und eine bestimmte Farbe besitzt, ein bestimmtes Quantum und eine bestimmte Stelle in irgendeiner Ordnung, so setzt sich von jedem jeweils eine Reihe nach zwei Richtungen, nach ihren beiden Polen zu, fort; dadurch hat der Inhalt selbst an jeder dieser beiden Reihenrichtungen teil, die in ihm zusammenstoßen und die er begrenzt. Dieses Teilhaben an Wirklichkeiten, Tendenzen, Ideen, die ein Plus und ein Minus, ein Diesseits und ein Jenseits unseres Jetzt und Hier und So sind, mag dunkel und fragmentarisch genug sein; aber es gibt unserem Leben die beiden sich ergänzenden, wenn auch oft kollidierenden Werte: den Reichtum und die Bestimmtheit. Denn diese Reihen, von denen wir begrenzt werden und deren Teilrichtungen wir begrenzen, bilden eine Art Koordinatensystem, durch das gleichsam der Ort jedes Abschnittes und jedes Inhaltes unseres Lebens festgelegt wird. Für die entscheidendste Bedeutung aber des Grenzcharakters unserer Existenz bildet diese Festgelegtheit erst den Ausgangspunkt. Denn die Grenze überhaupt ist zwar notwendig — jede einzelne bestimmte Grenze aber kann überschritten werden, jede Festgelegtheit verschoben, jede Schranke gesprengt; jeder solche Akt freilich findet oder schafft die neue Grenze. Die beiden Bestimmungen: daß die Grenze unbedingt ist, indem ihr Bestand mit unserer gegebenen Weltstellung solidarisch ist — daß aber keine Grenze unbedingt ist, weil eine jede prinzipiell verändert, überlangt, umgriffen werden kann — diese beiden Bestimmungen erscheinen als die Auseinanderlegung des in sich einheitlichen Lebensaktes. Aus unzähligen nenne ich nur einen Fall, der für die Bewegtheit dieses Prozesses und die Dauerbestimmtheit unseres Lebens durch ihn sehr bezeichnend ist: das Wissen und das Nicht-Wissen um die Folgen unserer Handlungen. Wir alle sind wie der Schachspieler: wüßte er nicht, welche Folgen sich mit dem praktisch ausreichenden Wahrscheinlichkeitsgrade aus einem Zuge ergeben werden, so wäre das Spiel unmöglich; aber es wäre auch unmöglich, wenn diese Voraussicht bis zu jeder beliebigen Weite ginge. Platos Definition des Philosophen als dessen, der zwischen dem Wissenden und dem Nichtwissenden steht, gilt für den Menschen überhaupt; die geringste Überlegung zeigt, wie ausnahmslos jeder Schritt unseres Lebens dadurch bestimmt und möglich ist, daß wir seine Konsequenzen übersehen, aber als eben dieser dadurch bestimmt und möglich, daß wir sie nur bis zu einer gewissen Grenze übersehen, von der an

sie verschwimmen und schließlich unserem Blick entschwin-
den. Und nicht nur, daß wir auf dieser Grenze zwischen
Wissen und Nichtwissen stehen, macht unser Leben zu dem,
als was wir es kennen; es wäre auch dann ein absolut anderes,
wenn die Grenze jedesmal definitiv wäre, wenn nicht mit
vorschreitendem Leben — sowohl im ganzen wie hinsichtlich jeder einzelnen Vornahme — Unsicheres sicherer und
sicher Geglaubtes fragwürdiger würde. Die konstitutionelle
Verschiebbarkeit und Verschiebung unserer Grenzen bewirkt, daß wir unser Wesen mit der Paradoxe ausdrücken
können: wir haben nach jeder Richtung hin eine Grenze, und
wir haben nach keiner Richtung hin eine Grenze.

Aber sie bewirkt auch oder bedeutet unmittelbar das
Weitere: daß wir unsere Grenze auch als solche wissen —
zunächst die einzelne und dann die generelle. Denn nur wer
in irgendeinem Sinn, mit irgendeiner Funktion außerhalb
seiner Grenze steht, weiß, daß er innerhalb ihrer steht, weiß
sie überhaupt als Grenze. Kaspar Hauser hat nicht gewußt,
daß er in einem Gefängnis war, bis er ins Freie kam und die
Mauern auch von außen sehen konnte. Auf dem theoretischen
Gebiet zum Beispiel ist unsere unmittelbare Erfahrung und
unsere innerlich anschauende, phantasiemäßige Vorstellung
bezüglich derjenigen Bestimmung der Dinge, die sich in
Graduierungen bieten, auf bestimmte Größengrenzen angewiesen. Schnelligkeit und Langsamkeit etwa sind uns über
gewisse Maße hinaus nicht eigentlich vorstellbar; von der
Schnelligkeit des Lichtes und der Langsamkeit, mit der sich
der Tropfstein bildet, haben wir kein eigentliches Bild; wir
können uns in diese Tempi sozusagen nicht hineinfühlen;
eine Temperatur von 1000 Grad und den absoluten Nullpunkt
können wir nicht nachfühlend vorstellen; von dem Sonnen-
spektrum ist uns, was jenseits des Rot und des Violett liegt,
optisch überhaupt nicht zugänglich usw. Unser Vorstellen
und primäres Erkennen schneidet eben aus der unendlichen
Fülle des Wirklichen und seinen unendlichen Auffassungs-

möglichkeiten Bezirke heraus, wahrscheinlich so, daß die
damit jeweils umgrenzte Größe als Grundlage unserer praktischen Verhaltungsweisen ausreicht. Allein schon diese Angabe solcher Grenzen zeigt, daß wir sie irgendwie überschreiten können, überschritten haben. Über die Welt, die wir
sozusagen in vollsinnlicher Realität haben, führen uns der
Begriff und die Spekulation, die Konstruktion und die Be-
rechnung hinaus und zeigen uns erst damit jene als eine
begrenzte, lassen uns ihre Grenzen von außen sehen. Unser
konkretes, unmittelbares Leben setzt einen Bezirk, der
zwischen einer oberen und einer unteren Grenze liegt; das
Bewußtsein aber, die Rechenschaft hierüber, hängt daran,
daß das Leben, zu einem abstrakten, weitergreifenden wer-
dend, die Grenze hinausrückt oder überfliegt und sie damit
als Grenze konstatiert. Es hält sie dabei dennoch fest, steht
diesseits ihrer — und in demselben Akt jenseits ihrer, sieht
sie zugleich von innen und von außen. Beides gehört gleichmäßig zu ihrer Konstatierung, und wie die Grenze selbst an
dem Diesseits und Jenseits ihrer teil hat, so schließt der einheitliche Akt des Lebens das Begrenztsein und das Überschreiten der Grenze ein, gleichgültig dagegen, daß dies,
gerade als Einheit gedacht, einen logischen Widerspruch zu
bedeuten scheint.

Dieses Sich-selbst-Überschreiten des Geistes vollzieht sich
nicht nur an einzelnen Abschnitten, um deren quantitative
Begrenzung wir von Fall zu Fall eine weitergehende legen,
um sie so, indem wir sie sprengen, erst wirklich als Begrenzung zu erkennen. Auch die beherrschendsten Prinzipien
des Bewußtseins werden von ihm beherrscht. Eine der un-
geheuerlichsten Grenzüberschreitungen, die zugleich ein
sonst unerreichbares Wissen um unsere Begrenztheit bewirkt, liegt in der Erweiterung unserer Sinneswelt durch
Fernrohr und Mikroskop. Zuvor hatte die Menschheit eine
durch den natürlichen Sinnesgebrauch bestimmte und begrenzte Welt, die also zu ihrer ganzen Organisation harmo-

nisch war. Seit wir uns aber Augen gebaut haben, die auf Milliarden von Kilometern hin das sehen, was wir natürlicherweise nur auf kürzeste Entfernungen hin wahrnehmen, und andere, die uns die feinsten Strukturen von Objekten in einer Ausbreitung auseinanderlegen, die in den Dimensionen unserer natürlich-sinnlichen Raumanschauung gar keinen Platz hätte, ist diese Harmonie durchbrochen. Ein höchst besonnener Biologe äußert sich in diesem Sinn: „Ein Wesen, dessen Augen den Bau eines Riesenfernrohres hätten, wäre auch im übrigen ganz anders gestaltet als wir. Es besäße ganz andere Fähigkeiten, das Gesehene praktisch zu verwerten. Es würde neue Gegenstände formen und besäße vor allen Dingen eine unermeßlich längere Lebensdauer als wir. Vielleicht wäre auch seine Zeitauffassung eine fundamental verschiedene. Sobald wir uns der Disharmonie zwischen den Raum- und Zeitverhältnisssen jener Welten und unserem Dasein bewußt werden, brauchen wir uns nur daran zu erinnern, daß wir auch mit einem Stelzfuß von einem halben Kilometer Länge nicht laufen könnten. Ob wir aber unsere Sinnesorgane oder unsere Bewegungsorgane über Gebühr vergrößern, ist im Prinzip das Gleiche — in jedem Falle durchbrechen wir die natürliche Zweckmäßigkeit unseres Organismus." Wir haben also nach gewissen Richtungen hin den Umfang unseres natürlichen Seins, das heißt die Anpassung zwischen unserer Gesamtorganisation und unserer Vorstellungswelt, überschritten. Wir haben jetzt eine Welt um uns, die, wenn wir uns als irgendwie einheitliche Wesen, das heißt in angemessener Korrelation unserer Wesensbestandteile zueinander, denken, nicht mehr die „unsere" ist. Von dieser aber, durch die Überschreitung unseres Seins durch dessen eigene Kräfte gewonnenen, nun zurücksehend, erblicken wir uns selbst in einer zuvor unerhörten kosmischen Verkleinerung. Indem wir unsere Grenzen ins Maßlose hinausschieben, drücken die Relationen zu so ungeheuren Räumen und Zeiten uns in unserem Bewußtsein auf die

Größengrenze verschwindender Pünktchen zurück. Entsprechendes gilt für die ganz allgemeine Gestaltung unseres
Erkennens. Setzen wir die Bildung von Wahrheit darein, daß
apriorische Kategorien den gegebenen Weltstoff zum Er-
kenntnisgegenstand gestalten — so muß das Gegebene doch
für jene bildsam sein. Nun mag entweder unser Geist so angelegt sein, daß ihm überhaupt nichts „gegeben" werden
kann, was sich diesen Kategorien nicht fügte, oder diese
mögen von vornherein die Art, auf die eine Gegebenheit
stattfinden kann, bestimmen. Ob diese Bestimmung nun so
oder anders stattfindet — es besteht keine Gewähr dafür, daß
das Gegebene, sei es auf sinnlichem oder metaphysischem
Wege gegeben, auch wirklich ganz in die Formen unseres
eigentlichen oder definitiven Erkennens eingeht. So wenig
wie alles, was uns von der Welt gegeben ist, in die Formen
der Kunst hineingeht, so wenig die Religion jeden Inhalt
des Lebens sich einbilden kann, so wenig vielleicht kommt
die Totalität des Gegebenen in jenen Formen oder Kategorien
des Erkennens unter. Allein: daß wir als erkennende Wesen
und innerhalb der Möglichkeiten des Erkennens selbst die
Idee überhaupt fassen können: die Welt ginge in die Formen
unseres Erkennens nicht hinein, daß wir, selbst rein problematischer Weise, eine Weltgegebenheit denken können, die
wir eben nicht denken können — das ist ein Hinausschreiten
des geistigen Lebens über sich selbst, Durchbruch und Jen-
seitigkeit nicht nur einer einzelnen, sondern seiner Grenze
überhaupt, ein Akt der Selbsttranszendenz, der die — gleichviel, ob wirkliche oder nur mögliche — immanente Grenze
selbst erst setzt. Und nicht weniger gilt diese Formel für die
nächstbesondere Ausgestaltung dieses Allgemeinsten. In den
Einseitigkeiten der großen Philosophien kommt das Verhältnis zwischen der unendlichen Vieldeutigkeit der Welt und
unseren beschränkten Deutungsmöglichkeiten zum unzwei-
deutigsten Ausdruck. Allein daß wir diese Einseitigkeiten
als solche wissen und nicht nur die einzelne, sondern die

Einseitigkeit als prinzipielle Notwendigkeit — das stellt uns über sie. Wir verneinen sie in dem Augenblick, in dem wir sie als Einseitigkeit wissen, ohne daß wir darum aufhörten, in ihr zu stehen. Dies ist das einzige, was uns der Verzweiflung über sie, über unsere Beschränktheit und Endlichkeit zu entheben vermag: daß wir nicht einfach in diesen Grenzen stehen, sondern weil wir uns ihrer bewußt sind, sie überflügelt haben. Daß wir unser Wissen und Nichtwissen selbst wissen und auch dieses umgreifende Wissen wiederum wissen und so fort in das potentiell Endlose — dies ist die eigentliche Unendlichkeit der Lebensbewegung auf der Stufe des Geistes. Hiermit ist jede Schranke überschritten, aber freilich nur dadurch, daß sie gesetzt ist, daß also etwas zu überschreiten da ist. Mit dieser Bewegung in der Transzendenz seiner selbst erst zeigt sich der Geist als das schlechthin Lebendige. Dies setzt sich in den ethischen Bezirk mit der in vielerlei Formen immer von neuem auftretenden Idee fort, daß die Überwindung seiner selbst die sittliche Aufgabe des Menschen sei, von der ganz individualistischen Form an: „Von der Gewalt, die alle Wesen bindet, befreit der Mensch sich, der sich überwindet" — bis zu der geschichtsphilosophischen: „Der Mensch ist etwas, das überwunden werden soll." Auch dies ist, logisch genommen, ein Widerspruch: wer sich selbst überwindet, ist zwar der Überwinder, aber doch auch der Überwundene. Das Ich unterliegt doch selbst, indem es siegt: siegt, indem es unterliegt. Aber erst in der Verfestigung zu entgegengesetzten, einander eigentlich ausschließenden Verfassungen entsteht der Widerspruch. Es ist eben der ganz einheitliche Prozeß des sittlichen Lebens, der jeden niederen Zustand durch einen höheren und diesen wieder durch einen höheren überwindet, übergreift. Daß der Mensch sich selbst überwindet, bedeutet, daß er über die Grenzen hinausgreift, die der Augenblick ihm steckt. Es muß etwas zu überwinden da sein, aber es ist auch nur da, um überwunden

zu werden. So ist der Mensch auch als ethischer das Grenz-
wesen, das keine Grenze hat. Diese flüchtige Skizzierung eines sehr allgemeinen und keine besondere Vertiefung fordernden Aspekts des Lebens bereitet den Begriff vom Leben vor, den es hier zu gewinnen gilt. Ich nehme den Ausgangspunkt in einer Überlegung über die Zeit.

Gegenwart, in der vollen logischen Schärfe ihres Begriffes, geht nicht über die absolute Unausgedehntheit eines Momentes hinaus; sie ist so wenig Zeit, wie der Punkt Raum ist. Sie bedeutet ausschließlich das Zusammenstoßen von Vergangenheit und Zukunft, welche beide allein Zeitgrößen, das heißt Zeit überhaupt sind. Da nun aber die eine nicht mehr, die andere noch nicht ist, so haftet Realität ganz allein an der Gegenwart; das heißt also, Realität ist überhaupt nichts Zeitliches, der Zeitbegriff ist auf ihre Inhalte nur anwendbar, wenn deren Unzeitlichkeit, die sie als Gegenwart besitzen, zu einem Nicht-Mehr oder einem Noch-Nicht, jedenfalls also zu einem Nicht geworden ist. Die Zeit ist nicht in der Wirklichkeit, und die Wirklichkeit ist nicht Zeit. Allein nur für das logisch betrachtete Objekt erkennen wir den Zwang dieser Paradoxe an. Das subjektiv gelebte Leben will sich ihm nicht fügen; es empfindet sich, gleichviel, ob logisch legalisiert oder nicht, als ein in zeitlicher Ausdehnung Reales. Der Sprachgebrauch deutet diesen Sachverhalt, wenn auch ungenau und oberflächlich genug, an, indem er unter „Gegenwart" niemals die bloße Punktualität ihres begrifflichen Sinnes versteht, sondern sie immer aus einem Stückchen Vergangenheit und einem kleineren Stückchen Zukunft zusammensetzt, die freilich, je nachdem es sich um persönliche oder politische, um kulturelle oder erdgeschichtliche „Gegenwart" handelt, von sehr variabler Ausdehnung sind. Tiefer angesehen nun, hat die jeweilige Wirklichkeit des Lebens dessen Vergangenheit in ganz anderer Art in sich als ein mechanisches Geschehen. Denn dieses ist gegen seine

Vergangenheit, aus der es als Wirkung hervorgegangen ist, so gleichgültig, daß der gleiche Zustand prinzipiell von einer Mannigfaltigkeit von Ursachenkomplexen bewirkt sein kann. In die Erbmasse dagegen, aus der ein Organismus sich aufbaut, sind unzählige individuelle Elemente eingegangen, und zwar so, daß die zu seiner Individualität führende Vergangenheitsreihe schlechterdings durch keine andere ersetzt werden kann: die Wirkungen sind hier nicht mit derselben Spurlosigkeit in der jetzt allein realen Wirkung aufgegangen, wie bei einer mechanischen Bewegung, die aus beliebig verschiedenen Komponentenpaaren resultieren kann. In voller Reinheit aber tritt das Hineinleben der Vergangenheit in die Gegenwart erst auf, wo das Leben das Stadium des Geistes erreicht hat. Dafür hat es zwei Formen zur Verfügung: die Objektivierung in Begriffen und Gebilden, die, über den Moment ihrer Entstehung hinaus, tale quale der reproduzible Besitz unbegrenzt vieler Nachkommen werden, und das Gedächtnis, mit dem die Vergangenheit des subjektiven Lebens nicht nur die Ursache des gegenwärtigen wird, sondern sich in relativer Ungeändertheit ihres Inhaltes in dieses überträgt. Indem das früher Erlebte als Erinnerung in uns lebt, nicht als zeitlos gewordener Inhalt, sondern in unserem Bewußtsein an seine Zeitstelle gebunden, ist es nicht restlos in seine Wirkung umgesetzt, wie in der mechanistischen und kausalen Betrachtung, sondern die Sphäre des realen gegenwärtigen Lebens erstreckt sich bis zu ihm zurück. Freilich ersteht damit nicht das Vergangene als solches aus seinem Grabe; aber da wir das Erlebnis nicht als ein gegenwärtiges, sondern als ein dem damaligen Moment verhaftetes wissen, so ist unsere Gegenwart eben keine punktuelle, wie die einer mechanischen Existenz, sondern sozusagen nach rückwärts ausgedehnt. Wir leben in solchen Augenblicken über den Augenblick hinaus in die Vergangenheit hinein.

Entsprechend ist unser Verhalten zur Zukunft, das mit der Bestimmung des Menschen als des „zwecksetzenden

Wesens" keineswegs genügend bezeichnet ist. Der irgendwie
entfernte „Zweck" erscheint als ein starrer Punkt, von der
Gegenwart diskontinuierlich geschieden, während das Entscheidende gerade das unmittelbare Hineinleben des gegenwärtigen Willens — und Fühlens und Denkens — in die Zukunft ist: die Gegenwart des Lebens besteht darin, daß es
die Gegenwart transzendiert. Mit jeder, im Jetzt verlaufenden
Willensbewegung erweisen wir, daß eine Schwelle zwischen
dem Jetzt und der Zukunft gar nicht real ist, da wir, wenn
wir sie setzen, zugleich diesseits und jenseits ihrer sind. Der
„Zweck" läßt die stetige Lebensbewegung um einen Punkt
herum koagulieren — wodurch sie freilich den Forderungen
des Rationalismus und der Praxis in höherem Maße genügt —, er reißt das Stück ununterbrochenen zeitlichen
Lebens zwischen jetzt und später in sich hinein und schafft
damit eine Lücke, an deren einem und anderem Ufer der
Gegenwartspunkt und der Zweckpunkt in substanzieller Ver-
festigtheit stehen. Indem die Zukunft, gerade wie die Vergangenheit, an einem, wenn auch unbestimmt schwebenden
Punkte lokalisiert wird, der Lebensprozeß zu der logischen
Geschiedenheit der drei grammatikalisch gesonderten Tem-
pora auseinandergeschoben und verhärtet wird, verdeckt sich
das unmittelbare, schwellenlose Sich-Strecken in die Zukunft,
das jedes Gegenwartsleben bedeutet. Die Zukunft liegt nicht
vor uns wie ein unbetretenes Land, mit scharfer Grenzlinie
von der Gegenwart geschieden, sondern wir leben dauernd
in einem Grenzbezirk, der der Zukunft so angehört wie der
Gegenwart. Alle Lehren, die unser seelisches Wesen in den
Willen setzen, drücken nur aus, daß die seelische Existenz
sozusagen über ihren Gegenwartspunkt hinauslebt, daß das
Zukünftige in ihr Realität ist. Ein bloßer Wunsch mag sich
auf ferne, noch unlebendige Zukunft richten; der wirkliche
Wille aber steht unmittelbar jenseits des Gegensatzes von
Gegenwart und Zukunft. Noch innerhalb des aktuellen Mo-
mentes des Wollens sind wir schon über ihn hinaus, denn in

seiner logisch scheinbar notwendigen Unausgedehntheit
käme die Festlegung der Richtung nicht unter, in der das
wollende Leben sich weiterzubewegen hat — sie als virtuell
in dieser Punktualität angelegt zu bezeichnen, wäre ein bloßes
Wort zur Verdeckung der Unbegreiflichkeit. Das Leben ist
wirklich Vergangenheit und Zukunft; diese werden nicht nur,
wie zu der unorganischen, bloß punktuellen Wirklichkeit, ihm
hinzugedacht. Und man wird, auch diesseits der Stufe des
Geistes, an der Zeugung und am Wachstum die gleiche Form
anerkennen müssen: daß das jeweilige Leben sich selbst
überschreitet, seine Gegenwart mit dem Noch-Nicht der Zukunft eine Einheit bildet. Solange man Vergangenheit,
Gegenwart und Zukunft mit begrifflicher Schärfe trennt, ist
die Zeit irreal, weil nur der zeitlich unausgedehnte, das heißt
unzeitliche Gegenwartsmoment wirklich ist. Das Leben aber
ist die eigentümliche Existenzart, für deren Tatsächlichkeit
diese Scheidung nicht gilt; erst in nachträglicher, dem mechanistischen Schema folgender Zerlegung sind die drei Zeit-
arten in ihrer logischen Auseinandergeschnittenheit darauf
anwendbar. Nur für das Leben ist die Zeit real (die ganze
Idealität der Zeit bei Kant ist möglicherweise dem mechanistischen Element in seiner Weltanschauung tief verknüpft).
Zeit ist die — vielleicht abstrakte — Bewußtseinsform dessen.
was das Leben selbst in nicht aussagbarer, nur zu erlebender
unmittelbarer Konkretheit ist; sie ist das Leben unter Absehen von seinen Inhalten, weil nur das Leben den zeitfreien
Gegenwartspunkt jeder anderen Wirklichkeit nach beiden
Richtungen hin transzendiert und erst damit und ganz allein
die Zeitausdehnung, das heißt die Zeit, realisiert. Halten wir
an Begriff und Tatsache von Gegenwart überhaupt fest, wozu
wir berechtigt und genötigt sind, so bedeutet diese Wesens-
gestaltung des Lebens ein fortwährendes Hinausgreifen über
sich selbst als gegenwärtiges. Dieses Hinausgreifen des
aktuellen Lebens in dasjenige, was nicht seine Aktualität ist,
so aber, daß dieses Hinausgreifen dennoch seine Aktualität

ausmacht — ist also nichts, was zum Leben erst hinzukäme,
sondern dieses, wie es in Wachstum und Zeugung und in den
geistigen Prozessen sich vollzieht, ist das Wesen des Lebens
selbst. Die Existenzart, die ihre Realität nicht auf den Gegenwartsmoment beschränkt und damit Vergangenheit und Zukunft ins Irreale rückt — deren eigentümliche Kontinuität
vielmehr sich realiter jenseits dieser Scheidung hält, so daß
ihre Vergangenheit wirklich in die Gegenwart hineinexistiert,
die Gegenwart wirklich in die Zukunft hinausexistiert — diese
Existenzart nennen wir Leben.

Daß sie sich aber in der Form, die ich als Hinausgreifen
über sich selbst bezeichnete, vollzieht, gründet sich in einem
eigentlich antinomischen Verhältnis. Wir stellen uns das
Leben vor als ein kontinuierliches Strömen durch die Ge-
schlechterfolgen hindurch. Allein die Träger davon (das
heißt nicht solche, die es haben, sondern die es sind) sind
Individuen, das heißt geschlossene, in sich zentrierte,
gegeneinander unzweideutig abgesetzte Wesen. Indem der
Lebensstrom durch oder richtiger: als diese Individuen fließt,
staut er sich doch in jedem von ihnen, wird zu einer fest
umrissenen Form und hebt sich sowohl gegen seinesgleichen
wie gegen die Umwelt mit all ihren Inhalten als ein Fertiges
ab und duldet keine Verwischung seines Umfanges. Hier
liegt eine letzte metaphysische Problematik des Lebens: daß
es grenzenlose Kontinuität und zugleich grenzbestimmtes
Ich ist. Und nicht nur am Ich als einer Totalexistenz, sondern
an allen erlebten Inhalten und Objektivitäten wird die Lebensbewegung irgendwie stillgestellt, wie an einem Punkte festgehalten; wo immer ein bestimmtes, formfestes Etwas erlebt
wird, fängt sich das Leben gewissermaßen darin wie in einer
Sackgasse oder fühlt seine Strömung in und zu einem solchen
Etwas kristallisiert und durch dessen Form selbst geformt,
das heißt begrenzt. Indem nun aber sein Weiterfließen
dennoch unaufhaltsam ist, die dauernde Zentralität des Ge-
samtorganismus, des Ich, oder die relativere seiner Inhalte

doch die wesenhafte Kontinuität dieses Fließens nicht annullieren kann, so entsteht die Vorstellung, daß es über die jeweilige organische, seelische, sachliche Form hinausdrängte, sie über die Stauung hin überspülte. Ein nur kontinuierliches heraklitisches Fließen, ohne ein bestimmtes beharrendes Etwas, enthielte ja die Grenze gar nicht, über die ein Hinauslangen geschehen soll, nicht das Subjekt, welches hinausgreift. Sobald aber irgend etwas als für sich bestehende, nach einem Zentrum hin gravitierende Einheit existiert, so ist das Hinausfluten des Geschehens von diesseits ihrer Grenzen zu jenseits ihrer Grenzen nicht mehr eine subjektlose Bewegtheit, sondern es bleibt mit dem Zentrum irgendwie verbunden, so daß auch die Bewegung jenseits ihrer Grenze ihm zugehört, ein Hinausgreifen, bei dem dieses Gebilde immer das Subjekt bleibt und das doch über dieses Subjekt hinausgeht. Daß das Leben absatzloses Fließen ist und zugleich ein in seinen Trägern und Inhalten Geschlossenes, um Mittelpunkte Geformtes, Individualisiertes, und deshalb, in der anderen Richtung gesehen, eine immer begrenzte Gestaltung, die ihre Begrenztheit dauernd überschreitet, — das ist seine wesenbildende Konstitution. Gewiß ist die Kategorie, die ich das Hinausgreifen des Lebens über sich selbst nenne, damit nur symbolisch, nur mit einer wahrscheinlich verbesserungsfähigen Hinweisung bezeichnet. Allein, in ihrer Essenz gefaßt, halte ich sie allerdings für eine ganz primäre. Sie ist freilich bisher nur schematisch und abstrakt bezeichnet, so nur die Vorzeichnung oder Form für das konkret erfüllte Leben hergebend, insofern dessen Wesen ist (nicht etwas, was zu seinem Sein hinzukäme, sondern sein Sein ausmachend): daß ihm die Transzendenz immanent ist.

Die einfachste und grundlegende Tatsachenform des hier Gemeinten ist das Selbstbewußtsein, das zugleich das Urphänomen des Geistes als eines menschlich-lebendigen überhaupt ist. Indem das Ich nicht nur sich selbst sich gegen-

überstellt, sich, als das wissende, zum Gegenstand seines
eigenen Wissens macht, sondern auch sich wie einen Dritten
beurteilt, sich achtet oder verachtet, und sich damit auch
über sich stellt, überschreitet es dauernd sich selbst und verbleibt doch in sich selbst, weil sein Subjekt und Objekt hier
identisch sind; es legt diese Identität, da sie keine starr substanzialistische ist, in den geistigen Lebensprozeß des Sich-
Selbst-Wissens auseinander, ohne sie zu zerreißen. Die Über-
gipfelung des wissenden Bewußtseins über sich selbst als
gewußtes aber steigt ins Unbegrenzte: ich weiß nicht nur,
daß ich weiß, sondern ich weiß auch, daß ich dies weiß, und
diesen Satz niederschreibend, erhebe ich mich abermals über
die bisherigen Stadien dieses Prozesses usf. Man hat hierin
eine Denkschwierigkeit gefunden, als wäre das Ich sozusagen immer auf der Jagd nach sich selbst, ohne sich je einholen zu können. Allein sie verschwindet, sobald man das
Übergreifen über sich selbst als das Urphänomen des Lebens
überhaupt erfaßt hat, das sich hier am sublimiertesten, von
allem zufälligen Inhalt ganz gelöst, darstellt. Mit dem
jeweilig höchsten, uns selbst überschreitenden Bewußtsein
sind wir das Absolute über unserer Relativität. Indem aber
das Weiterschreiten dieses Prozesses jenes Absolute wieder
relativiert, zeigt sich die Lebenstranszendenz als die wahre
Absolutheit, in der der Gegensatz des Absoluten und des
Relativen aufgehoben ist. Mit solcher Erhebung über die
Gegensätze, die in der Grundtatsache, daß dem Leben die
Transzendenz immanent ist, beschlossen liegt, beruhigen
sich die von je am Leben gefühlten Widersprüche: es ist
zugleich fest und variabel, geprägt und sich entwickelnd,
geformt und formdurchbrechend, beharrend und weiter-
eilend, gebunden und frei, in der Subjektivität kreisend und
objektiv über den Dingen und über sich selbst stehend —
all diese Gegensätze sind nur die Auseinanderlegungen,
Strahlenbrechungen jener metaphysischen Tatsache: daß
sein innerstes Wesen ist, über sich selbst hinauszugehen,

seine Grenze zu setzen, indem es über sie, das heißt eben über sich selbst, hinausgreift. Und wie die geistige Selbstübergipfelung des Lebens sich an dem Bewußtsein des Ich-Bewußtseins zeigt, so die gleiche Form an dem ethischen Willensproblem. Wir können uns den menschlichen Willensverlauf nur unter dem Bilde vorstellen, daß typischerweise eine Mehrheit willentlicher Bestrebungen in uns lebendig ist, zwischen denen dann ein höherer definitiver Wille entscheidet, welche sich weiter und zum eigentlichen Akt entwickeln soll. Nicht an jenen Wollungen, für deren Auftauchen wir uns im allgemeinen nicht verantwortlich fühlen, sondern an diesem letztinstanzlichen Willen empfinden wir das, was wir Freiheit nennen und was unsere Verantwortung begründet. Es ist natürlich ein und derselbe Wille, der sich in diesem Prozeß der Selbsttranszendenz auseinanderlegt, gerade wie es ein und dasselbe Ich ist, das sich im Selbstbewußtsein in Objekt und Subjekt scheidet. Nur daß ihn im ersteren Falle die Mannigfaltigkeit von Inhalten zu einer Gabelung und Entscheidung veranlaßt, die für das theoretische Ich-Bewußtsein nicht in Frage kommt. Und auch die Unendlichkeit im Prozeß des letzteren hat hier eine gewisse Analogie. Auch von der durch die Erhebung des Willens über sich selbst getroffenen Entscheidung empfinden wir oft, daß sie unserem eigentlichen Willen doch nicht entspricht, daß eine noch höhere Instanz in uns ist, die auch jene Entscheidung noch virtuell kassieren könnte; andererseits, das Gefühl, daß das Leben ganz rein zu sich selbst gekommen ist, wird man symbolisch so beschreiben können, daß dieser Gang der praktischen Selbstbeurteilung, so hoch er auch aufsteige, sozusagen nirgends eine Hemmung findet, oder, scheinbar paradox, daß der Wille auch wirklich unseren Willen will. Ein jeder kennt die spezifische innere Unruhe in solchen Lagen, in denen wir uns praktisch für das entschieden haben, was wir doch nicht als unseren letzten Willen fühlen. Vielleicht liegen viele Schwierigkeiten des Freiheitsproblems,

ganz ebenso wie des Ich-Problems, darin, daß man Stadien
der angedeuteten Prozesse zu sozusagen substantiellem Bestand verfestigt hat, was der sprachliche Ausdruck zwar
kaum vermeiden kann. Dann erscheinen solche Stadien
jeweils als geschlossene, eigenkräftige Parteien, zwischen
denen nur ein mechanistisches Spiel stattfinden kann. Dies
wäre anders, sähe man in alledem das Urphänomen, in dem
das Leben sich als der kontinuierliche Prozeß des Sich-über-
sich-selbst-Erhebens offenbart, und in dem, logisch nicht
recht faßbar, dieses Sich-Steigern und stetige Sich-Verlassen
gerade die Art seiner Einheit, seines In-sich-Bleibens ist.
Zwischen der Kontinuität und der Form, als letzten welt-
gestaltenden Prinzipien, besteht ein tiefer Widerspruch.
Form ist Grenze, Abhebung gegen das Benachbarte, Zu-
sammengehaltenheit eines Umfangs durch ein reales oder
ideelles Zentrum, auf das sich die ewig fortströmenden
Reihen der Inhalte oder Prozesse gleichsam zurückbiegen
und das jenem Umfang einen Halt gegen die Auflösung in
diesem Strom gewährt. Macht man mit der Kontinuität — der
extensiven Darstellung der absoluten Einheit des Seins —
wirklich Ernst, so kann es zu keinem solchen Eigenbestand
einer Seinsenklave kommen; man kann dann nicht einmal
mehr von fortwährender Zerstörung der Formen reden, weil
etwas, das zerstört werden könnte, von vornherein nicht zu
entstehen vermöchte. Darum hat Spinoza aus der Kon-
zeption des schlechthin einheitlichen Seins heraus keine positive determinatio anerkennen können. Die Form ihrerseits
kann sich nicht ändern, sie ist das zeitlos Invariable; die
Form eines stumpfwinkligen Dreiecks bleibt ewig nur diese,
und wenn durch sprunglose Verschiebung der Seiten daraus
ein spitzwinkliges wird, so ist die Form des Gebildes, in
welchem Moment des Prozesses ich sie auch erfasse, eine
absolut feste und gegen die in einem anderen Moment, so
gering die Abweichung auch sein möge, absolut verschiedene.
Der Ausdruck, das Dreieck habe „sich" verändert, legt ihm

in anthropomorpher Weise eine lebensmäßige Innerlichkeit bei, die allein — worüber noch zu sprechen sein wird — eines Sichänderns fähig ist. Form aber ist Individualität. Sie kann sich an unzähligen Materialstücken identisch wiederholen; aber daß sie, als reine Form, zweimal da sein sollte, ist ein Ungedanke, wie wenn es den Satz zweimal zwei gleich vier, als ideelle Wahrheit, zweimal geben sollte — obgleich er von unzähligen Bewußtseinen realisiert werden kann. Mit dieser metaphysischen Einzigkeit ausgestattet, macht die Form das von ihr geprägte Materialstück zu einem individuellen, einem für sich bezeichenbaren, von anders geformten abgehobenen, entreißt es der Kontinuität des Nebeneinander und des Nacheinander, gibt ihm einen eigenen Sinn, dessen Grenzbestimmtheit mit der Strömung des Gesamtseins, wenn sie wirklich stauungslos ist, nicht zusammenzubringen ist. Ist nun das Leben — als kosmische, als gattungshafte, als singuläre Erscheinung — ein solches kontinuierliches Strömen, so gründet sich darin nicht nur sein tiefer Gegensatz gegen die Form, der als der unaufhörliche, meistens unmerkliche und unprinzipielle, oft aber auch revolutionär ausbrechende Kampf des weiterschreitenden Lebens gegen die historische Festgeprägtheit und formale Erstarrtheit des jeweiligen Kulturinhalts auftritt und damit das innerste Motiv des Kulturwandels wird. Sondern die Individualität als geprägte Form scheint sich der Kontinuität des Lebensstromes, die keine geschlossene Prägung zuläßt, entziehen zu müssen: was sich empirisch damit andeutet, daß die höchsten Aufgipfelungen der Individualität, die großen Genies, fast durchgehends keine oder eine vital nicht geratene Nachkommenschaft erzeugen, vielleicht auch damit, daß die Frauen in emanzipatorischen Epochen, in denen sie aus ihrer Nivellierung als „Frauen überhaupt" zu stärkerer Ausprägung und Berechtigtheit ihrer Individualität streben, eine sinkende Fruchtbarkeit zu zeigen scheinen. In mannigfaltigen Andeutungen und Verkleidungen spürt man bei stark indivi-

dualisierten Menschen höherer Kulturen eine Feindseligkeit
gegen ihre Funktion, eine Welle in dem durch sie hin weiter-
rauschenden Lebensstrom zu sein. Das ist keineswegs nur
ein anmaßliches Übersteigern ihrer persönlichen Bedeutung,
eine Sucht, sich qualitativ aus der Masse herauszuheben, sondern ein Instinkt für den unversöhnlichen Gegensatz von
Leben und Form, oder, anders ausgedrückt, von Kontinuität
und Individualität. Die Beschaffenheit der letzteren, die
eigenschaftliche Besonderheit oder Einzigkeit, ist hier gar
nicht das Entscheidende, sondern das Fürsichsein, Insichsein
der individuellen Form in 'ihrem Kontrast gegen die all-
befassende kontinuierliche Strömung des Lebens, die nicht
nur alle formenden Grenzen löst, sondern es eigentlich gar
nicht zu ihnen kommen läßt. Dennoch, die Individualität ist
überall lebendig, und das Leben ist überall individuell. So
könnte man meinen, die ganze Unvereinbarkeit beider Prinzipien sei eine jener bloß begrifflichen Antinomien, die sich
allenthalben ergeben, wenn die unmittelbare und gelebte
Wirklichkeit auf die Ebene der Intellektualität projiziert wird;
dort zerlegt sie sich unvermeidlich in eine Mehrheit von Elementen, die so in ihrer primär-objektiven Einheit gar nicht
bestanden und nun, erstarrt und logisch eigensinnig, Diskrepanzen gegeneinander zeigen, um deren Wiederversöh-
nung der Intellekt sich nachträglich und selten ganz erfolg-
reich bemüht; denn sein unablegbar analytischer Charakter
verhindert ihn, schlechthin reine Synthesen zu schaffen. So
aber liegt es doch nicht ganz. In der Tiefe des Lebensgefühles
liegt jene Zweiheit eingebettet, nur daß sie hier freilich von
einer Lebenseinheit umgriffen und nur, wo sie gleichsam
deren Rand überschreitet, als dualistische Zerreißung bewußt wird (was nur in bestimmten geistesgeschichtlichen
Lagen geschieht); an dieser Grenze erst überliefert sie sich
als Problem dem Intellekt, der sie, weil er bei seinem
Charakter gar nicht anders kann, als Antinomie auch in jene
letzte Lebensschicht zurückprojiziert. In dieser Schicht aber

herrscht dasjenige, was der Intellekt nur Überwindung der
Zweiheit durch die Einheit nennen kann, was aber an sich
selbst ein Drittes, jenseits von Zweiheit und Einheit ist: eben
das Wesen des Lebens als Überschreiten seiner selbst. In
einem Akt bildet es etwas, was mehr ist als die vitale Strömung selbst: die individuelle Geformtheit — und durchbricht eben diese, von seiner Stauung in jene Strömung
hineingezeichnete, läßt sie über ihre Grenzen hinausgreifen
und wieder in seinen Weiterfluß zurücktauchen. Wir sind
nicht in grenzenfreies Leben und grenzgesicherte Form geschieden, wir leben nicht teils in der Kontinuität, teils in der
Individualität, die sich gegenseitig aufheben. Vielmehr, das
Grundwesen des Lebens ist eben jene in sich einheitliche
Funktion, die ich, symbolisch und unvollkommen genug,
das Transzendieren seiner selbst nannte und die das unmittelbar als ein Leben aktualisiert, was dann durch Gefühle,
Schicksale, Begrifflichkeit in den Dualismus von kontinuierlicher Lebensströmung und individuell geschlossener Form
gespalten wird. Will man aber zunächst die eine Seite des
Dualismus als Leben schlechthin, die andere als individuelle
Geformtheit und einfachen Gegensatz zu jenem bezeichnen,
so gilt es nun weiter, einen absoluten Begriff des Lebens zu
gewinnen, der jenen, noch von einem Gegensatz sich ab-
hebenden, als einen deshalb nur relativen unter sich begreift.
Wie es einen weitesten Begriff des Guten gibt, der Gutes
und Böses in deren relativem Sinne einschließt, einen weitesten Begriff des Schönen, der den Gegensatz von Schönem
und Häßlichem in sich befaßt, so ist das Leben in dem absoluten Sinne etwas, was sich selbst im relativen Sinne und
seinen Gegensatz, zu dem es und der zu ihm eben relativ ist,
einschließt, oder sich zu ihnen als seinen empirischen Phänomenen auseinanderfaltet. Und darum erscheint die Transzendenz seiner selbst als der einheitliche Akt des Aufbauens
und Durchbrechens seiner Schranken, seines Anderen, als der
Charakter seiner Absolutheit — der die Auseinanderlegung
in verselbständigte Gegensätze sehr wohl begreiflich macht.

2*

In der Richtung der konkreten Erfüllung dieser Idee vom Leben liegen zweifellos Schopenhauers Wille zum Leben und Nietzsches Wille zur Macht; wobei Schopenhauer mehr die grenzenfreie Kontinuität, Nietzsche mehr die Individualität in ihrer Formumschriebenheit als das Entscheidende fühlt. Daß dies Entscheidende, das Leben Ausmachende, eben die absolute Einheit von beidem ist, ist ihnen vielleicht deshalb entgangen, weil sie die Selbsttranszendenz des Lebens einseitig als willensmäßig fassen. Sie gilt aber tatsächlich für alle Dimensionen der Lebensbewegung. Damit hat das Leben zwei, einander ergänzende Definitionen: es ist Mehr-Leben, und es ist Mehr-als-Leben. Das Mehr kommt nicht dem in seiner Quantität eigentlich stabilen Leben noch per accidens zu, sondern Leben ist die Bewegung, die auf jedem ihrer Abschnitte, auch wenn dieser, mit anderen verglichen, ein ärmlicherer, herabgesetzter ist, doch in jedem Augenblick etwas in sich hineinzieht, um es in ihr Leben zu verwandeln. Leben kann, gleichviel welches sein absolutes Maß ist, nur dadurch existieren, daß es Mehr-Leben ist; solange das Leben überhaupt besteht, erzeugt es Lebendiges, da schon die physiologische Selbsterhaltung fortwährende Neuerzeugung ist: das ist nicht eine Funktion, die es neben anderen übte, sondern indem es das tut, ist es eben Leben. Und wenn, wie ich überzeugt bin, allerdings der Tod dem Leben von vornherein einwohnt, so ist auch dies ein Hinausschreiten des Lebens über sich selbst. In seiner Zentriertheit verbleibend, streckt es sich sozusagen nach dem Absoluten des Lebens hin und wird in dieser Richtung Mehr-Leben — aber es streckt sich auch nach dem Nichts hin, und, wie es sich erhaltendes und sich steigerndes Leben in einem Akt ist, so ist es auch sich erhaltendes und sinkendes Leben in einem Akt, als ein Akt. Es ist wiederum der vorhin aufgebrachte absolute Begriff des Lebens, des Mehr-Lebens, der das Mehr und das Minder als Relativitäten einschließt, das genus proximum zu beiden ist. Die tiefe Beziehung, die man von je zwischen Zeugung und Tod empfunden hat, als bestände zwischen ihnen, als Lebenskatastrophen, eine Formverwandtschaft, hat hier einen ihrer metaphysischen Angelpunkte: beide Ereignisse haften an dem subjektiven Leben und transzendieren es, gleichsam nach oben und nach unten; das Leben, über das sie hinausreichen, ist dennoch ohne sie nicht denkbar; sich in Wachstum und Zeugung über sich selbst zu steigern, in Altern und Tod unter sich selbst herabzusinken, dies sind keine Hinzufügsel zum Leben, sondern solche Aufhebung, Überspülung der Umgrenztheit des individuellen Bestandes ist das Leben selbst. Vielleicht bedeutet die ganze Idee von der Unsterblichkeit des Menschen nur das akkumulierte, in ein einmaliges ungeheures Symbol hineingesteigerte Gefühl für dieses Hinausgehen des Lebens über sich selbst.

Die logische Schwierigkeit von seiten des Satzes der Identität: daß das Leben zugleich es selbst und mehr als es selbst sei — ist nur Sache des Ausdrucks. Wenn wir den Einheitscharakter des Lebens begrifflich ausdrücken wollen, so bleibt nach unserer Begriffsbildung nichts übrig, als ihn in solche zwei Parteien zu spalten, die als einander ausschließende dastehen und nun erst wieder zu jener Einheit zusammengehen sollen — was, nachdem sie erst einmal in der gegenseitigen Repulsion festgeworden sind, freilich einen Widerspruch ergibt. Es ist natürlich eine nachträgliche Deutung des unmittelbar gelebten Lebens, wenn man es als Einheit von Grenzsetzung und Grenzüberschreitung, von individueller Zentriertheit und Hinausgreifen über die eigene Peripherie bezeichnet, denn gerade an dem Einheitspunkt hat man es hiermit ja zerschnitten. Für den begrifflichen Ausdruck können sich die Beschaffenheit des Lebens in seinem Quantum und Quale und das Jenseits dieses Quantums und Quale gewissermaßen in diesem Punkte nur berühren, während das Leben, das sich an ihm befindet, dies Diesseits und Jenseits als reale Einheit in sich schließt. Das geistige Leben kann, wie ich andeutete, gar nicht anders, als sich in irgendwelchen Formen

dartun: in Worten oder Taten, in Gebilden oder überhaupt
Inhalten, in denen sich die seelische Energie jeweilig aktualisiert. Aber diese Ausformungen seiner Gebilde haben in dem
Augenblick des Entstehens schon eine sachliche Eigenbedeutung, eine Festigkeit und innere Logik, mit der sie sich
dem Leben, das sie gestaltete, entgegensetzen, denn dieses
ist ein rastloses Weiterströmen, das nicht nur diese und jene
bestimmte, sondern jede Form, weil sie Form ist, überflutet; schon wegen dieses prinzipiellen Wesensgegensatzes
kann das Leben gar nicht in die Form hineingehen, es muß
über jede gewonnene Gestaltung hinaus sogleich eine andere
suchen, an der das Spiel der notwendigen Gestaltung und
dem notwendigen Ungenügen an der Gestaltung rein als
solcher sich wiederholt. Indem es Leben ist, braucht es die
Form, und indem es Leben ist, braucht es mehr als die Form.
Mit diesem Widerspruch ist das Leben behaftet, daß es nur
in Formen unterkommen kann und doch in Formen nicht
unterkommen kann, eine jede also, die es gebildet hat, überlangt und zerbricht. Als Widerspruch freilich erscheint dies
nur in der logischen Reflexion, für die die einzelne Form als
ein für sich gültiges, real oder ideell festes Gebilde dasteht,
die eine diskontinuierlich neben der anderen und in begrifflichem Gegensatz zu Bewegtheit, Strömung, Weitergreifen.
Das unmittelbar gelebte Leben ist eben die Einheit von Ge-
formtsein und Hinüberlangen, Hinüberfließen über Geformtheit überhaupt, was sich im einzelnen Augenblick als Zer-
brechen der jeweiligen aktuellen Form darstellt — das Leben
ist eben immer mehr Leben als dasjenige, das in der ihm
jeweils beschiedenen, aus ihm selbst gewachsenen Form
Raum hat. Soweit das seelische Leben auf seine Inhalte angesehen wird, ist es jeweils endlich und in sich begrenzt;
es besteht dann aus diesen ideellen Inhalten, die jetzt die
Form des Lebens haben. Der Prozeß aber greift über sie und
über sich hinaus. Wir denken, fühlen wollen dies und jenes
— das sind fest umschriebene Inhalte, dies ist ein Logisches,

das jetzt nur realisiert ist, ein prinzipiell völlig Definites und Definierbares. Aber indem wir es erleben, ist noch etwas anderes dabei, das Unaussprechbare, Undefinierbare, das wir an jedem Leben als solchem fühlen: daß es mehr ist als jeder anzugebende Inhalt, daß es über jeden hinausschwingt, jeden nicht nur von ihm aus ansieht und hat, wie es das Wesen der logischen Inhaltsangabe ist, sondern zugleich von außen, von dem, was jenseits seiner ist. Wir sind in diesem Inhalt und sind zugleich außerhalb seiner; indem wir diesen Inhalt — und nichts Angebbares weiter — in die Form des Lebens aufnehmen, haben wir eo ipso mehr als ihn. Damit ist in die Dimension gewiesen, in die das Leben transzendiert, wenn es nicht nur Mehr-Leben, sondern Mehr-als-Leben ist. Überall ist dies der Fall, wo wir uns schöpferisch nennen — nicht nur in dem spezifischen Sinn einer selteneren individuellen Kraft, sondern in dem für alles Vorstellen überhaupt selbstverständlichen, daß das Vorstellen einen Inhalt erzeugt, der einen eigenen Sinn besitzt, einen logischen Zusammenhalt, irgendeine Gültigkeit oder einen Bestand, unabhängig von seinem Erzeugtsein und Getragenwerden durch das Leben. Diese Selbständigkeit des Geschaffenen spricht so wenig gegen seinen Ursprung aus der reinen ausschließlichen Schöpferkraft des individuellen Lebens, wie die Entstehung des körperlichen Nachkommen aus keiner anderen Potenz als der des Erzeugers dadurch in Frage gestellt wird, daß der Nachkomme ein völlig selbständiges Wesen ist. Und wie das Erzeugen dieses selbständigen, von dem Erzeuger fortan unabhängigen Wesens dem physiologischen Leben immanent ist und gerade das Leben als solches charakterisiert, so ist dem Leben auf der Stufe des Geistes das Erzeugen eines selbständig sinnvollen Inhaltes immanent. Daß unsere Vorstellungen und Erkenntnisse, unsere Werte und Urteile mit ihrer Bedeutung, ihrer sachlichen Verständlichkeit und geschichtlichen Wirksamkeit ganz jenseits des schöpferischen Lebens stehen — das gerade ist das Bezeichnende für das Leben. Wie das Transzendieren des Lebens über seine aktuell begrenzende Form hin innerhalb seiner eigenen Ebene das Mehr-Leben ist, das aber doch das unmittelbare, unausweichliche Wesen des Lebens selbst ist, so ist sein Transzendieren in die Ebene der Sachgehalte, des logisch autonomen, nicht mehr vitalen Sinnes, das Mehr-als-Leben, das von ihm völlig unabtrennbar ist, das Wesen des geistigen Lebens selbst. Dieses bedeutet überhaupt gar nichts anderes, als daß das Leben eben nicht bloß Leben ist — obgleich es doch auch nichts anderes ist, sondern als weiterer, weitester Begriff, sozusagen als absolutes Leben den relativen Gegensatz zwischen seinem engeren Sinne und dem lebensfreien Inhalt umgreift. Man kann es geradezu als die Definition des geistigen Lebens aussprechen, daß es etwas erzeugt, was eigenbedeutsam und eigengesetzlich ist. Als ein Widerspruch und ein Nichtzuvollziehendes kann diese Selbstentfremdung des Lebens, dieses: daß es in Selbständigkeitsform sich selbst gegenübersteht — nur erscheinen, wenn man eine starre Schranke zwischen sein Innerhalb und sein Außerhalb legt, als wären es zwei in sich selbst zentrierte Substanzen — statt es als eine kontinuierliche Bewegung zu erfassen, deren an jedem Punkt vorhandene Einheit nur von der Raumsymbolik unseres Ausdrucks in jene Gegenrichtungen auseinandergelegt wird. Diese aber einmal vorausgesetzt, können wir das Leben nur als das stetige Hinübergreifen des Subjekts in das ihm Fremde oder als das Erzeugen des ihm Fremden ansehen. Dieses aber ist damit keineswegs subjektiviert, sondern es beharrt in seiner Selbständigkeit, in seinem Mehr-als-Leben-Sein. Die Absolutheit seines Anders-Seins wird durch das idealistische Grundmotiv, daß „die Welt meine Vorstellung ist", viel zu sehr abgeschwächt, vermittelt, problematisch gemacht, wovon dann wieder die Folge ist, daß die eigentliche volle Transzendenz als untunlich, als illusorisch erschien. Nein, die Absolutheit dieses Anderen, dieses Mehr, das es schafft oder in das es sich hineinlebt, ist gerade die Formel und Bedingung des Lebens, das gelebt wird, es ist von vornherein gar nichts anderes als das Über-sich-Hinausgreifen. Der Dualismus, in voller Schärfe beibehalten, widerspricht nicht nur nicht der Einheit des Lebens, sondern ist gerade die Art, wie seine Einheit existiert. In dem Leben als Willen hat dies einen extremen Ausdruck in dem Gebet gefunden: Herr, dein Wille geschehe und nicht der meinige. Logisch erscheint dies völlig verblüffend, daß ich etwas will, wovon ich im gleichen Akt will, daß es nicht geschehe. Dieser Schein verschwindet mit der Einsicht, daß das Leben sich hier, gerade wie im Theoretischen und Produktiven, in der Form einer autonomen Gestaltung über sich selbst erhoben hat und in dieser Entwicklung so bei sich selbst geblieben ist, daß es den jener Gestaltung beigelegten Willen als den eigentlich eigenen weiß; es ist dafür ganz gleichgültig, ob seine niedere Stufe (die aber doch immer so festgehalten wird, daß sie noch als „mein" Wille bezeichnet wird) inhaltlich mit der höheren (die aber doch die eigene ist, weil das Ich ja ihre Erfüllung von sich aus will) übereinstimmt oder nicht. Hier, wo der Prozeß sich von vornherein als transzendenter weiß und den Willen des transzendenten Gegenstandes als seinen letzteigenen empfindet, wird die Transzendenz vielleicht am schlagendsten als das immanente Sein des Lebens offenbar.

Eine der letzten Intentionen moderner Weltanschauung kann man doch wohl so bezeichnen. Von je ist der Mensch sich gewisser Realitäten und Werte, gewisser Glaubensobjekte und Gültigkeiten bewußt, die in dem scheinbar fest umschriebenen Raum nicht unterkommen, wie er ihn als erfüllt durch seine unmittelbar eigene, nach innen zentrierte Substanz empfindet. Die Gewißheit dieses Bewußtseins drückt er zunächst damit aus, daß er all solches in transvitalen Sonderexistenzen verfestigt, es in der scharfen Getrenntheit des Gegenüber erblickt und von da aus auf das Leben zurückwirken läßt — man weiß allerdings nicht recht, auf welche

Weise. Gegen diese Naivität erhebt sich die kritische Auf-
klärung, die kein Jenseits des Subjekts anerkennt, alles dort
Lokalisierte in die Grenzen der subjektiven Unmittelbarkeit
zurückverlegt und darum alles, was trotzdem in seinem selbständigen Gegenüber beharren will, für Illusion erklärt. Dies
ist die erste Stufe der großen geistesgeschichtlichen Tendenz:
alles das, was außerhalb des Lebens in Eigenexistenz festgelegt war und ihm von dort her kam, durch eine ungeheure
Achsendrehung in das Leben selbst zurückzuverlegen. Weil
aber hierbei das Leben als absolute Immanenz gefaßt wird,
bleibt alles in einer — freilich mannigfach nüancierten —
Subjektivierung, einer Leugnung der Jenseitsform, und man
bemerkte nicht, daß man sich mit dieser Umgrenzung des
Subjekts ja gerade von der Vorstellung des Jenseits abhängig
machte, daß an diesem, von diesem her erst die Grenze sich
schloß, in der das Leben gefangen war und sich in undurch-
brechlich eigenem Kreise umtrieb. Hier nun ist der Versuch
gemacht, das Leben als ein solches zu begreifen, welches die
Grenze gegen sein Jenseits stetig übergreift und in diesem
Übergreifen sein eigenes Wesen hat, der Versuch, an diesem
Transzendieren die Definition des Lebens überhaupt zu finden, die Geschlossenheit seiner Individualitätsform zwar fest-
zuhalten, aber nur, damit sie in kontinuierlichem Prozeß
durchbrochen werde. Das Leben findet sein Wesen, seinen
Prozeß darin, Mehr-Leben und Mehr-als-Leben zu sein, sein
Positiv ist als solcher schon sein Komparativ. Ich weiß sehr
wohl, welche logischen Schwierigkeiten dem begrifflichen
Ausdruck dieser Art, das Leben zu schauen, entgegenstehen.
Ich habe sie, in voller Gegenwart der logischen Gefahr, zu
formulieren versucht, da doch immerhin möglicherweise
die Schicht hier erreicht ist, in der logische Schwierigkeiten
nicht ohne weiteres Schweigen gebieten — weil sie diejenige
ist, aus der sich die metaphysische Wurzel der Logik selbst
erst nährt.

Zweites Kapitel.

Die Wendung zur Idee [1]).

Bei dem Wort „Welt" im weitesten, zusatzlosen Sinne glaubt das populäre Bewußtsein die Summe aller Dinge und Geschehnisse zu denken, die überhaupt wirklich sind, uns erfaßbar oder nicht. Tatsächlich aber denkt es noch etwas ganz anderes dabei: Wäre uns nämlich selbst die Unermeßlichkeit der Weltinhalte Stück für Stück gegeben, so hätten wir eines und noch eines und noch eines — allein daß sie alle zusammen „eine Welt" bilden, ist etwas, was zu diesem bloßen Dasein des vielen Einzelnen noch hinzukommt, eine Form, in die es gefaßt werden muß. Der Geist erst vermag alledem eine Einheit zu schaffen, es in ein Netz, das er selber gesponnen hat, einzufangen. Wenn wir von „Welt" sprechen, so meinen wir einen Gesamtumfang, von dem uns nur ein verschwindender Teil seiner Inhalte zugängig ist — was gar nicht anders zu erklären ist, als daß wir irgendwie im Besitz der Formel sind, die auch das Nichtbekannte dem Bekannten hinzuzufügen gestattete, so daß es mit diesem eben zu der Einheit einer Welt zusammenginge. Welt im vollen Sinne ist also eine Summe von Inhalten, die vom Geiste aus dem isolierten Bestande jedes Stückes erlöst und in einen einheitlichen Zusammenhang gebracht ist, in eine

---

[1]) Frühere Fassungen des zweiten bis vierten Kapitels sind im „Logos" erschienen. Das zweite Kapitel ist im wesentlichen nur vermehrt, aber nicht sehr verändert worden, während die beiden andern, bei festgehaltenen Grundmotiven, als neue Arbeiten anzusehen sind. Das Entscheidende aber — das in den Einzelveröffentlichungen nicht hervortreten konnte — ist, daß sie nun alle von dem metaphysischen Lebensbegriff, den das erste Kapitel darlegt, zusammengehalten sind und als Teil von dessen möglicher Entfaltung ihren letzten Sinn zeigen.

Form, die Bekanntes und Unbekanntes zu umschließen imstande ist.

Nun nützt es aber noch nichts, zu sagen: dies alles ist Einheit und also eine Welt, da Einheit schlechthin ein ganz ohnmächtig abstrakter Begriff ist. Er kann nur dadurch realisiert werden, daß eine bestimmte Einheit, ein angebbares Prinzip, ein irgendwie differenziertes Gesetz, eine Färbung oder Rhythmik, ein nachfühlbarer Sinn die einzelnen Realitäten zusammenfaßt. Zu jener populären „Welt" nun wirken wahrscheinlich eine ganze Reihe solcher Einheit-schaffenden Prinzipien zusammen: Raum, Zeit, allgemeine Wechselwirkung, Verursachtheit durch einen göttlichen Schöpfer. Empfänden wir diese nicht als allgemein gültige Schemata, denen alle Wirklichkeiten unterstehen und die, über jede einzelne hinweggreifend, sie mit jeder anderen einzelnen in Verbindung setzen, so hätten wir lauter einzelne Dinge, aber nicht eine Welt, also auch nicht eine Welt. Philosophische „Welt"-Anschauungen entstehen, indem diese noch etwas diffuse Einheit sich in scharf bestimmte, exklusive Höchstbegriffe konzentriert. Mit solchen: des Seins oder des Werdens, der Materie oder des Geistes, der Harmonie oder des durchgängigen Dualismus, des Zweckes oder der Göttlichkeit und vielen anderen treten die Philosophen an die Wirklichkeit, die gekannte wie die noch ungekannte, heran (gleichviel, ob diese Begriffe ihrerseits schon aus Einzelerfahrungen gewonnen sind), und indem je ein solcher Begriff die bestimmende, aneignende Kraft ihres Schauens ist, formt sich ihnen die bloße Summe der Wirklichkeiten zu einer Welt. Daß die Philosophen mit der Einseitigkeit ihrer Prinzipien die Welt vergewaltigen, ist ein falsch formulierter Vorwurf. Denn durch derartige Prinzipien kommt die Welt überhaupt erst zustande — wobei natürlich das einzelne unzulänglich, für die Gegebenheiten zu eng, in sich widerspruchsvoll sein kann. Dann bringt es eben keine Welt zustande. Es gibt dann vielleicht eine nach einem besseren Prinzip, aber ohne solche Einseitigkeit gibt es überhaupt keine. Die Philosophen vollziehen damit nur in entschiednerer, freilich auch jeweils einseitigerer Begrifflichkeit, was ein jeder andere tut, wenn er von der Welt spricht. Welcher Leitbegriff nun jeweils dem einzelnen Denker seine Welt als solche schafft, hängt ersichtlich von seinem charakterologischen Typus ab, von dem Weltverhältnis seines Seins, das das Weltverhältnis seines Denkens begründet.

Allein nun gibt es noch einen anderen Typus von Begriffen, mit denen wir Betätigungsarten des Geistes benennen, so umfassende, daß durch ihre Formungskräfte die prinzipielle Unendlichkeit möglicher Inhalte zu je einer, durch bewußt besonderen Charakter vereinheitlichten „Welt" zusammenwächst. Es handelt sich zunächst um die großen Funktionsarten des Geistes, durch die er (präsumtiverweise) die identische Totalität von Inhalten zu einer jeweils in sich geschlossenen, einem unverkennlichen Gesamtprinzip untertanen Welt entwickelt: die Welt in der Form der Kunst, in der Form der Erkenntnis, in der Form der Religion, in der Form der Wert- und Bedeutungsabstufung überhaupt. Rein ideell angesehen, kann kein Inhalt sich dem entziehen, sich erkennen zu lassen, künstlerische Formung anzunehmen, religiös ausgewertet zu werden. Diese Welten sind gegenseitig keiner Mischung, keines Übergreifens, keiner Kreuzung fähig, da jede ja schon den ganzen Weltstoff in ihrer besonderen Sprache aussagt, obgleich es selbstverständlich ist, daß im einzelnen Grenzunsicherheiten entstehen, und daß ein von einer Kategorie geformtes Weltstück in die andere hineingenommen und hier von neuem als bloßer Stoff behandelt werde. Wir erblicken in jedem dieser Bezirke eine innere sachliche Logik, die zwar Spielraum für große Mannigfaltigkeiten und Gegensätze gibt, aber doch auch den schöpferischen Geist an ihre objektive Gültigkeit bindet. Und wir denken uns diese einmal geschaffenen Gebilde als in ihrem Sinn und Wert ganz unabhängig davon, ob und wie oft sie von Individuen aufgenommen und seelisch nachrealisiert werden. Als Werke oder Heiligkeiten, als Systeme oder Imperative haben sie einen selbstgenugsamen, von innen her zusammengehaltenen Bestand, mit dem sie sich sowohl aus dem seelischen Leben, aus dem sie gekommen sind, wie aus dem anderen, das sie aufnimmt, gelöst haben.

Jenen Stoff nun, den Weltstoff, können wir in seiner Reinheit nicht ergreifen, vielmehr heißt Ergreifen schon, ihn in eine jener großen, in ihrer vollen Auswirkung je eine Welt bildenden Kategorien einstellen. Wenn wir zum Beispiel die Farbe Blau vorstellen, so ist sie etwa ein Element der sinnlich wirklichen Welt, die der Ort unseres praktischen Lebens ist. Diesem Sinne ihrer gehört wahrscheinlich meistens auch das Phantasiebild an, in dem wir die Farbe nur von den Begleitumständen gelöst haben, mit denen die Wirklichkeitswelt sie verwebt. Innerhalb der Begrifflichkeit der reinen Erkenntniswelt aber ist das Blau in ganz anderem Sinne bedeutsam: da ist es eine bestimmte Schwingung von Ätherwellen oder eine bestimmte Stelle im Spektrum oder eine bestimmte physiologische oder psychische Reaktion. Wieder anderes besagt es als Element der subjektiven Gefühlswelt, in den lyrischen Empfindungen angesichts des blauen Himmels oder der blauen Augen der Geliebten. Es ist dasselbe und seiner weltmäßigen Bedeutung nach doch völlig anders orientierte Blau, wenn es in den religiösen Bezirk gehört, etwa als die Farbe des Mantels der Madonna oder überhaupt als Symbol in einer mystischen Welt. Der in dieser Weise zum Element sehr mannigfacher Welten geformte Stoff ist nicht etwa, weil er ohne solche Formung unergreifbar ist, ein „Ding an sich"; er ist nichts Transzendentes, das zur Erscheinung würde, indem es erkannt oder gewertet, religiös eingeordnet oder künstlerisch ausgestaltet wird. Sondern in den so bezeichneten Gesamtbildern ist der Weltstoff jeweils ganz und gar und nicht auf Borg von einer selbständigeren Existenz her enthalten. Die „Inhalte" haben eine Existenz sui generis. Sie sind weder

„real", da sie das ja erst werden, noch eine bloße Abstraktion aus ihren mannigfachen Kategorisiertheiten, da sie nichts Unvollständiges sind, wie der abstrakte Begriff gegenüber dem konkreten Ding, noch haben sie das metaphysische Sein der „Ideen" Platons. Denn obgleich er mit diesen auf dem Wege zu jenen „Inhalten" ist, so gelangt er nicht zu der Reinheit ihres Begriffes, weil er sie sogleich logisch intellektualistisch, also doch einseitig faßt. Er hält die logische Formung und Verbindung für die schlechthin reine, noch nicht spezifisch präjudizierte. Wie ein Stück physischer Materie in beliebig vielen Formen erscheint, ohne irgendeine aber nicht existieren kann und der Begriff seines reinen, formfreien Materie-Seins eine zwar logisch gerechtfertigte, aber in keiner Art von Anschauung vollziehbare Abstraktion ist — so etwa verhält sich das, was ich den Stoff der Welten nenne, die, von je einem Grundmotiv her, diesen Stoff zu — wenn auch erst im Unendlichen abschließbaren — Totalitäten formen. Denn eben wegen dieser prinzipiellen Fähigkeit, den Stoff in seinem ganzen Umfang aufzunehmen, nenne ich das Wirkliche als Ganzes und ebenso das künstlerisch Erschaffbare, das theoretisch Erkennbare und das religiös zu Konstruierende je eine Welt. Vom menschlichen Geiste her gesehen, gibt es keineswegs nur eine Welt, wenn Welt den Zusammenhang aller überhaupt möglichen Gegebenheiten bedeutet, die durch irgendein schlechthin gültiges Prinzip zu einem Kontinuum werden. Kontinuität ist für den Weltbegriff unerläßlich; was überhaupt in keinem Zusammenhang steht, unmittelbarem oder mittelbarem, gehört nicht in eine Welt. Sagt man, es gäbe nur eine Welt, so meint man durchgehends den Ort unerer praktischen Interessiertheit, über die die Not des Lebens die Menschheit nur so wenig hinausblicken läßt, daß die künstlerischen, religiösen, rein theoretischen Inhalte nur als mehr oder weniger isolierte Einzelheiten erscheinen. Für die Mehrzahl der Menschen ist die sogenannte wirkliche Welt die Welt schlechthin, und deren

praktisches Übergewicht verbirgt es, daß jene anders geformten Inhalte eigenen Welten angehören, in welche sich
die Kompetenz der Wirklichkeitsform nicht erstreckt.
Innerhalb der geschichtlichen Realisierungen dieser Welten
sieht es freilich anders aus. Es existiert nicht Erkenntnis
schlechthin, Kunst schlechthin, Religion schlechthin. Mit der
absoluten Allgemeinheit dieser Begriffe verbindet sich keine
bestimmte Vorstellung mehr, sie liegen sozusagen im Unendlichen, das heißt da, wo zum Beispiel die Linien aller überhaupt möglichen künstlerischen Produktion sich schneiden;
deshalb kann man vielleicht „Kunst überhaupt" nicht defi-
nieren. Es existiert immer nur eine historische, das heißt
eine jeweils in ihrer Technik, ihren Ausdrucksmöglichkeiten,
ihren Stilbesonderheiten bedingte Kunst; eine solche aber
kann ersichtlich nicht jedem der unbegrenzt vielen Weltinhalte Unterkunft gewähren. Wie man, um ein ganz singuläres Beispiel zu nennen, nicht jedes Gefühlserlebnis in jedem
lyrischen Stile ausdrücken kann, so ist überhaupt die Lati-
tüde begrenzt, in der die bis zu jedem historischen Moment
hin entwickelten Kunstformen auf die Weltinhalte anwendbar
sind. Die Maxime, die namentlich der künstlerische Natura-
lismus verkündet: es gäbe überhaupt keinen Weltinhalt, der
nicht zum Kunstwerk gestaltet werden könnte — ist ein arti-
stischer Größenwahn; er nimmt den restlosen Umfang, in
dem die Kunst überhaupt und als absolutes Prinzip den Weltstoff formen könnte, für die in ihrer Formungskraft notwendig begrenzte Kunst in Anspruch, die von uns innerhalb
irgendeines geschichtlichen Augenblickes realisiert ist. Gewiß konnten die künstlerischen Verfahrungsweisen Giottos
oder Botticellis nicht die Farbenimpressionen Degasscher
Ballerinen umspannen. Allein dieser Erweiterungsprozeß ist
ersichtlich nie abzuschließen, und daß die Kunst der Idee
nach eine absolut vollständige Welt zu formen vermag, ist
ebenso sicher, wie daß jede gegebene Kunst dies prinzipiell
Mögliche nur fragmentarisch verwirklichen kann. Daß es mit

der religiösen Welt nicht anders ist, liegt auf der Hand. Es ist oft genug unternommen worden, das Ganze der Dinge und des Lebens zu einer lückenlos religiösen Welt auszubauen. Aber selbst an dem jeweilig beschränkten Material ist es nicht gelungen; immer bleibt etwas von Weltstoff, was von den religiösen Kategorien nicht bewältigt wird — so sicher es möglich wäre, auch die von den historischen Religionen nicht ergriffenen Inhalte sich in religiöser Weise gestalten zu lassen, so daß ideell also wirklich eine religiöse Welt besteht. Auch an der „wirklichen" Welt wird sich dies zeigen lassen. Es gibt gewisse Weltinhalte (wobei man eben nur Welt nicht von vornherein als wirkliche Welt verstehen darf, Welt vielmehr als die ganz allgemeine Form gilt, von der „Wirklichkeit" eine spezielle Determinierung ist) — die zum Beispiel innerhalb der Kunst völlig sinnvoll und nach deren besonderer Logik in sich und mit anderen kohärent sind, ohne daß sie unter der Kategorie der Wirklichkeit bestehen könnten; prinzipiell und vielleicht für einen höher oder anders organisierten Geist würden auch diese der „wirklichen" Welt zugehören. Selbstverständlich kann man auch Kunstwerke und religiöse Vorstellungen als Realitäten, also als Stücke der wirklichen Welt, betrachten; ihrem Sinne nach aber gehören sie mit ihrem in jener Hinsicht „wirklichen" Inhalt jetzt besonderen Gesamtwelten an. Diese müssen ihre ideell weltmäßige Vollständigkeit damit bezahlen, daß sie innerhalb des historischen Lebens immer nur in individueller Einseitigkeit auftreten und infolgedessen nicht fähig sind, die Gesamtheit möglicher Inhalte zu ergreifen. Daß dies dem Prinzip Wirklichkeit immerhin in relativ hohem Maße gelingt, liegt einfach an einer Verbundenheit mit der äußeren Lebenspraxis, die den individuellen Verschiedenheiten, den Einseitigkeiten, den zufälligen Ausgestaltungen keinen so großen Spielraum gibt, sondern uns in einer relativ gleichmäßigen Attitüde festhält, deren Ausformungen sich mehr zu allmählicher Bereicherung als zu gegenseitiger Verdrängung entwickeln.

Nun mag man behaupten: nicht nur die Darstellungen und Auslebungen der Prinzipien Kunst, Religion, Wert usw. seien durch historische Zufälligkeit bedingt, sondern daß diese Prinzipien auch in ihrer größten Allgemeinheit und übersingulären Idealität überhaupt bestünden, sei der historischen Entwicklung der Menschheit zuzuschreiben; es sei schließlich in höherem Sinne ein Zufall und eine bloße Faktizität unserer geistigen Einrichtung, daß jene Kategorien und nicht ganz andere bestehen und Welten bilden; wie man denn auch wirklich neuerdings behauptet hat, die Kategorie Kunst gehöre einer nun bald beendeten Menschheitsepoche an. Gibt man diese These, ohne in ihre metaphysische Diskussion einzutreten, zu, so ist damit das hier Durchzuführende keineswegs bedroht. Denn es handelt sich nur darum, daß diese Welten ideell bestehen, notwendig oder nicht, und daß sie, als Welten, der der Wirklichkeit koordiniert sind. Behauptet man ihre Zufälligkeit, so muß man auch für die Wirklichkeit eben dieselbe zugeben. Auch daß wir mögliche Inhalte in die Form der Wirklichkeit fassen, ist nicht als notwendig zu erweisen: es gibt tatsächlich träumerische „wirklichkeitsfremde" Menschen, vor denen die Inhalte des Daseins als bloße Bilder schweben und die den Begriff Wirklichkeit nie recht erfassen. So wenig dies auch bei solchen in vollkommenem Maße stattfinden mag, so ist es doch jedenfalls ein Hinweis darauf, daß die Wirklichkeit nicht etwas Absolutes ist, dem gegenüber alle anderen Welten etwas Relatives, Zufälliges, Subjektives wären, sondern daß alle diese ontologisch auf derselben Stufe stehen — mag man diese Stufe als Ganzes nun für eine objektive oder eine historisch subjektive erklären.

Zu diesen Welt-Ganzheiten, die gewissermaßen in ideeller Vorzeichnung um uns liegen und die wir mit jeder geistigen Produktivität mehr zu entdecken und zu erobern als zu erschaffen scheinen, hat nun das individuell gelebte Leben ein eigentümliches Verhältnis. Jeder gegenständliche Bewußtseinsvorgang gehört seinem Inhalt und Sinne nach in eine dieser Welten. Es ist, als wären sie lauter auseinandergelagerte Ebenen, durch die das Leben hindurchschwingt, bald aus dieser, bald aus jener ein Stück sich aneignend, sich einbildend, bald mit gewissen Inhalten wie in undifferenzierter Form zwischen ihnen stehend. Tatsächlich werden alle unsere Gedankeninhalte von dem mehr oder weniger deutlichen Gefühl begleitet: daß ein jeder sozusagen irgendwohin gehört. Auch das Phantastische, Paradoxe, Subjektive ist nur relativ isoliert: empfindet man genauer hin, so gehört es in einen unabsehlichen Zusammenhang der gleichen Schicht, mag diese Schicht auch für jetzt oder für uns nur durch eben dieses Element markiert sein. So sind also unsere sämtlichen, aktiv oder passiv erlebten seelischen Inhalte Fragmente von Welten, deren jede eine besonders geformte Totalität von Weltinhalten überhaupt bedeutet. Hinsichtlich der theoretisch erfaßbaren „wirklichen" Welt ist dieses Verhalten jedermann geläufig: wir wissen alle, daß unser Wissen Stückwerk ist. Ebenso im Ethischen: wir wissen alle, ein wie geringer Teil dessen, was die wertgeformte Welt sein könnte und sollte, von unserem Handeln nicht nur, sondern sogar von unserem Pflichtbewußtsein nachgezeichnet wird. In diesen Fällen wird uns der fragmentarische Charakter unserer Lebensinhalte durch eine an jeden ansetzende, über jeden hinaustreibende Forderung nahegelegt. Aber auch in allen anderen besteht, weniger sich aufdrängend, dieser Fragmentcharakter unseres Lebens; jeder in diesem aufzeigbare Inhalt ist aus einem Gesamtzusammenhange, in dessen Logik er eine bestimmte und notwendige Stelle hat, in den aus eigener Quelle brechenden, jenen Welten transzendenten Vitalstrom hineingezogen. So erst scheint mir das immer empfundene „Bruchstückhafte" des Lebens einen weltanschauungsmäßigen Sinn jenseits der bloß elegischen Kon

templation zu offenbaren. Wir kursieren fortwährend durch
sehr mannigfache Ebenen, deren jede prinzipiell die Welttota-
lität nach einer besonderen Formel darstellt, von deren jeder
aber unser Leben nur jeweils ein Bruchstück mitnimmt.
Anders aber ist der Aspekt, wenn wir das Leben von sich
selbst aus und nicht von diesen jenseits seiner sich zu eigener
Totalität streckenden Ebenen aus betrachten. Dann nämlich
verliert die Zugehörigkeit seiner Inhalte zu den gesonderten,
sozusagen für sich seienden Welten ihre Wesensbedeutung.
Diese Zugehörigkeit erscheint jetzt als ein nachträgliches Herausschneiden und ideelles Transplantieren von Stücken, die
als erlebte solche gegenseitige Abgegrenztheit und Diskontinuität gar nicht besitzen. Innerhalb der Dynamik des Lebensprozesses sind sie verbunden wie die Wellen eines Stromes;
es ist jeweils ein Leben, welches sie als seine von ihm nun
nicht abtrennbaren und deshalb auch untereinander nicht
schlechthin trennnbaren Pulsschläge erzeugt.

–– –––––––

Die bisherige Erörterung rechnete mit den idealen Welten
als gegebenen Phänomenen, ohne nach ihrer psychologisch-
historischen oder sinnhaft-weltanschaulichen Genesis oder
nach der Einheit zu fragen, in der sie bei ihrer Lebens- und
Realitätsjenseitigkeit vielleicht doch mit dem Leben ver-
wurzelt sind. Dies ist nun mein eigentliches Problem.
Es bleibt immerhin unverkennbar, daß jene Reiche als
ganze aus dem gelebten Menschheitsleben kommen, in dessen
Unmittelbarkeit sie freilich in einer ganz anderen, sozusagen
embryonalen Form auftreten, unter anderen begrifflichen
Namen, mit zufälligen und empirischen Veranlassungen
entstehend und vergehend. Oder besser ausgedrückt: es
vollzieht sich hier dasselbe in der Form des Lebens, was dort
in der Form eigenweltlicher Ideellität besteht. Es sind zunächst Erzeugnisse des Lebens, wie all seine anderen Erscheinungen, seinem kontinuierlichen Lauf eingeordnet und

dienend. Und nun geschieht die große Wendung, mit der uns die Reiche der Idee entstehen: die Formen oder Funktionen, die das Leben um seiner selbst willen, aus seiner eigenen Dynamik hervorgetrieben hat, werden derart selbständig und definitiv, daß umgekehrt das Leben ihnen dient, seine Inhalte in sie einordnet und daß das Gelingen dieser Einordnung als eine ebenso letzte Wert- und Sinnerfüllung gilt, wie zuvor die Einfügung dieser Formen in die Ökonomie des Lebens. Die großen geistigen Kategorien bauen zwar am Leben, auch wenn sie noch ganz in ihm befangen sind, noch ganz in seiner Ebene liegen. Allein so lange haben sie dennoch etwas ihm gegenüber Passives, mittelhaft Nachgiebiges, ihm Untertanes, weil sie sich seiner Gesamtforderung fügen und ihr gemäß das, was sie ihm leisten, modifizieren müssen. Erst wenn jene große Achsendrehung des Lebens um sie nerum geschehen ist, werden sie eigentlich produktiv; ihre sachlich eigenen Formen sind jetzt die Dominanten, sie nehmen den Lebensstoff in sich auf, und er muß ihnen nachgeben. Dies ist als ein historischer Prozeß gemeint, als die μετάβασις εἰς ἄλλο γένος, mit der aus dem Wissen, das nur um praktischer Zwecke willen erworben wird, die Wissenschaft sich erhebt, aus gewissen vital-teleologischen Elementen die Kunst, die Religion, das Recht usw. Diesen Prozeß in all seinen Linien zu verfolgen, überall den Punkt des Umschlags der Form aus ihrer vitalen in ihre ideale Geltung unterhalb der gleitenden Übergänge des tatsächlichen Bewußtseins zu entdecken — geht natürlich gänzlich über unser Vermögen. Es handelt sich hier aber auch nur um das Prinzip und den inneren Sinn dieser Entwicklung, um die Charakterisierung ihrer Stadien in deren reinem Gegensatz, ganz gleichgültig gegen die Mischungen und Abflachungen, mit denen sie sich historisch vollzieht.

Wir können hier nicht gut umhin, von vitalen Zweckmäßigkeiten zu sprechen, denen die geistigen, zu Weltbildungen betimmten Funktionen dienen. Ich muß deshalb, be-

vor ich die Erfüllung dieser Prädestination in einzelnen
Reihen verfolge, die hier wesentliche Struktur des Zweck-
mäßigkeitsprinzips zu verdeutlichen suchen. Wenn ich davon
sprach, daß gewisse Funktionen, innerhalb des Lebens ausgebildet und in seine Zweckverwebungen eingebettet, zu selbständigen Zentren und Führungen werden, die das Leben in
seinen Dienst nehmen — so kann dies leicht als das typische
Vorkommnis erscheinen, daß die Mittel zu einem Zweck psychologisch zu Zwecken werden. Das Beispiel dafür, dessen
Reinheit ebenso extrem ist wie seine geschichtliche Wirkung,
bildet bekanntlich das Geld. Denn einerseits gibt es innerhalb der Menschenwelt nichts, was so absolut ohne Eigenwert und schlechthin bloß Mittel wäre, da es ja ganz und
gar nur als wirtschaftliche Vermittlung entstanden ist; andererseits kein irdisches Ding, das einer gleichgroßen Anzahl
von Menschen als der Zweck aller Zwecke vorkäme, als der
definitiv befriedigende Besitz, der Abschluß alles Strebens
und Mühens. Jene Drehung scheint sich hier also radikaler
als irgend sonst vollzogen zu haben. In Wirklichkeit sind
die geistigen Strukturen beider Typen ganz unterschieden.
Das Auswachsen von Mitteln zu Zwecken bleibt durchaus in
der allgemeinen Form des Teleologischen beschlossen und
läßt nur den seelischen Akzent des Definitiven eine Stufe zu-
rückrücken. Ob jemand, statt für Geld Genüsse zu erwerben,
sich mit dem Besitz des Geldes für befriedigt erklärt, wie
der Geizige, macht einen Unterschied in der Materie, aber
nicht in der wesentlichen Form der Wertung. Die sachlich
rationale Gliederung einer Reihe ist für das Wertbewußtsein nicht verpflichtend, sondern überläßt ihm die Wahl des
Punktes, an dem es sich aufgipfeln will. Denn an und für
sich ist jene Reihe ja doch unabschließbar. Kein noch so ver-
nünftiges oder unmittelbar beglückendes Ziel ist davor sicher,
als Durchgangspunkt für ein noch höher gelegenes enthüllt
zu werden; die Kette irdischer Lebensinhalte reißt an keinem
Gliede definitiv ab; die Markierung eines endgültigen ver-

bleibt einer niemals inkorrigibeln Willens- oder Gefühlsent-
scheidung. Auch soll man nicht übersehen, wie tief dies
scheinbar Irrationelle der Überwertung der Mittel gerade in
die menschliche Teleologie verflochten ist. Unzählige Male
würden wir weder Mut noch Kraft für unsere Handlungen
haben, wenn wir nicht die ganze Konzentration, das überhaupt verfügbare Wertbewußtsein auf die zunächst zu er-
reichende Stufe der teleologischen Leiter verwendeten. Wir
müssen diese Stufe, mag sie sachlich ein noch so vorüber-
gehendes Mittel sein, so behandeln, als ob sozusagen das
ganze Heil von ihr allein abhinge, da sie nun doch einmal unentbehrlich ist. Wollten wir ihr nur so viel Interesse widmen,
wie ihrem Eigengewicht sachlich angemessen wäre, und die
volle Wertungsintensität nur auf das ferne und fernste End-
ziel richten, so würde dies unsere Energie der praktischen
Aufgabe gegenüber höchst dysteleologisch zersplittern. Was
dem Sinn der Teleologie im tiefsten widerspricht und sie
eigentlich dementiert: daß sich das Mittel an die Stelle des
Zwecks schiebt, ist so gerade zu einer ihrer sublimiertesten
Formen geworden.

Die Wendung aber, mit der die idealen Gebilde sich erheben, tritt aus der ganzen Zweck-Mittel-Kategorie heraus,
und die Einsicht in diese — nachher auszuführende — Möglichkeit bedarf der anderen: daß diese Kategorie überhaupt
innerhalb der tiefsten Schicht menschlicher Existenz eine viel
geringere Bedeutung hat, als man ihr, verführt durch ihre
Rolle in der oberflächlichen Praxis, zuzuschreiben pflegt.
Das Gebiet allbeherrschender Zweckmäßigkeit bildet der
körperliche Organismus. Daß sein letztes, eigentlich formendes Wesen damit bezeichnet ist, glaube ich freilich nicht,
ebensowenig wie der Mechanismus, unter dessen Kategorie
wir seine Erscheinungen mit nicht begrenzbarem Gelingen
ordnen können, dazu ausreicht. Wird aber der teleologische
Gesichtspunkt, so sehr er bloß heuristisch oder symbolisch
sei, einmal auf die Organismen als physische angewandt, so

findet er sich im erstaunlichsten, mit jeder neuen physiologischen Entdeckung wachsenden Maße bestätigt. Je genauer ein tierisches Wesen auf die unmittelbare Auswirkung seiner Körperlichkeit angewiesen ist, das heißt je geringer sein Aktionsradius ist, desto unbedingter ist es der Zweckmäßigkeit verhaftet. Die vollkommenste Zweckmäßigkeit besteht innerhalb des Körpers; sie verringert sich in dem Maß, in dem die Lebensbewegungen über ihn hinausgreifen, weil diese dann mit einer widerstehenden, gegen das Leben zufälligen Welt zu rechnen haben. Sie nähert sich dem Maximum ihrer Gefährdung und unter Umständen dem Minimum ihrer Realisierung, indem der bewußte Geist und Wille sich in beliebige Entfernung von den innerleiblichen, strukturgegebenen Bewegungen und ihrer ganz unmittelbaren Auswirkung begibt.

Der Mensch, weil er den größten Aktionsradius hat, weil seine Zwecksetzung sich am weitesten und unabhängigsten von dem vitalen Automatismus seines Leibes stellt, ist seiner Teleologie am wenigsten gewiß. Das ist, was man seine Freiheit nennen kann. Das Wesen, das sich an jenen Automatismus hält, hat zwar die größte Lebenszweckmäßigkeit, aber es bezahlt sie mit der Enge des Gebundenseins an die körperliche Apriorität. Freiheit bedeutet gerade die Möglichkeit, die Zweckmäßigkeit zu durchbrechen; sie besteht in dem Maße, in dem das Verhalten des organischen Wesens über die Grenzen seines unwillkürlich regulierten Körpers hinausgreift. Hiermit ist natürlich nicht nur die Ortsveränderung gemeint, die einfach den Körper als ganzen den Raum durchmessen läßt, um der Nahrung, des Schutzes, der Fortpflanzung willen, sondern vielmehr die qualitativen und differenziellen Eingriffe des Menschen in die Umwelt. Je entwickelter, das heißt je freier der Mensch ist, desto weiter steht sein Verhalten von der Zweckmäßigkeit ab, die in seiner Körperstruktur als solcher und in ihrer Unwillkürlichkeit investiert ist. Um dieser Distanz willen, die zwischen der physiologischen Gegebenheit des menschlichen Organismus und seinem praktischen Verhalten besteht, kann man den Menschen prinzipiell als das unzweckmäßige Wesen bezeichnen; er ist relativ aus der Zweckmäßigkeit entlassen, die in der wesentlichen Unwillkürlichkeit und also Zweckmäßigkeit der niedrigeren Organismen herrscht. Der Mensch hat eine Existenzstufe erlangt, die über dem Zweck steht. Es ist sein eigentlicher Wert, daß er zwecklos handeln kann. Darunter sind nur Handlungen als ganze verstanden, die innerhalb ihrer selbst teleologisch konstruiert sein mögen oder müssen, das heißt die einzelne Handlungsreihe baut sich aus Mitteln auf, die zu einem Zweck führen. Aber das Ganze ist nicht wieder in eine übergreifende Gesamtteleologie eingestellt. Solche Reihen füllen das Leben natürlich nicht aus, welches vielmehr in seinem größten Teile zweckmäßig ist, das heißt in Reihen verläuft, deren Endglied wieder als Mittel für einen weiteren Zweck, das heißt schließlich zu dem Leben als solchem, führt. Hier und da aber lebt der Mensch in der Kategorie des Nichtzweckmäßigen. Wenn man den Charakter solcher Reihen dadurch zu bezeichnen meint, daß man ihre Endglieder Selbstzwecke nennt, so bringt man ihre ganz einzigartige Bedeutung doch wieder auf die tiefere Stufe, auf die der Zweckmäßigkeit, zurück. Diese ist vielmehr bloßer Durchgang, bloße Entwicklungsstufe. Wären wir reiner Geist, das heißt wäre unser Verhalten gar nicht mehr als Teil oder Fortsetzung der unwillkürlichen Zweckmäßigkeit unserer körperlichen Organisation zu denken, so wären wir von der Kategorie des Zwecks prinzipiell unabhängig geworden.

Und vielfach ist der Zweck gerade das Niedrige und Verächtliche an einer Tätigkeit, und zwar nicht nur, ganz selbstverständlich, wenn ein Ziel die an sich wertindifferenten Mittel in seine ethische Negativität hineinzieht. Sondern die Mittel können einen Wert besitzen, den sie überhaupt gar nicht abzulegen imstande sind, der nun aber doch, von dem

verwerflichen Ziel in Dienst genommen, die Schnödigkeit
oder Schädlichkeit der Handlung als ganzer gewissermaßen
zur höchsten Vollendung bringt. Wenn ein Kaufmann, nur
um Geld und immer mehr Geld zusammenzuraffen, vielleicht
sogar, um nachher die erbärmlichsten Genüsse dafür zu er-
kaufen, die höchste Energie, Intelligenz, Unermüdlichkeit,
Wagemut ins Spiel setzt, so bleibt diesen Qualitäten auch so
noch ein Wert als character indelebilis. Sogar ganz zwecklos ausgeübt, in irgend sportähnlicher Weise oder im Über-
mut eines Kraftgefühles, das sich nur entladen will, haftet
ihnen Reiz und Bedeutung an. Aber in jenem Falle werden
sie nun umgriffen von dem übeln und deklassierenden
Zwecke, der in wunderlicher Kombination ihren Wert nicht
zerstören und ihn trotzdem mit dem umgekehrten Vorzeichen
versehen kann. So töricht die moralische Entrüstung über
das Prinzip ist, daß der Zweck die Mittel heiligt (wie könnte
zum Beispiel sonst die Allgemeinheit das Lebensopfer des
Individuums fordern!), so wenig ist zu verkennen, daß so und
so oft gerade der Zweck die Mittel entheiligt.

Freilich, wenn man unter „zwecksetzend" die bewußt vernünftige Form des Zweckes und der beliebig verlängerten
Mittelreihe versteht, dann ist nur der Mensch zwecksetzend.
Aber dies ist doch nur ein Teil der Zweckmäßigkeit des
Lebens und derjenige, der bei der Vergleichung mit der Teleologie der Tiere gar nicht in Frage kommt. Bei dem
Menschen tritt nicht nur das teleologisch Entstandene in Ab-
lösung von allem Zweck auf, sondern indem es dies tut, stört
und schädigt es unzählige Male unsere Zweckprozesse. Das
kann indes nur für solche Wesen einen Sinn haben, die sich
jenseits des Lebens stellen können. Alle Gebilde des spezifisch menschlichen Daseins scheinen freilich — und darauf
wird es uns hier ankommen — die Stufe der Zweckmäßigkeit durchgemacht zu haben, ehe sie in die des reinen Fürsichseins, das heißt der Freiheit, aufgestiegen sind. Im
großen und ganzen angesehen, ist der Mensch das am wenig-

sten teleologische Wesen. An dem einen Ende seiner Existenz folgt er blinden Trieben, die nicht mehr wie beim
Tier durchgängig zweckmäßig sind, sondern abgeirrt, un-
orientiert und durch die Mittel, die unsere Teleologie ihnen
zur Verfügung stellt, zerstörerisch bis zur Raserei. Am anderen Ende ist er über alle Teleologie erhaben. Diese steht
nun bei ihm zwischen jenen beiden Polen — von ihr frei zu
sein, ist der niedrigste Grad und der höchste — und nur
durch ihre quantitative Ausdehnung und ihre Verfeinerung
kann sie die Illusion hervorrufen, der Mensch wäre ein
Zweckwesen. Soweit er dies ist, hat er keine Freiheit, sondern ist an einen nur besonders gearteten Mechanismus gebunden. Frei sind wir als reine Triebwesen, weil da alle
Gegenstrebung verschwunden ist und wir ex solis nostrae
naturae legibus leben. Und frei sind wir in dem idealen
Reiche, vor dem die Teleologie endet. Die Domäne der
Zweckmäßigkeit ist das mittlere Gebiet des menschlichen
Wesens, gerade wie sie innerhalb der einzelnen Handlungsreihe den mittleren Rayon zwischen Absicht und Erfolg aus-
füllt.

Der Gegensatz zur Freiheit ist nicht der Zwang; denn
erstens ist der Ablauf von Ereignissen nach der Teleologie
organischer Gesetzmäßigkeit nicht als Zwang zu bezeichnen
wegen des eben betonten Wegfalls innerer Gegenstrebung.
Nur das irgendwie freie Wesen kann gezwungen werden, und
daß die natürlichen Dinge sich, von den Naturgesetzen beherrscht, so und so verhalten müssen, ist ein töricht anthropomorpher Ausdruck. Ihr Verhalten ist schlechthin nur
wirklich, und daß es außerdem noch notwendig, im Sinne
irgendeiner Nötigung, ist, legt einen Ansatz oder eine Möglichkeit menschlichen Widerstrebens in sie hinein. Der Gegensatz zur Freiheit ist vielmehr die Zweckmäßigkeit. Freiheit
ist nichts Negatives, nicht die Abwesenheit von Zwang, sondern die ganz neue Kategorie, zu der die Entwicklung des
Menschen aufsteigt, sobald sie die Stufe der an seine innere

Physis gebundenen Zweckmäßigkeit und deren bloßer Fortsetzung in das Handeln hinein verlassen hat. Freiheit ist nicht
Lösung vom terminus ad quo, sondern vom terminus ad
quem. Daher der Eindruck von Freiheit bei Kunst, Wissenschaft, Moral, wirklicher Religiosität, daher auch die volle
Widerspruchslosigkeit gegen die Kausalität.

Den Vollzug dieser Emanzipation sollen die folgenden
Seiten in einige wesentliche Linien verfolgen. Ich deute ihn
einleitenderweise für zwei Gebiete an, deren ursprüngliche
Verwebtheit in die Lebensteleologie ganz unlösbar scheinen
möchte — das eudämonistische und das erotische Gebiet.
Lust und Schmerz sind ursprünglich — so wird man wohl
mit allgemeiner Zustimmung vermuten dürfen — An-
regungen zu vital-zweckmäßigem Verhalten. Lustgefühle
sind die lockende Prämie für das Einnehmen zuträglicher
Nahrung, für den Aufenthalt in gesundem Milieu, für die
Fortpflanzung der Gattung; Schmerzgefühle sind Warnungs-
signale gegen das entgegengesetzte Benehmen, biologische
Strafen, die von dessen Wiederholung abschrecken. Indem
diese Verbindung auch für den Menschen besteht, hat sie
sich zugleich auch hier und da für ihn gelöst. Er kann nun
zunächst Lust suchen, die der eigenen und der Gattungserhal-
tung zerstörerisch ist: allein dies ist nur das Zeichen für
die psychologische Unabhängigkeit von diesen Fördernissen,
die das Lustgefühl gewonnen hat und neben der, als einer
isolierten Randerscheinung, die biologische Nützlichkeit prinzipiell weiterbestehen kann. Wenn das Tier auch einzelne
Handlungen um der winkenden Lust willen vornimmt, so
ist dies doch immer nur etwas Sekundäres, hinter dem als
eigentlicher Sinn die vitale Zweckmäßigkeit der so hervor-
gelockten Handlung steht. Der Mensch allerdings kann diese
Wendung zu einer definitiven machen, indem er die Lebens-
gesamtheit in den Dienst der Lust stellt. Allein dies ist doch

nur wieder ein Auswachsen eines Mittels zum Zweck und
bildet keine eigentlich neue Sphäre dem teleologischen
Lebensverlauf gegenüber, auch wenn es sich bis zur Per-
vertierung von dessen Telos entwickelt. Aber eine Drehung
wirklich radikaler Art scheint mir mit dem reinen Sinne
dessen, was wir „Glück" nennen, gegeben. Die rohe Psychologie der traditionellen Ethik hat mit seltenen Ausnahmen
die entscheidende Wendung verkannt, mit der dieser Begriff sich von dem der Lust abhebt; die Griechen haben an
diesem Punkte tiefer gesehen. Die Lust mag Schopenhauer
mit Recht von vorhergehendem Bedürfnis abhängen lassen,
was ihre Eingewurzeltheit in den einreihigen Verlauf der
Lebensprozesse anzeigt. Was uns aber Glück heißt — wobei
es nicht auf einen definitorischen, sondern auf einen Unterschied innerer Realitäten ankommt, den man meinetwegen
auch anders benennen mag — ist zwar auch für das leibliche
Wohlbefinden und damit für die ganze Lebenszweckmäßigkeit von zweifellosem Wert; allein außerdem bedeutet es
eine abschließende Zuständlichkeit, einen Gipfel, zu dem das
Leben aufstrebt und über den es, in der Richtung dieses
Strebens, so wenig hinauskann, wie man vom erreichten
Gipfel eines Berges noch weiter in die Höhe wandern kann.
Dem Glück fehlt jene Vereinzelung des Lustgefühls, vermöge deren dieses zum bloßen Elemente des Lebenszusammenhanges wird. Dieser hat vielmehr in seiner Ganzheit eine
gar nicht zu lokalisierende Färbung, sobald wir uns „glücklich" nennen; die eigentümliche Gefühlsspannung der Lust
hat gewissermaßen ihren Ort in der Wechselwirkung der
Lebensmomente verlassen und ist als Glück ein Definitivum
geworden, zu dem diese Momente zusammenwirken müssen.
Schien die „Vernunft" so weit von unserem sonstigen intellektuellen Vermögen abzustehen, daß man ihr immer wieder, von Aristoteles bis Bergson, eine andere Herkunft als
diesen aus den empirisch-organischen Kräften erzeugten zu-
gesprochen hat (was auch zurückgewiesenerweise ein tiefes

Symbol jener Distanzempfindung bleibt) — so wage ich die
Paradoxe, daß das Glück in seiner Reinheit ein dem Genus
nach ebenso Neues, von unseren sonstigen eudämonistischen
Erlebnissen ebenso Abstehendes ist, wie die Vernunft innerhalb der für sie fraglichen Bezirke. Nur an den äußersten
Steigerungen des Glückes, niemals an denen der Lust, empfinden wir etwas wie Gnade; es überschimmert das in sich
kontinuierlich weiterlaufende Leben mit einem Glanze, den
dieses aus sich selbst niemals hätte zeugen können, der vielmehr aus einer anderen, unbegreiflichen Ordnung hervor-
bricht. Darum kann man Lust suchen, und manchmal sogar
mit Erfolg, Glück aber — in dem Sinne, den unsere Sprach-
anarchie noch nicht entstellt hat — kommt über uns wie
Regen und Sonnenschein. Durch nichts wird der Radikalismus dieser Wendung stärker erwiesen als durch die tran-
szendente Steigerung des Glücks zum Begriff der „Seligkeit".
Hier kann nun die Übervitalität des Glückszustandes gar
nicht mehr zweifelhaft sein; hier hat er die absolute und
deshalb von aller Lustvermischung freie Form erlangt, für
deren Gewinn das ganze Leben eingesetzt und oft genug das
Märtyrertum erduldet wird. Im Begriff der Seligkeit ist die
Emanzipation des Glücks von aller innervitalen Zweckmäßigkeit vollendet und unverkennlich geworden.

Ähnlich, wenn auch nicht in genauer Parallelität, verhält
es sich mit dem Schmerz, der genetisch als Abschreckung
von lebensunzweckmäßigem Verhalten zu denken ist. Und
einigermaßen entsprechend, wie sich zur Lust das Glück,
scheint sich zum Schmerz das Leid zu verhalten. Als Schmerz
bezeichnen wir — vorbehalten, daß der Sprachgebrauch die
Begriffsgrenzen auch hier verschwimmen läßt — einen loka-
lisierten, in einer singulären Linie verlaufenden Vorgang.
Neben ihm aber — und manchmal auch neben der Lust —
steht der chronische Tonus unseres Gesamtseins, den wir
Leid zu nennen pflegen, und der biologisch in keiner Weise
über sich hinausweist. Das Schmerzereignis innerhalb des

Lebens hat sich damit jener Lokalisierung entrissen und sich zu einer Färbung des Lebens verbreitert, auf deren Basis dieses nun erst wieder immanent teleologische oder dysteleologische Ereignisse erfährt. Während der Schmerz sich dem Leben einfügt, rinnen die Ströme des Lebens, wie in das Glück, so in das Leid hinein; die Seele kann im Leid wie im Glück — nur mit umgekehrtem Vorzeichen — eine Vollendung, ein Fertigsein des Lebens, ja eine Erlöstheit seiner von sich selbst finden, die das Gegenteil der Rolle des Schmerzes ist. Daß wir geistig Leiden empfinden können, die prinzipiell keine teleologische Bedeutung haben — das scheint mir ein ganz entscheidendes Kennzeichen des Menschenwesens zu sein.

Charakteristischer noch als in der eudämonistischen Teleologie tritt in der erotischen die bezeichnete Wendung hervor. Primär gegeben ist die biologische Bedeutung der Anziehung der Geschlechter und der an sie geknüpften Lustgefühle. Indem die letzteren zum psychologischen Ziel werden, um dessentwillen der Aktus gesucht wird, verschiebt sich schon die teleologische Reihung, die Fortpflanzung wird ein bloßes, oft nicht gewolltes Akzidenz des eigentlich Gewollten. Immerhin kann auch dies noch — etwas altmodisch ausgedrückt — als eine List der Natur zur Erreichung ihrer Gattungszwecke erscheinen; ja sogar dann noch, wenn die erotische Absicht nicht mehr auf das Geschlecht als ganzes, das heißt nicht mehr auf irgendeine, einigermaßen annehmbare Person des anderen Geschlechts geht, sondern völlig individualisiert ist und unter dem Schema: diese oder keine — verläuft. Denn auch solche Zuspitzung kann als Instinkt für den geeignetsten Partner zur Erzeugung des wohlgeratensten Kindes gedeutet werden. Aber doch setzt sich an diesen Punkt zugleich die entscheidende Abwendung der Erotik vom Dienst des Lebens an. Gleichviel welches genetische oder homochrone Verhältnis zwischen der Liebe und dem sinnlichen Begehren besteht — ihrem Sinne nach und als

Zuständlichkeiten haben sie nichts miteinander zu tun. Jenes Begehren ist gattungsmäßiger Natur, und wo es ausschließend auf ein Individuum geht, ist dieser allgemeine Lebensstrom nur kanalisiert, fließt aber schließlich wieder in die Allgemeinheit seiner Quelle zurück. Die Liebe aber, als Liebe, hat das Eigentümliche, daß sie ein reines, in sich abgeschlossenes Binnenereignis in der Seele ist, das sich freilich um das jetzt schlechthin unvertauschbare Bild des anderen Individuums webt. Ungezählte, unverfolgbare Kräfte der Persönlichkeit münden in sie ein, aber sie ist nicht etwa für diese nur eine Durchgangsstation, sondern, beglückend oder vernichtend, ein Definitivum. Das: „Wenn ich dich liebe, was geht's dich an" — drückt das Wesen solcher Liebe zwar negativ, aber in unüberbietbarer Reinheit aus. So lange die Liebe im Generellen bleibt und so lange sie Begehren bleibt, ist sie eine Form, die das Leben um seiner „Zwecke" willen annimmt. Allein diese Form emanzipiert sich, wie sich in der — hier ganz einseitigen — Schopenhauerschen Lehre nur der Intellekt vom Leben emanzipieren kann; der Liebende, der sich und das geliebte Wesen aus dem breit und vorwärts strömenden Gattungsleben herausgehoben hat, weiß, daß nun das Leben dazu da ist, um diesen Wert, dieses neue So-Sein zu nähren. Als eine „Zweckbeziehung" kann man das freilich nicht bezeichnen. Indem aber diese, wie sie im gattungsmäßigen Begehren herrscht, aufgehoben ist, — gleichviel ob dieses noch neben der autonomen Liebe und in unscheidbarer Verbindung mit ihr besteht — hat die Liebe die ganze Kategorie des Teleologischen hinter sich gelassen. Diese bestimmt nur ihre lebengebundene Vorform, aus der sie zu freiem Selbst-Sein herauswächst. Mit ihm kann die Erotik jene sublimiertesten Stufen erreichen, auf denen das: Seid fruchtbar und mehret euch (allerdings der denkbar größte Gegensatz zu dem Wort der Philine) — als Hochverrat am Wesen der Liebe zurückgewiesen wird. Gewiß ist hier ein stetiger Übergang, und so wenig etwa in dem ersten

Getriebenwerden zum anderen Geschlecht die Liebe schon „praeformiert" liegt, so ist es doch ein allmählicher Prozeß der Epigenesis, der sie aus jenem entstehen läßt; die Wirklichkeit setzt die Form der Kontinuität zwischen die beiden Kategorien, die ideell und dem Wesen nach durch eine absolute Schwelle geschieden sind. Hier handelte es sich also nicht um jenes Erwachsen von „Welten", sondern es sollte nur an einzelnen Linien der Prozeß verdeutlicht werden, der, in andere Dimensionen verbreitert, zu Weltbildern führt, zum Gewinn autonomer Formen mit unbegrenzter Kapazität. Mit ihnen gestalten sich die eigentlich sogenannten Kulturgebiete, so daß man vielleicht sagen kann: Kultur überhaupt entstünde, wo die im Leben und um des Lebens willen erzeugten Kategorien zu selbständigen Bildnern eigenwertiger Formationen werden, die dem Leben gegenüber objektiv sind. So entschieden Religion, Kunst, Wissenschaft ihren Sinn als solche in überpsychologischer Ideellität besitzen, so sind gewisse Vorgänge des zeitlich subjektiven Lebens doch wie Embryonalstadien ihrer; sie erscheinen, von jenen aus gesehen, wie ihre Vorformen; oder gemäß früherer Formulierung: eben dasselbe erscheint in der Form des Lebens, was jene in der der eigenweltlichen Ideellität sind. In dem Augenblick, in dem jene formalen — das heißt gegebene Inhalte zu einer bestimmten Welt formenden — Triebkräfte oder Gestaltungsarten für sich das Bestimmende werden (während bisher das Leben und sein materialer Interessenzusammenhang es war) und von sich aus ein Objekt erzeugen oder gestalten — ist jedesmal ein Stück der kulturellen Welten aufgebracht, die nun gleichsam vor dem Leben stehen, ihm die Stationen seines Verlaufes oder einen Vorrat an Inhalten bietend.

Vielleicht ist das reine Wesen der Wissenschaft im Unterschiede gegen das auch sonst vorhandene Wissen nur unter dieser Voraussetzung zu erfassen. Das praktische Leben ist auf Schritt und Tritt — und mehr als man es sich klarzu-

machen pflegt — von Erkenntnisvorgängen durchzogen: wir
erwerben vor dem Entstehen der Wissenschaft im großen
und ganzen nicht weniger und nicht mehr Wissen, als zur
Durchführung unseres praktischen, äußerlichen wie innerlichen, Verhaltens erforderlich ist. Nicht weniger: weil wir
angesichts der Bedingtheit unseres Lebens durch Wissensvorstellungen nicht leben würden, wenn nicht ein gewisses
Maß und eine gewisse Zulänglichkeit dieser bestünde; nicht
mehr: weil dies, so lange nur das Leben als solches und als
praktisches in Frage kommt, eine unnütze Belastung für
dieses, das sogar eigentlich gar keinen Platz dafür hätte, bedeuten würde — wobei natürlich das zwischen Zuwenig und
Zuviel stehende Maß je nach Individuen und historischen
Situationen äußerst variiert.

Wie entscheidend hier die vitale Determination ist, zeigt
sich daran, daß dieses jeweilige Wissen, so fragmentarisch
und zufällig es anderen Perioden erscheinen mag, doch immer
als ein irgendwie geschlossener und befriedigender Zu-
sammmenhang sich bietet: eine Rechtfertigung und zentrale
Begründung für diese jeweils empfundene Einheit, nach
Logik und Sachgehalt dieser Erkenntniskomplexe, pflegen
jene anderen Perioden nicht zuzugeben, und sie kann auch
nur in der real fordernden, souverän bestimmenden Lebenssituation liegen. Das weit überwiegende Quantum unserer
Wissensvorstellungen stellt sich dar, als ob es von der Lebenszweckmäßigkeit hervorgerufen und bestimmt wäre — wobei
die genauere Definition eben dieser nach Sinn und Richtung
dahingestellt bleiben kann.

Auch erscheint mir dies als das einzige Radikalmittel gegen
den radikalen Skeptizismus oder theoretischen Nihilismus,
für den jede sogenannte Wahrheit von vornherein nur Illusion
ist. Kein Mensch würde — das wird wohl keines Beweises
bedürfen — auch nur einen Tag leben können, wenn jede
seiner Vorstellungen von Objekten irrig wäre. Nun aber
leben wir. Also ist es unmöglich, daß wir uns immer irren:

wir müssen mindestens so viel Wahrheit besitzen, um die vorkommenden Irrungen bis zur Lebens-Möglichkeit auszugleichen. Demgemäß hängt freilich der Inhalt solcher Wahrheit davon ab, was das jeweilige Leben von der Welt will. Was einem indischen Yogi und einem Berliner Börsenjobber, was Plato und einem Australneger Wahrheit ist, liegt so unberührbar weit auseinander, daß die Führung dieser Existenzen auf Grund ihres Weltvorstellens ganz undenkbar wäre, wenn nicht für jede von ihnen „Leben" etwas anderes bedeutete, als für die andere, und deshalb für jede eine besondere, zu ihr korrelative Erkenntnisbasis forderte. Nur mache man sich, um pragmatistische Verengerung zu vermeiden, klar, daß unsere inneren Vorgänge, so sehr sie unserem vitalen Verhalten in der Welt dienen, doch selbst ein Stück dieses Verhaltens und dieser Welt sind. Darum ist es ganz einseitig und verblendet, Sinn und Zweck unserer Bewußtseinsvorgänge ausschließlich in unser Handeln, das heißt in unser praktisches Verhältnis zur Außenwelt, zu setzen. Es handelt sich hier auch um „Zweckmäßigkeiten", die doch nicht von einem terminus ad quem her bestimmt sind. Das Ausleben einer Kraft, die Realisierung oder auch nur die voll bewußte Klärung innerer Tendenzen, das Sich-Ausdrücken des Seins in Entwicklungen und in der Formung nachgiebiger oder bezwungener Stoffe — dies sind Werte, die den an den Erfolgen unseres Verhaltens gemessenen an Bedeutung koordiniert sind. Auch sie erheben sich ersichtlich in irgendwelcher Bedingtheit durch erkennendes Vorstellen, das seine Richtigkeit durch ihren Gewinn erweist. Auch liegt der Vitalwert eines Gedankens keineswegs nur in dem, was sich als logische oder psychologische Entfaltung seines Inhalts ablesen läßt, sondern sein So-Sein als ein Element unseres Lebens ist unmittelbar eine, wertvollere oder niedrigere, Qualität eben des Lebens, in dem er steht. Wir sind allzusehr gewöhnt, unsere Gedanken nur auf das anzusehen, was sie bedeuten, auf ihre an sich kraftlosen ideellen Inhalte (so konkrete Folgen diese auch entwickeln mögen), während es sich hier um ihre andere Seite, die dynamisch-reale, handelt, von der jene der Index oder das Symbol ist. Unsere Gedanken bedeuten nicht nur etwas, was man mit Begriffen — die an sich schon lebensjenseitig sind — ausdrücken kann, sondern sie sind etwas, sind reale Pulsschläge realen Lebens, die innerhalb dieses, nicht erst durch innere oder äußere Wirkungen vermittelt, seinem Wertmaximum, als seinem idealen Telos, besser oder schlechter „dienen". Diese Erweiterung und Vertiefung ist stets mitgemeint, wo ich kurz von der Lebenszweckmäßigkeit spreche.

Sehen wir unser Leben als biologischen Prozeß an, so ist es nicht anders als die Pflanze in die Wirklichkeit der Welt verwebt, und alle seine Funktionen vollziehen sich in ihrer Zweckmäßigkeit wie das Atmen des Schlafenden. Schiebt sich nun in diese Teleologie unserer Wirklichkeit ein Erkennen ein, so ist unser Status und unsere Wirksamkeit damit noch nicht prinzipiell geändert: das vorwärtsströmende Leben ist nur um diese Wellenform bereichert. Das Erkennen ist insoweit nichts anderes als eine Szene des Lebens selbst, die eine andere vorbereitet und damit der vitalen Gesamtintention dient. Für die sogenannten rein sinnlichen Vorstellungen ist dies schon ausgesprochen worden. Sie erscheinen als Fortsetzungen des körperlichen Mechanismus, der als ganzer teleologisch dirigiert ist. Wird diese letztere Vorstellung beibehalten, so müssen alle überhaupt dem Leben eingefügten und es mitbestimmenden Vorstellungen des gleichen Wesens sein. Der Fluß des Lebens geht, herrschend und beherrscht, durch sie hindurch wie durch jedes andere seiner Elemente; die Kategorien, in denen sich das bewußte Bild der Dinge herstellt, sind bloße Werkzeuge innerhalb des vitalen Zusammenhanges. Unzulänglich und auf halbem Wege stehen geblieben erscheint mir die Hypothese: es bestände eine absolute, für alle Wesen gültige Wahrheit, das

objektiv deckende Gegenbild der „Wirklichkeit" — und diese
würde allmählich von dem Menschengeschlecht erobert,
indem der Intelligentere, der sich von dieser Wahrheit ein
größeres Maß aneignet, dadurch einen Vorsprung im Kampfe
ums Dasein vor dem Unintelligenten hätte, und so, auf den
gewöhnlichen Wegen der Selektion, die Nützlichkeit der
Wahrheit die Ursache ihrer Aneignung und Verbreitung
würde. Im Grundmotiv ist Schopenhauers Lehre vom Intellekt, insoweit der Wille ihn in seinen Dienst nimmt, nichts
anderes. Auch er bezweifelt gar nicht das ideelle Dasein
einer, ihren Inhalten nach, dem Leben gegenüber selbständigen Wahrheit, deren der Intellekt sich bemächtigt, weil
der Lebenswille, der mit Hilfe dieser Wirklichkeitskenntnis
seine Ziele erreichbar glaubt, ihn dazu treibt. Von aller
Kritik abgesehen, läßt solche pragmatistische Theorie jedenfalls das Wesen der Wahrheit selbst ungeklärt. Mag man
diese deuten wie man will, jedenfalls ist sie etwas vom Leben
innerlich Unabhängiges, das nur virtuell bereit liegt, von ihm
ergriffen zu werden. Hier aber handelt es sich um einen
Gegensatz zu jener Vorstellungsweise, den man, in der un-
genügenden Ausdrucksweise der letzteren, so bezeichnen
kann: dort gibt es ein Wahres, das in das Leben hineingezogen wird, weil es ihm förderlich ist; hier: die geistigen
Inhalte, die sich als Förderungen der Lebensentfaltung be-
währen, nennen wir die wahren, die zerstörenden, leben-
hemmenden nennen wir irrig. Hier ist nun mit einem Schlage
begreiflich, daß es für verschiedene Lebensformen und -ein-
stellungen verschiedene „Wahrheiten" geben kann und muß;
die immer wieder irritierende Frage nach der „Übereinstimmung" von Denken und Wirklichkeit ist aufgelöst, da das
Denken nur einer der organischen Prozesse ist, mit denen
unsere Lebenswirklichkeit sich innerhalb der kosmischen
Wirklichkeit trägt und ermöglicht, so daß, wenn es diese
Funktion sinngerecht übt, eine morphologische „Übereinstimmung" mit einem Objekt überhaupt nicht in Frage

kommt; endlich, die Schwierigkeit, wie das an sich ganz be-
griffsfreie, wirklich nur „praktische" Verhalten des Menschen es denn mache, sich nach theoretischen Wahrheiten
zu „richten" (mit der man sich auch heute noch durch eine
gewisse Personalisierung von Seelenvermögen abfindet), fällt
weg, wenn diese Wahrheiten nur die theoretischen Formulierungen oder die begrifflichen Spiegelungen gewisser Richtungen sind, die die praktisch-dynamischen Zusammenhänge
des sich entwickelnden Lebens in sich und im Verfolg ihres
eigenen Sinnes erzeugen.

Ist erst einmal eine fertige Erkenntniswelt unser er-
arbeiteter und durchgearbeiteter Besitz, so kann es freilich
umgekehrt zugehen. Für unseren empirischen Tagesbedarf
ist zunächst eine feststehende Wahrheit da, die es sich an-
zueignen und auf die es unser Handeln einzustellen gilt: hier
ist dasjenige fruchtbar, was wahr ist. Allein die Frage, wie
es überhaupt zu einer Wahrheit kommt und was sie ursprünglich bedeutet, wird damit nicht berührt. Und diese Frage
löst sich in einheitlicher Weise nur so, daß das Leben, wie
all seine anderen Funktionen, so auch die erkennenden
schafft; hier gilt: was fruchtbar ist, allein ist wahr. Der
Mensch ist ein zu vielfältiges Wesen, um sich in einer so
geradlinig teleologischen Weise wie die Pflanze in der Welt
erhalten zu können. Die Vielheit seiner Sinneseindrücke und
seiner Berührungsflächen mit der ihn angehenden Welt
fordert jene Konzentration der von dieser kommenden Einflüsse und jene Vorbereitung auf seine Reaktion, die vermöge
der Begriffsbildung und der kategorialen Formen geschieht.
Daß man auch umgekehrt dies als Grund ansprechen kann,
der ihm jene Mannigfaltigkeit der Weltbeziehungen zu-
wachsen läßt, beweist nur, daß die Teleologie überhaupt nur
einen vorläufigen oder symbolischen Ausdruck für das
eigentliche Gesetz des Lebens bietet. Indem die intellektuellen Formen die Welt für unser praktisches Leben um
uns aufbauen, ermöglichen sie die tatsächliche Verbindung

zwischen den Inhalten der Welt und uns; um der dazu er-
forderlichen Bearbeitung der Inhalte willen sind sie da.
Außerhalb dieser Funktion haben sie im Leben nichts zu
suchen. Wenn etwa behauptet wird, Kausalität sei nur die
Übertragung der gefühlten, willentlichen Lebenswirksamkeit
auf die Objektwelt, so heißt das eben, daß das Leben sich
innerhalb seines eigenen Wesensbezirkes die Form ausgebildet hat, mit Hilfe deren es eine praktisch zu bearbeitende
Welt gewinnt. Was vielfach Verwunderung erregte: daß wir
die so fest geglaubte Kausalität doch nirgends „sehen",
kommt einfach daher, daß sie eine Form und Bedingung für
unsere praktisch reale Wirksamkeit in der Welt ist; sie außerdem theoretisch objektiv durch „Sehen" festzustellen, ist für
diesen Zweck, für unser rein tatsächliches Eingreifen, dessen
Voraussetzung sie bildet — eben nicht erforderlich.

Aber all solches vital bestimmte „Erkennen" ist noch keine
Wissenschaft: durch keine graduelle, wenn auch noch so hohe
Steigerung und Verfeinerung dieses Erkennens ist das Prinzip
der Wissenschaft überhaupt zu erreichen — vielmehr erst
in dem Augenblick, wenn das bisher geschilderte Verhältnis
sich umkehrt, wenn die Inhalte ausschließlich insoweit von
Interesse sind, als sie die Formen des Erkennens erfüllen.
Das Wesen aller Wissenschaft als solcher scheint mir darin
zu bestehen, daß gewisse geistige Formen ideell da sind
(Kausalität, induktive und deduktive Erschließbarkeit, systematische Ordnung, Kriterien der Tatsachenfeststellung usw.),
denen die gegebenen Weltinhalte, durch Einstellung in sie,
zu genügen haben. In psychologischer Realisierung ausgedrückt: zuerst erkennen die Menschen, um zu leben; dann
aber gibt es Menschen, die leben, um zu erkennen. Welcher
Inhalt gewählt wird, um sich als Erfüller jener Forderung
zu zeigen, ist eigentlich zufällig und hängt von historisch-
psychologischen Konstellationen ab: für die Wissenschaft
sind prinzipiell alle Inhalte gleichwertig, weil in ihr, in
charakteristischstem Gegensatz zu der vital-teleologischen

Erkenntnis, der Gegenstand als solcher gleichgültig ist; ein
Wertvorrang eines Gegenstandes kann hier nur die Technik
innerhalb der Wissenschaft angehen, insofern der eine für
den Gewinn weiterer Erkenntnisse fruchtbarer ist als der
andere. Daß uns im übrigen die Physiologie des Menschen
wertvoller ist als die der Fledermaus und die Biographie
Goethes wertvoller als die seines Schneiders, ist in
Schätzungen begründet, die von außerhalb der Wissenschaft
herkommen, die nicht vom Wahrheitsinteresse als solchem
ausgehen. Die allgemeine Wendung: in der Wissenschaft
würde „die Wahrheit um der Wahrheit willen" gesucht —
ist zwar fast immer im moralischen, äußere Verdächte ab-
wehrenden Sinne gemeint, der uns hier gar nichts angeht;
aber tatsächlich trifft sie das innere, metaphysische Wesen
der Wissenschaft, während die Wahrheit innerhalb der Praxis
um des Lebens willen, innerhalb der Religion um Gottes oder
des Heils willen, innerhalb der Kunst um der ästhetischen
Werte willen gesucht wird. Wenn innerhalb dieser beiden
letzteren Teleologien etwa andere Vorstellungen als die
theoretisch wahren die dienlicheren wären, so würden
diese anderen statt jener gesucht werden.

Die Zusammengehörigkeiten, in denen die Inhalte innerhalb der Lebensreihen mit ihrem Sinn und ihrem Zwang
stehen, sind hier völlig aufgelöst; die Bedeutung ihres Er-
kannntwerdens für das Leben entscheidet nicht mehr über
ihre Herausholung und Anordnung, sondern diese hängen
von der Forderung und Möglichkeit ab, die jetzt als Eigen-
werte betrachteten Erkenntnisformen auf die Inhalte anzu-
wenden — vorbehalten natürlich, daß das so Gewonnene
diesen Einstellungen wieder entrissen werden und, von
neuem mit vitaler Dynamik geladen, in den teleologischen
Lebensstrom tauchen kann. Wäre nun diese ideozentrische
Einstellung an allen überhaupt möglichen Inhalten vollbracht;
würden sie alle diejenige Form, denjenigen Gesamtzusammenhang zeigen, die die Alleinherrschaft der Erkenntnis-

gesetze ihnen auferlegt — so wäre die Wissenschaft vollendet. Wenn wir Erkenntnisse suchen, die sich in den von praktischen Notwendigkeiten, von Willen und Gefühl gelenkten und durchsetzten Lebensstrom einstellen, so mögen diese noch so wahr sein — sie finden ihren Ort nicht durch den Zusammenhang mit anderen Wahrheiten, da ja Wahrheit gar nicht der letzten Endes sie beherrschende und zusammenführende Begriff ist; sie müssen vielmehr aus der Lebenslinie erst herausgelöst sein, um Wissenschaft zu sein, das heißt dem ideell vorgezeichneten Bezirk des Nur-Wahren anzugehören, dessen Inhalte gerade nur dadurch designiert und aneinandergeschlossen sind, daß sie den Erkenntnisnormen genügen. Daß diese Normen selbst nicht nur ihrem zeitlichen Auftreten, sondern ihrer qualitativen Bestimmtheit nach den Forderungen des ihnen vorgelagerten Lebens entstammen, ist hierfür ganz gleichgültig. Es genügt, daß sie jetzt der Träger des — so paradox der Ausdruck klingt — genuin gewordenen Wahrheitswertes sind; der Grund, aus dem Wahrheit Wahrheit ist, tritt in ihre jetzt gewonnene Alleinherrschaft nicht ein.

Daß der Umkreis des Wahren nun als Wissenschaft völlig autonom geworden ist, das heißt eben, keinen „Grund" mehr hat, macht sogleich klar, weshalb jeder Nachweis für den gültigen Bestand des Prinzips Wahrheit hier zu einem Zirkel führt. Weder die negative Behauptung: es gibt keine Wahrheit, noch die positive: es gibt Wahrheit, kann auch nur als Behauptung aufgestellt werden, ohne daß man das Bestehen von Wahrheit schon voraussetzte. In der selbstgenugsamen Form Wissenschaft ist das Wahre ein freischwebender Komplex, innerhalb dessen wohl Einzelheiten durch andere Einzelheiten als wahr bewiesen werden können, der aber als ganzer eines solchen Bewiesenwerdens ersichtlich unfähig ist. Wäre die Wissenschaft vollendet, so würde man, von einer axiomatisch gesetzten Wahrheit A ausgehend, durch sie den Satz B beweisen, durch B den Satz C usf. Und das Z,

an dem man nach Durchwanderung sämtlicher Wissensinhalte
anlangte, würde dann seinerseits den Beweisgrund für das
zuerst unbewiesen gesetzte A liefern. Dies ist ein Zirkel, aber
kein fehlerhafter, denn nur zwischen Einzelheit und Einzelheit macht diese Form den Beweisgang illusorisch; daß aber
in einer Totalität sich jedes Glied schließlich nur auf jedes
andere, in vollkommener Wechselwirkung, aufbauen kann,
ist der Ausdruck ihrer geschlossenen Einheit und Selbstgenugsamkeit. Wie die Welt, als absolut seiende gedacht,
sich nur selbst tragen, sich nur durch eigenes Schweben
halten kann, so kann es auch die Welt, die unter der Kategorie des wissenschaftlichen Erkennens als eine Totalität
(der Idee nach) entsteht. Sie ruht durchaus auf der Form des
theoretischen Beweises; daß diese aber gültig ist, kann ersichtlich nur durch eine petitio principii theoretisch bewiesen
werden. Freilich nur, und ganz legitim, innerhalb der Welt
des wissenschaftlichen Erkennens. In dem Augenblick, in
dem man diese von dem Lebenszusammenhang umfassen
und in ihm gegründet sein läßt, steht es anders. Nun haben
all jene Wissensinhalte einen „Grund", nämlich einen außerhalb des Wissens gelegenen. Jetzt liefert die praktische
Teleologie des Gesamtlebens (mit allen oft betonten Vorbehalten für diesen unzulänglichen Ausdruck) den Beweis,
daß eine Vorstellung richtig oder daß sie irrig ist; jetzt ist,
wie ich schon erwähnte, durch die Tatsache, daß wir überhaupt leben, der Beweis geliefert, daß unser Erkennen sich
nicht durchgängig im Irrtum befinden kann. Innerhalb der
Relativität, die dem Erkennen als Einzelfunktion in der Viel-
verwebtheit der menschlichen Lebenstotalität und ihrer Entfaltung zukommt, gewinnt es Möglichkeiten des Erwiesen-
werdens, mit deren Verlust es die Souveränität und Eigen-
weltlichkeit bezahlt, zu der es sich, jene Relativität radikal
überwindend, als Wissenschaftskosmos erhebt.

In welchen Lebensbeziehungen und im Dienste welcher
historischen Zwecke indes auch die ·(im weitesten Sinne)

logischen und methodischen Formen entstanden sein mögen:
das Entscheidende ist, daß sie nun in reiner, jede weitere
Legitimierung abweisender Selbstherrschaft sich ihren
Gegenstand — als Inhalt der Wissenschaft — selbst
schaffen. Jenes praktische, vom Leben erforderte und in
das Leben eingewebte Wissen hat prinzipiell mit Wissenschaft nichts zu tun; von ihr aus gesehen ist es eine Vorform
ihrer. Die Kantische Vorstellung, daß der Verstand die Natur
schafft, ihr ihre Gesetze vorschreibt, gilt nur für die immanent
wissenschaftliche Welt. Das Erkennen, insofern es ein Pulsschlag oder eine Vermittlung des bewußten praktischen
Lebens ist, stammt keineswegs aus dem eigenen Schöpfertum
der reinen intellektuellen Formen, sondern es wird von jener
Dynamik des Lebens getragen, die unsere Realität in sich
und mit der Realität der Welt verwebt. Mag nun auch das
Bild des einzelnen Objekts für die Wissenschaft das gleiche
sein wie für die Praxis: die Gesamtheit der Bilder und ihrer
Zusammenhänge, die wir Wissenschaft nennen und die die
theoretische „Welt" ausmachen, entsteht erst durch die
Achsendrehung, die die Bestimmungsgründe der Erkenntnis-
bilder aus den Inhalten und ihrer Bedeutung für das Leben
heraus und in die Erkenntnisformen selbst hineinverlegt.
Diese erscheinen jetzt wie mit einer ganz genuinen
Schöpfungskraft erfüllt und stellen von sich aus eine Welt
her, deren Eigengesetzlichkeit und Zulänglichkeit dadurch
nicht alteriert wird, daß unsere Arbeit von ihrem ideellen Bestande nur einzelne und oft ganz unzusammenhängende Teile
zu unserem Besitz macht. Denn erst mit jener Wendung
steht die in sich logisch verbundene Totalität ideell vor uns,
als deren Nachzeichnung das wissenschaftliche Wissen erscheint. So lange das Wissen nur ein Moment des Lebensverlaufes ist, aus ihm kommend und in ihn mündend, ist
hiervon nicht die Rede; der Sinn, zu dessen Realisierung es
in diesem Fall berufen ist, ist die vitale Zweckmäßigkeit, die
Herstellung eines gewissen Seins in uns und Seinsverhält-

nisses zwischen uns und den Dingen. Man könnte sagen: das Leben erfindet, die Wissenschaft entdeckt. Auch dort ordnet sich das Erkennen seiner Intention nach einer einheitlichen Ganzheit ein. Nur ist es nicht der theoretische Kosmos der Wissenschaft, sondern die Linie des praktischen Lebens, im Sinne inneren wie äußeren Verhaltens. Das vom Leben erzeugte und verbrauchte Wissen ist für die Wissenschaft darum nicht weniger etwas Vorläufiges, weil die Denkformen, die von sich aus die Gestaltung der Weltinhalte zur Wissenschaft übernehmen, selbst im Lebensprozeß erzeugt worden sind, selbst nur den prinzipiellsten Ausdruck jenes praktischen Verhältnisses zwischen uns und dem übrigen Sein bilden. Von der Provenienz dieser Formen und Forderungen wird das Wesen der Wissenschaft garnicht angerührt. Denn ob sie ihrer qualitativen Artung nach solche oder solche sind, ist für dieses Wesen in seinem reinen Sinn und Begriff ohne Belang; nur daß sie nun ihrerseits eine Welt bestimmen, daß die Inhalte nun in diese Welt aufgenommen werden, um deren Formen zu genügen — das macht die Wissenschaft in ihrer Abtrennung vom Leben aus.

Das scharfe Erfassen des Radikalismus dieser Wendung wird dadurch einigermaßen erschwert, daß der isolierte Inhalt innerhalb der vitalen Vorform der Wissenschaft und innerhalb der Wissenschaft selbst oft ununterscheidbar aussicht und daß der Unterschied nur durch die Betrachtung vom Ganzen her, durch die Zusammenhänge und die innere Intention gestiftet wird. Viel deutlicher tritt er hervor, wo sich aus und über den vom Leben erzeugten Vorformen die Welt der Kunst aufbaut.

Für das Gebiet der empirisch praktischen Anschaulichkeit steht es fest, daß es uns ein prinzipiell anders gebautes Weltbild liefert, als dasjenige, das die Wissenschaft uns als objektives anzuerkennen veranlaßt. Für dieses letztere sind die Dinge in absoluter Koordination durch den unendlichen Raum hin ausgebreitet, ohne daß ein Punkt besonders betont wäre und ihnen dadurch eine Abgestuftheit der räumlichen Ordnung aufdrängte. Ferner bestehen sie hier in absoluter Kontinuität, in der gleichen wie der Raum selbst, und jeder kleinste Teil ist durch seine rastlose Bewegtheit mit jedem seiner Nachbarn dynamisch verbunden. Endlich bedeutet diese Bewegtheit ein stetiges Fließen; die rastlose Umsetzung der Energien gestattet keine wirkliche Festigkeit einer Form, kein qualitatives oder räumliches Beharren eines einmal gewordenen Daseins. Diese Bestimmungen ändern sich vollkommen, sobald ein lebendiges Subjekt die Welt anschaut. Mit ihm ist zunächst ein Zentrum oder Ausgangspunkt gegeben, der das gleichmäßige Nebeneinander der räumlichen Dinge in eine abgestufte oder perspektivische Ordnung um den Kopf des Anschauenden herum überführt. Jetzt gibt es eine als solche akzentuierte Nähe und Ferne, Deutlichkeit und Undeutlichkeit, Verschiebungen und Sprünge, Überschneidungen und Leerheiten, wozu in dem subjektfreien Dasein der Dinge gar keine Analogie besteht; ebenso wird die Stetigkeit der Materie (natürlich in dem Sinne, der von dem atomistischen Problem nicht berührt wird) von unserem praktischen Sehen durchbrochen, so daß man fast sagen könnte: dieses Sehen bestünde geradezu in dem eingrenzenden Herausschneiden bestimmter „Dinge" aus der Kontinuität des Daseins; wir „sehen" sie, indem wir sie als irgendwie geschlossene Einheiten aus jener objektiven Kontinuität heraus- oder richtiger in sie hineinformen; und damit ist schließlich auch der heraklitische Fluß der Wirklichkeit in ihrem objektiven zeitlichen Werden durch unseren Blick gestaut: unsere Art, zu sehen, schafft sich wirklich beharrende Gestalten, und die platonische Vorstellung, die Sinnenwelt zeige nur ewige Unruhe und Veränderung, während allein der abstrakte Gedanke die Wahrheit, das heißt das unveränderte So-sein der Formen erfasse, ist, wenn nicht im absoluten, so doch im nächsten und empirischen Sinn, ungefähr das Gegenteil des wirklichen Verhaltens.

Verfolgt man diese vom Leben und seiner praktischen Ein-
gerichtetheit getragenen Funktionsarten unseres Sehens über
das von der Praxis ihnen gegebene Maß hinaus, so stößt man
in ihrer Richtung auf die Schaffensart der bildenden Kunst.
Denn dies ist doch wohl deren erste Leistung: daß sie ihr
Gebilde als eine selbstgenugsame Einheit den kontinuierlichen Verflechtungen des realen Daseins enthebt, die ver-
bindenden Fäden zu allem Außerhalb abschneidet, eine Form
aufbringt, die, ihrem Sinne nach, nichts von Werden, Sich-
Ändern, Vergehen weiß. Aber dies ist jetzt nicht eine Technik, die das Leben für Organisationen unserer Art innerhalb
unseres Milieus notwendig macht — wobei die Heraussonde-
rung eines Gegenstandes als „eines", als Exemplar eines Begriffes, doch nur geschieht, um ihn sogleich wieder dem kon-
tinuierten weiterströmenden Lebensverlauf einzufügen, —
sondern solche Formung ist ein Selbstzweck der Kunst; der
Inhalt, das eigentlich Gegenständliche, ist jetzt nicht ein
Leben-Bestimmendes, das um eben dieser Verknüpfung
willen in diese Form gefaßt werden muß, sondern er wird
als ein relativ zufälliger gewählt, damit diese künstlerische
Form sich an ihm darstelle, damit sie sei — wie in der
Wissenschaft alle Dinge gleichberechtigt waren, weil sie als
Material für das Erkennen als Endzweck überhaupt nicht
„berechtigt", sondern gleichgültig sind. Dies ist das legitime
Moment an der Behauptung, daß für das Kunstwerk sein
gegenständlicher Inhalt gleichgültig wäre. Allein gerade von
ihm aus wird sie für die tatsächliche Kunstübung wieder
dementiert, da verschiedene Gegenstände ja doch ganz abgestufte Möglichkeiten gewähren, das rein artistische Sehen
an ihnen zu realisieren. Ihre Unterschiedlichkeit in dieser
Hinsicht gewährt den Inhalten wieder einen Wertunterschied
für die Kunst, aus der ihre, anderen Wertkategorien ent-
stammenden Differenzen mit Recht verbannt bleiben. —
Man kann den Schaffensprozeß in der bildenden Kunst als
eine Fortsetzung des künstlerischen Sehprozesses deuten.

Die äußeren und inneren Gesichte sind bei den anderen Menschen in die mannigfaltigsten praktischen Reihen derart verflochten, daß sie diesen zwar einzelne Inhalte und Modifikationen geben können; aber der eigentliche Anstoß und das durchgehende Telos geht nicht vom Sehen als solchem aus; dieses bleibt hier ein bloßes Mittel sonst schon beabsichtigter Aktivitäten, und wo es das nicht ist, ist es nur kontemplativer Art, ein überhaupt nicht in Tätigkeit sich umsetzendes Schauen. Bei dem Maler aber scheint, in den Stunden seiner Produktivität, der Sehakt für sich allein gewissermaßen sich in die kinetische Energie der Hand umzusetzen. Daß bekanntlich viele Künstler, auch bei freiestem Umbilden der Natur, nur das zu schaffen meinen, was sie „sehen", mag wohl auch aus dem Gefühl dieser unmittelbaren Verbindung stammen; nur daß diese Künstler als eine sozusagen substanzialistische Übertragung des formal Gleichen deuten, was in Wirklichkeit etwas Funktionelles, gegen Gleichheit oder Ungleichheit von Ursache und Wirkung ganz Gleichgültiges ist: das Schöpferischwerden des bloßen Sehens, das seine Kraft sonst nur stützend und vermittelnd in Strömungen aus anderen Quellflüssen mischt. Dieses selbständige, selbstverantwortliche Sichfortsetzen des Sehprozesses in das Tun des Künstlers entspricht aber ersichtlich einer im sonstigen Sehen nicht vorhandenen Selbständigkeit des künstlerischen Sehens selbst. Das Sehen ist hier aus seiner Verwebung mit den praktischen, nicht optischen Zwecken gleichsam isoliert, es verläuft ausschließlich nach seinen eigensten Gesetzen; so daß man das Sehen des Künstlers mit Recht als ein schöpferisches bezeichnet hat — aber schließlich kann es sich doch nur durch die eben hierdurch bewirkten Modifikationen von dem Sehen der Menschen überhaupt unterscheiden.

Es hat nur die Drehung stattgefunden, daß nicht um der Inhalte willen die Sehensfunktion in Kraft tritt, sondern um dieser willen und durch sie die Inhalte kreiert werden; in zugespitztem Ausdruck: im allgemeinen sehen wir, um zu

leben; der Künstler lebt, um zu sehen. Freilich vergesse man
nicht, daß immer und überhaupt der ganze Mensch sieht,
nicht nur das Auge als anatomisch differenziertes Organ.
Wenn nun das Auge des Künstlers wirklich in einem besonders autonomen, ausschließenden Sinne sieht, so ist die
Meinung nicht etwa die, daß sein Auge in entschiedenerer
Abstraktion vom eigentlichen Leben funktionierte, als bei
anderen Menschen. Sondern umgekehrt, bei dem schöpferischen Künstler geht eine größere Summe von Leben in sein
Sehen hinein; die Lebensganzheit fügt sich williger darein,
in diese Richtung kanalisiert zu werden. Nur sekundär und
sozusagen technisch hat der Künstler mehr Sehen in seinem
Leben als andere; primär und wesentlich hat er mehr Leben
in seinem Sehen; was eben jene Wendung ausdrückt: daß
die innerhalb und zu den Zwecken des realen Lebens erzeugte Form eine ideale Welt erzeugt, indem sie sich nicht
mehr in die vitale Ordnung einfügt, sondern selbst eine Ordnung bestimmt oder ausmacht, in die sich das Leben — als
Wirklichkeit, als Vorstellung, als Bild — einzufügen hat.

Ich erwähne nur einen einzelnen Zug dieses Verhältnisses
zwischen dem praktisch empirischen Sehen und dem künstlerischen Sehen und Gestalten. Jede optische Wahrnehmung
bedeutet unmittelbar eine Auswahl aus unbegrenzten Möglichkeiten; innerhalb jedes jeweiligen Gesichtsfeldes betonen
wir aus Motiven, die mit dem bloß Optischen nur in Aus-
nahmefällen zu tun haben, immer nur einzelne Punkte; Zahl-
loses beläßt die Wahrnehmung außerhalb ihrer, als ob es
überhaupt nicht da wäre; auch an jedem einzelnen Gegenstand bestehen so und soviele Seiten und Qualitäten, die
unser Blick übergeht. Unsere Formung der Anschauungswelt geschieht also nicht nur durch benennbare physisch-
psychische ApriDritäten, sondern fortwährend auch in negativer Weise. Das Material unserer Anschauungswelt ist also
nicht dasjenige, das wirklich da ist, sondern der Rest, der
nach dem Fortfall unzähliger möglicher Bestandteile übrig-

bleibt — was denn freilich die Formungen, die Zusammenhänge, die Einheitsbildungen des Ganzen in sehr positiver
Weise bestimmt. Wenn also ein bedeutender moderner
Maler gesagt hat: Zeichnen ist Weglassen — so ist die Voraussetzung dieser Wahrheit die andere: Sehen ist Weglassen.
Insoweit der künstlerische Prozeß überhaupt in dieser Richtung charakterisiert werden kann, ist er — unter jener
völligen Drehung der Intention — die Fortsetzung und sozusagen systematische Steigerung der Art, wie wir überhaupt
die Welt wahrnehmen. Das „Weglassen" ist hier künstlerisch bedingende Funktion, während es in der Praxis eine
leidige Notwendigkeit ist. Der Künstler — dies kam schon
vorhin in Frage — sieht mehr als andere Menschen: das
heißt nun, er muß ein viel größeres Material haben als andere,
weil er viel mehr „wegläßt", und weil für das künstlerische
Schöpfertum das Gesehene nicht, wie für das Leben, nur ein
Element ist, das noch dazu durch den außerhalb gelegenen
Vitalzweck von vornherein determiniert ist. Wir sind also
wirklich alle, als Sehende, fragmentarische oder embryonale
Maler, wie wir, als Erkennende, ebensolche Wissenschaftler
sind. Aber der von hier aus bloß graduell erscheinende
Unterschied darf nicht verleiten, das ideale Gebilde als bloß
graduelle Steigerung des Vitalvorganges zu deuten.

Daß die Lebensrealität in dieser Bedeutung als Vorform
der Kunst auftritt, offenbart sich neben den so exemplifi-
zierten subjektiven Fällen auch an objektiven. Die künstlerischen Gebilde primitiver Völker gehen oft davon aus, daß
zum Beispiel ein Stein ungefähr an eine Menschen- oder Tier-
gestalt erinnert und sie nun durch Abschlagen, Färben oder
sonstiges Nachhelfen diese Ähnlichkeit vervollständigen.
Das erste ist ein assoziativ-psychologisches Ereignis, eine der
Verwebungen von Optik und Begrifflichkeit, die das praktische Leben auf Schritt und Tritt tragen. Äußerlich angesehen, ist nun das genauere Herausarbeiten der Ähnlichkeit nur ein graduelles Weiterführen solcher Analogie-

bildung. Dem Sinne nach aber ist es eine ganz prinzipielle Drehung. Nachdem die gegebene Gestalt im Verlauf des seelischen Prozesses zu dem Bilde etwa eines Fisches geführt hat, wird dieses nun seinerseits aktiv, schafft von sich aus, nach den Gesetzen, die ihm ausschließlich einhaften, ein sichtbares Gebilde. Zuerst hat die Steingestalt zur Idee des Fisches geführt, dann aber die anschauliche Idee des Fisches zu einer Steingestalt. Der Sehprozeß, durch die Verkettung mit der äußeren und zufälligen Wirklichkeit zu einer Formwahrnehmung bewogen, reißt jetzt die selbständige Führung an sich: daß das Gebilde als Fisch gesehen wird, ist jetzt nicht mehr das Bestimmte, sondern das Bestimmende; das Sehen erzeugt jetzt das künstlerische Gebilde, nachdem die vitale Praxis den Formgewinn überhaupt gesichert hatte. Jetzt wird das Herausschneiden, das Sinn-Geben, die Einheitlichkeit, die unser „Sehen" gegenüber der objektiven Natur bedeuten, weil dieses Sehen nur so praktisch möglich ist, zum Für-Sich-Entscheidenden; das Leben trägt die Form nicht mehr, enthebt die Seinsinhalte der sonst von ihr vermittelten Lebensverknüpfung, um sich souverän an diesen Inhalten auszugestalten; woher einerseits das Gefühl von Freiheit begreiflich wird, das aller Kunst, in ihrem Prozeß wie in ihrem Ergebnis, einwohnt — denn hier schafft der Geist wirklich ex solis suae naturae legibus —, andererseits der Inhalt des Lebensprozesses, insoweit er rein naturhaftwirklich und weltverwebt auftritt, als Vorform des Kunstwerks sich offenbart.

Das Gefühl von Reinheit und Unschuld, das als durchgehende Kompetenz der Kunst gelten kann, mag mit der so bezeichneten Unabhängigkeit von aller Weltgegebenheit zusammenhängen, in deren ganze Problematik und Wertzufälligkeit wir sonst das Sehen und das daran anschließende Handeln sozusagen hineinmischen. Die Kunst mag eine noch so anstößige Szene darstellen: dieser Charakter eignet ihr doch nur, insoweit sie erlebt wird, ihr Inhalt also unter einer ganz anderen Kategorie steht, als unter der des bloßen Schauens. Man deutet wahrscheinlich jene Reinheit der Kunst falsch, wenn man sie als eine positive Gesinnung ansieht, wie sie unter dem gleichen Namen auf ethische oder auf religiöse Weise besteht. In diesen Fällen handelt es sich um Reinheit des Lebens, bei der Kunst aber um Reinheit vom Leben. Deshalb wehren sich die Künstler gegen alles Moralisieren gegenüber ihren Vorwürfen: sie fühlen sich durch dieses, das nur die Lebensform dieser Vorwürfe betrifft, gar nicht getroffen. Denn, gleichgültig wieviel Leben in das künstlerische Schaffen eingeströmt ist und wieviel von ihm ausströmt: als künstlerisches ist es von dem Leben, innerhalb dessen das Schauen jedenfalls nur ein Element unter anderen ist, gelöst und ist nur Schauen und dessen „reine", das heißt von allen Lebensverflechtungen gesonderte schöpferische Konsequenz. Die künstlerische Anschauung, als die ungestörte Herrschaft des Anschauungsprozesses als solchen, ist so wenig Abstraktion, daß eher die praktisch-empirische Anschauung so zu bezeichnen wäre. Denn gerade dadurch, daß das nicht-künstlerische Bild der Dinge von lauter nicht anschaulichen Gerichtetheiten, Assoziationen, zentrifugalen Bedeutungen durchwachsen ist und als eines der vielen koordinierten Mittel für praktische Zwecke dient, muß es von der ganzen Fülle und reinen Konsequenz des anschaulichen Phänomens als solchen abstrahieren; die Praxis nimmt nicht das ganze angeschaute Ding, sondern nur das Quantum seiner Anschauung auf, das sie für ihre ganz anderen Zwecke braucht.

In den praktischen Zusammenhängen ist das angeschaute Ding vielleicht der Lebenstotalität verschmolzen und so wenig ein Fragment, wie ein lebendiges Glied ein „Fragment" seines lebendigen Körpers; aber rein als Anschauung gewertet ist es hier ein bloßes Fragment, durch einen Abzug von der möglichen Totalität seines Angeschautwerdens zustande gekommen. — Auch wird durch diese Deutung des

Kunstwerks einleuchtend, daß das Kunstwerk weit weniger täuscht, als manches Wirklichkeitsbild. Denn wie man das letztere Verhältnis zu seinem Gegenstand, das als seine „Richtigkeit" gilt, auch deute und mit welchen Garantien man diese auch umgebe — daß sie dennoch verfehlt sei, ist eine nie auszuschließende Möglichkeit. Gewiß hat auch das Kunstwerk das Objekt in sich eingefangen und es zu seinem treulich gepflegten Stoff gemacht. Ist dies aber einmal geschehen, so zieht sich nun auch das künstlerische Gestalten völlig in sich zurück, geschieht nur um der Forderungen seiner eigenen Form willen und hat nichts mehr sich gegenüber, dem ähnlich zu sein (oder wie man die Relation sonst benennen möge) seine künstlerische Bedeutung irgendwie anginge. Nur außerkünstlerische Interessen des Lebens können die morphologische Beziehung des Kunstwerks zum Modell wichtig machen. Da das Kunstwerk aber seine reine Wertung nur nach immanent künstlerischen Qualitäten erfährt und über das äußere Objekt als solches, als Wirklichkeit, gar nichts aussagen will, so ist es gar nicht in der Lage, über dies Wirkliche zu täuschen; es fehlt ihm das Korrelat, durch das es zur Illusion werden könnte und dessen Dasein für die Wirklichkeitsvorstellung, die vitale wie die wissenschaftliche, die Möglichkeit des Irrtums bedingt.

Ich führe den Radikalismus der Drehung von dem realen, in das Leben verflochtenen Bilde zu dem künstlerischen, die die erlebte Wirklichkeitsanschauung nun gerade der reinen Anschauungsform, ihren inneren Gesetzen und Reizen dienen läßt und damit das Kunstwerk überhaupt als solches erzeugt — noch an einem abgelegenen und diffizilen Falle aus. Altjapanische Teeschalen, wie sie jetzt Sammelgegenstände bilden, sind vielfach von feinen goldenen Linien durchzogen, mit denen Sprünge oder ausgeschlagene Stücke repariert sind. Für den europäischen Blick wirken diese Steingutstücke überhaupt zunächst rustikal, ja roh und zufällig, und offenbaren erst langer Kennerschaft ihre Schönheiten und Tiefen.

Aber auch dann sind sie nicht in gewöhnlichem Sinne „Kunst", wie es etwa chinesische Porzellane sind, sondern wirken wie ein gewisses Mittleres zwischen zufälligem Naturprodukt und stilisierter Kunst, für dessen charakteristische Einheit unsere europäische Ästhetik keine Kategorie hat. Auch handelt es sich nicht etwa um die Synthese der naturalistischen Kunst, denn kein dargestellter Inhalt, sondern das unmittelbare Dasein des Gebildes ist naturhaft. In Farbenstellung und Oberflächenbehandlung klingt zwar immer ein Natureindruck an: an einen Stein oder eine Fischhaut, an Baumrinde oder Wolkenfärbung wird man erinnert. Aber dies ist nicht naturalistische Nachahmung, sondern — da man diesen fremdartigen Eindruck nur symbolisch bezeichnen kann — als hätte die Natur die optischen und taktilen Elemente, die sie an den genannten Gegenständen hervortreibt, jetzt in irgendwelcher Abwandlung durch die Hand eines Japaners hindurchwachsen lassen. Während hierin nun die Sprünge und Lücken etwas rein naturhaft Zufälliges sind und in unausgebessertem Zustand selbstverständlich auch so wirken, ergeben die ihnen folgenden goldenen Linien, wie durch eine prästabilierte Harmonie, in außerordentlich vielen Fällen ein hinsichtlich der Führung wie der Flächenverteilung wahrhaft entzückendes, künstlerisch ganz vollkommenes Bild, ein so vollkommenes, daß man oft nur schwer an die Zufälligkeit der Risse glauben mag. Nirgends vielleicht erscheint unser Prinzip markanter als hier, wo sich der künstlerische Prozeß absolut eng an die Naturansicht anschließt und seine Wahlfreiheit nur an der Breite, dem Relief und der Tönung der Goldlinien zeigen kann. Unmittelbarer als irgendsonst hat sich das, was der Künstler sieht, in das umgesetzt, was er tut. Aber jener Umschwung des Eindrucks von einem naturhaft bestimmten empirischen zu einem zweifellos künstlerisch-formalen offenbart, daß hier eine prinzipielle Wendung geschehen sein muß. So lange der Bruch der Schale in seiner ursprünglichen Form besteht, wird zwar sein optisches Bild auch erst von dem synthetischen Sehprozeß erzeugt; allein so ist es rein naturhaft und durch die Verflechtung unseres Blickens mit der Naturgegebenheit bestimmt. Aber nun übernimmt die so zustande gekommene optische Form die Leitung der künstlerischen Aktivität. Ist das Sehen der gegebenen Wirklichkeit, durch unsere Lebensverflechtung mit ihr bestimmt, die Vorform der Kunst, und entsteht Kunst, indem das Sehen sich aus dieser Verflechtung löst und von sich aus das Leben des Schaffenden in seine autonomen Rhythmen hineinleitet — so ist es nun hier das empirisch, im Zusammenhang der Wirklichkeit wahrgenommene Linienbild, das für den keramischen Künstler zur Richtschnur dafür wird, wie er die Schale aussehen machen will. Das Kunstwerk entsteht durch die Emanzipation des Gesichtsbildes vom praktischen Leben, die in der Formung eines neuen, nun der Funktion des Sehens gehorsamen Gebildes produktiv wird.

Wenn dieser Sachverhalt gilt, so erklärt sich mit ihm das öfters gehörte Paradoxon: daß die Natur für jede Zeitepoche so aussieht, wie die jeweilige Kunst ihrer Künstler es ihr vorschreibt: wir sähen die Wirklichkeit nicht „objektiv", sondern mit den Augen der Künstler an. Gleichviel ob dies die ganze Wahrheit ist — ein Teil der Wahrheit ist es jedenfalls. Die Möglichkeit davon aber, daß die Kunst unsere Art des Sehens bestimmt, liegt darin, daß das Sehen die Kunst bestimmt hat. Nachdem unser Leben in der Welt das Sehen ausgebildet hat, entheben die Künstler die Sehfunktion diesem Zusammenhang zu gesonderter Ausbildung, zu der selbstgenugsamen Fähigkeit, die Dinge in einen nur durch das Sehen geschaffenen Zusammenhang einzustellen. Und dies wirkt nun auf das empirisch-weltmäßige Sehen zurück: die Genesis der Kunst aus ihrer vitalen Vorform hat die Brücke geschlagen, auf der sich die Kunst wieder dem Leben zurückverbindet. Wir alle sind präexistenziale Maler und deshalb fähig, nachdem der wirkliche Maler uns den Weg gebahnt hat, ihm nachzugehen. Die Künstler verfahren nur ungefähr wie der Denker, der, wenn die Erfahrung vorliegt, aus ihr die Kausalität als ein reines selbständiges Gebilde herausgewinnt — dies aber nur kann, weil sie selbst schon jene Erfahrung geformt hat. Sie zwingen uns nicht — wie jenes Paradoxon, so lange es sich an das bloße Phänomen hält, ausspricht — statt einer generell unkünstlerischen Betrachtungsart, die wir ohne sie haben würden, die ihrige, rein künstlerische auf; sondern nur die jeweils besondere Ausgestaltung eines Apriori, das sowieso in seinem unkünstlerischen Funktionieren eine Vorform der Kunst ist, wird von ihnen bestimmt. Dies gilt nicht nur für die Malerei, sondern ersichtlich ebenso für die Dichtkunst. Wenn wir empfinden und erleben, wie die Dichter uns vorempfunden und vorerlebt haben, so ist es, weil zur Bildung der inneren Welt die Kategorien von vornherein mitgewirkt haben, die, in reiner Herauslösung und nur sich selbst folgsamer Beherrschung des seelischen Materials, „Kunst" bewirken.

Denn was ich bezüglich der Anschauungskünste sagte, bestimmt auch die Dichtkunst: wir sind alle präexistenziale Dichter. Nur sei wiederum nicht vergessen, daß dieser Ausdruck eine Vordatierung ist, da die fraglichen Formen, innerhalb des empirisch-praktischen Lebens wirksam, noch nicht Kunst sind, auch nicht ein „Stückchen" Kunst; etwas nicht graduell, sondern generell anderes sind sie, das nur bestimmt ist, in Kunst umzuschlagen. Für die Poesie ist hier zunächst des sprachlichen Ausdrucks zu gedenken. Sehen wir die Sprache als ein bloßes Mittel an, sich von Person zu Person zu verständigen, so scheint in diesem logischen Prozeß nichts Kunstmäßiges Raum zu haben. Dies gilt indes nur, wo ein sozusagen mechanisches Hineinschütten eines bestimmten Bewußtseinsinhaltes in ein anderes Bewußtsein in Frage steht und, der Intention nach, die Rede des Einen im Anderen keine diesem Anderen eigene Funktion auszulösen hat. Hier freilich genügt der Telegrammstil. Allein die Zwecke der

Rede — der mündlichen wie der schriftlichen — pflegen
außer der Inhaltsgleichheit zwischen der hervorgerufenen
und der hervorrufenden Vorstellung noch seelische Bewegungen des Aufnehmenden zu fordern, die nicht in gleicher
Weise logisch erzwingbar sind und, obgleich durch das Gehörte angeregt, doch in höherem Maße, als die Reproduktion
der reinen Sachgehalte, aus der Spontaneität des Hörers
hervorgehen. Er soll das Gehörte doch in einer gewissen
Stimmung aufnehmen, es soll sich ihm einprägen oder umgekehrt gerade nur für einen Moment in ihm verweilen, er
soll zu den besonderen Reaktionen der Zustimmung, des
Überzeugtseins, des Anknüpfens praktischer Konsequenzen
gebracht werden — welches alles nicht auf den bloßen Inhalt
hin logisch stringent erfolgt, sondern als ein Neues und
Weiteres zum großen Teil von der Form abhängt, in der
jener Inhalt dargeboten wird. Faßt man einmal den Begriff
„Musik" in einem allerweitesten Sinn: als Rhythmik der
Äußerung, als Schwingung des Gefühls über das begrifflich
Fixierbare hinweg, als diejenige zeitliche und dynamische
Ordnung des Darbietens, die für unsere Auffassungskraft die
günstigste ist, als unmittelbare und kontinuierliche Übertragung eines seelischen Zustandes, den Worte und Begriffe
nur stückweise und wie in Zusammensetzung vermitteln
können — faßt man dies als die „Musik" unserer Äußerungen,
so wird sie von deren praktischer Zweckmäßigkeit fortwährend gefordert. In der Poesie aber erst wird diese Formung zu selbstgenugsamem Wert; hier hat mit der Erreichung der so bezeichneten Vollkommenheit das Wort-
gebilde seinen Sinn gewonnen und nicht schon oder erst
dann, wenn es mit ihr als Mittel in das zu weiterhin gelegenen
Zwecken sich spannende Leben eingestellt ist. Darum hat
vom Leben aus gesehen Schopenhauer recht: „die Kunst ist
überall am Ziele" — weil sie überhaupt kein „Ziel" im
Lebenssinne hat. Teleologie ist eine Vitalkategorie, keine
künstlerische. Ohne weiteres ist ersichtlich, daß jene Formen,

sobald sie die Wendung zur Autonomie erfahren haben, ihr
Anwendungsgebiet viel konsequenter, einheitlicher, radikaler
durchgestalten, als es ihnen in ihrer vitalen Funktion möglich
ist. Denn in dieser haben sie die Zufälligkeit des bloßen
Mittels, werden durch anders gerichtete Erfordernisse fortwährend unterbrochen und gelangen zu keiner auf sich selbst
gerichteten, folgerechten Entwicklung, sondern müssen Fragment bleiben — nicht vom Standpunkt des Lebens aus, in
dem sie Wirklichkeit haben; denn in dessen kontinuierlicher
Strömung ist (präsumtiverweise) eine jede genau in dem
Maß ihrer Wirksamkeit an ihrer Stelle und in ihrem Quantum
richtig, und jedes Mehr ihrer Herrschaft würde das jetzt von
ihr Verlangte nicht vervollständigen, sondern unvollkommener machen. Erst von dem neuen Gebilde, das durch ihre
Alleinherrschaft zustande gekommen ist, von der Kunst her
gesehen, erscheinen jene Formungen einzelner Lebensmomente als Fragmente. Daß man so oft das Leben als
Fragment bezeichnen hört, das sich erst in der Kunst zu
Fertigkeit und Ganzheit abrunde, hat seinen richtigen Sinn
wohl in diesem Formprinzip: das Kunstwerk kann ein Ganzes
und prinzipiell in sich Vollendetes sein, weil es ganz und
gar von Normen gestaltet ist, die hier mit ihrer Durchführung ihren Sinn restlos erschöpft haben — während sie
sonst einem Höheren, der Norm des Lebens als solchen,
untertan sind, das ihnen nur wechselnde und unterbrochene
Anwendungen gestattet; das Leben erscheint als ganzes wie
ein Fragment, insofern jedes einzelne seiner Stücke, von
seiner in autonomem Schöpfertum vollendeten Form her gesehen, natürlich nur ein Bruchstück ist. Und daraus ergibt
sich weiterhin, daß wir in zwei ganz unterschiedenen Bedeutungen von unvollkommener Kunst reden können. Es
gibt unvollkommene Kunst, insoweit das Werk zwar ganz
und gar um der künstlerischen Intention willen gestaltet ist
und sich in der strengen Umgrenzung der autokratisch
künstlerischen Formen hält — aber den immanenten Forde-

rungen der Kunst nicht genügt, uninteressant, banal, kraftlos ist. Und es gibt unvollkommene Kunst, wenn das Werk, die letzteren Beeinträchtigungen vielleicht nicht zeigend, seine künstlerischen Formen noch nicht völlig von der Lebensdienstbarkeit befreit, die Wendung dieser Formen von ihrem Mittel-Sein zu ihrem Eigenwert-Sein noch nicht im absoluten Maße vollzogen hat. Dies ist der Fall, wo ein tendenzhaftes, anekdotisches, sinnlich exzitatives Interesse als ein irgendwie bestimmendes in der Darstellung mitklingt. Dabei kann das Werk von großer seelischer und kultureller Bedeutung sein; denn dazu braucht es keineswegs an die begriffliche Reinheit einer einzelnen Kategorie gebunden zu sein. Aber als Kunst bleibt es unvollkommen, solange seine Formungen noch irgend etwas von derjenigen Bedeutung fühlbar machen, mit der sie sich den Strömungen des Lebens einfügen — so tief und umfassend sie diese Strömungen auch in sich aufgenommen haben.

Die vitale Form der Poesie nun beschränkt sich keineswegs auf den sprachlichen Ausdruck. Vielmehr, die innere und inhaltliche Gestaltung des Schauens, mit der sich die dichterische Schöpfung vollzieht, formt sich in unzähligen seelischen Akten vor, mit denen wir den Stoff des Lebens den Zwecken des Lebens gefügig machen. Ich beschränke mich auf wenige Beispiele. Man hat es der Kunst überhaupt — hier aber soll uns nur die Poesie angehen — von jeher zugeschrieben, daß sie nicht die isolierte Individualität menschlicher Existenzen, sondern immer ein Allgemeines, Typen der Menschlichkeit, zur Darstellung bringe, für die das so und so benannte Individuum nur ein Bild und ein Vorname sei. Ich lasse dahingestellt, ob dies annehmbar ist; jedenfalls, wenn und insoweit es richtig ist, scheint es die Dichtkunst — und so würde man im allgemeinen urteilen — in Gegensatz zu dem Verfahren der Praxis zu stellen, die die menschlichen Erscheinungen in ihrer Wirklichkeit, das heißt eine jede als diese individuelle, in der Einzigkeit ihres Umrisses, ihrer Position, ihres Lebenssinnes erfasse. Hiermit aber scheint mir unser Bild von den Menschen, wie wir es gerade zum Zweck der praktischen Beziehungen zu ihnen gestalten, keineswegs ausreichend charakterisiert. Man macht es sich selten ganz klar, wie durchgehend wir die Menschen, mit denen wir zu tun haben, generalisieren und typisieren. Zunächst in mehr äußerlicher, sozialer Hinsicht. Mit einem Offizier oder einem Geistlichen, einem Arbeiter oder einem Professor verkehrend, selbst nicht in Angelegenheiten ihrer Berufe, pflegen wir sie nicht einfach als Individuen, sondern wie selbstverständlich als Exemplare jener generellen Standes- oder Berufsbegriffe zu behandeln, und zwar nicht nur so, daß diese überindividuelle Bestimmtheit als reales und natürlich nicht zu vernachlässigendes Element der Persönlichkeit wirksam wäre. Über die strömende Lebenseinheit, in welche dies Element, mit anderen koordiniert und sprunglos, eingefügt ist, erhebt es sich vielmehr als ein praktisch führendes, es gibt die Tonart des Verkehrs an, wir sehen überhaupt nicht die reine Individualität, sondern zunächst und auch manchmal zuletzt den Offizier, den Arbeiter, oft auch „die Frau" usw., und die persönliche Bestimmtheit erscheint oft genug nur als die spezifische Differenz, mit der sich jenes Allgemeine darstellt. Diese Struktur der Vorstellung vom Andern ist die Voraussetzung, mit der sich unser sozialer Verkehr vollzieht. Aber sie erhebt sich ebenso über den im engeren Sinne persönlichen Eigenschaften. So entschieden wir die Unvergleichlichkeit und unanalysierbare Einheit an einer Natur empfinden mögen — wenn wir sie in der Weise vorstellen, die gerade ein praktisches Verhältnis zu ihr tragen kann, so erscheint sie, neben allem Ineffabile des Individuums, noch unter einem psychologischen Allgemeinbegriff oder als die Synthese solcher: klug oder dumm, schlaff oder energisch, heiter oder trübe, großzügig oder pedantisch und wie die Generalisationen alle heißen mögen, die gerade ihren Allgemeinheitscharakter

daran zeigen, daß je ein Gegensatzpaar die möglichen Richtungen einer fundamentalen seelischen Energie unter sich
aufteilt. Wir mögen uns bewußt sein, daß eine noch so große
Häufung solcher Allgemeinheiten doch kein Koordinatensystem bildet, in dem der Punkt der eigentlichen Persönlichkeit sich unzweideutig festlegte, und daß wir sie mit diesen
Verallgemeinerungen ihrer eigensten Wurzelung entreißen;
wir können innerhalb der Lebenspraxis derartigen Umstim-
mungen des Individuellen ins Allgemeine doch nicht entgehen. Und endlich enthält die Vorstellung des Anderen noch
eine Umbildung seiner eigentlichen Realität, die gleichsam
durch diese hindurch nach der entgegengesetzten Seite geht.
Diese Realität des uns gegenüberstehenden Menschen (vielleicht sogar auch die eigene) erblicken wir unvermeidlich so,
daß wir die allein dargebotenen einzelnen Züge zu einem
Gesamtbild ergänzen, daß wir das nacheinander sich Ent-
faltende seines Wesens auf die Gleichzeitigkeit eines
„Charakters", einer „Wesensart", projizieren, daß wir endlich das qualitativ Unvollkommene, Verstümmelte, Unent-
wickelte, nur Angedeutete seiner Persönlichkeit zu einer gewissen Absolutheit führen; wir sehen einen jeden — nicht
immer, aber sicher viel öfter als wir es uns bewußt machen —
so, wie er wäre, wenn er sozusagen ganz er selbst wäre, wenn
er nach der guten oder der schlechten Seite hin die volle
Möglichkeit seiner Natur, seiner Idee, verwirklicht hätte. Wir
alle sind Fragmente, nicht nur eines sozialen Typus, nicht
nur eines mit allgemeinen Begriffen bezeichenbaren seelischen Typus, sondern auch gleichsam des Typus, der nur wir
selbst sind. Und all dies Fragmentarische ergänzt der Blick
des Anderen wie automatisch zu dem, was wir niemals ganz
und rein sind. Während die Praxis des Lebens darauf zu
drängen scheint, daß wir das Bild des Anderen nur aus den
real gegebenen Stücken zusammensetzen, ruht gerade sie bei
genauerem Hinsehen auf jenen Ergänzungen und, wenn man
will, Idealisierungen zu der Allgemeinheit des Typus, den

wir mit anderen teilen, und dessen, den wir mit niemandem teilen. So nun — wie allenthalben die empirische Relativität unserer Auffassungen zwischen zwei Absolutheiten steht — stellen wir den anderen Menschen zwischen die Absolutheit eines Allgemeinen und die Absolutheit seines eigenen Subjekts — die er beide nicht deckt.

Es bedarf keiner näheren Ausführung, daß alle poetische und überhaupt künstlerische Menschendarstellung an diesen, im Lebensverlauf fortwährend geübten Modis der Auffassung ihr Prototyp findet. Die Verallgemeinerungen in soziologischer und psychologischer Hinsicht schaffen die Grundlage, auf der Verkehr und Verständnis sich erhebt; jenes perfektionierte Bild der Individualität dient uns gewissermaßen als Schema, in das wir die empirischen Züge und Handlungen der Persönlichkeit (gleichviel ob es auch erst auf deren Grund erwachsen ist) eintragen, das sie in Zusammenhang bringt und das uns den Menschen erst zu einem festen Faktor für unsere Berechnungen und unsere Forderungen macht. Das künstlerische Bild aber entsteht durch eine volle Achsendrehung: jetzt kommt es nicht mehr darauf an, durch die Wirksamkeit dieser Kategorisierungen den Anderen unserem Lebenslauf einfügbar zu machen, sondern die künstlerische Absicht endet daran, einem menschlichen Charakter, einer Möglichkeit des Mensch-Seins diese Formen zu geben. Die vollkommensten dichterischen Gestalten, die wir besitzen: bei Dante und Cervantes, bei Shakespeare und Goethe, bei Balzac und C. F. Meyer, stehen in einer Einheit da, die wir nur als die Gleichzeitigkeit der hier angedeuteten gegensätzlichen Führungen bezeichnen können: sie sind einerseits ein ganz Generelles, als wäre das Individuum, von sich erlöst, aufgegangen in einen typischen Umriß, empfindbar nur als ein Pulsschlag des allgemeinen Lebens der Menschheit; und sie sind andererseits bis zu dem Punkte hin vertieft, an dem der Mensch schlechthin nur er selbst ist, bis zu der Quelle, wo sein Leben in absoluter Selbstverantwortlichkeit und Un-

verwechselbarkeit entspringt, um dann erst von seinem empirischen Verlaufe Anähnlichungen und Verallgemeinerungen
mit anderen zu erfahren. Ich nenne noch einen zweiten Fall, der in einer ganz anderen Ebene liegt. Von den Gefühlskategorien, unter deren
Perspektiven das Lebensmaterial sich stellt, hat die Lyrik
zwei erwählt, um sie häufiger als alle anderen in ihre Kunst-
form zu gießen: die Sehnsucht und die Resignation. Die
Augenblicke der Erfüllung, in denen der Lebenswille und sein
Gegenstand sich abstandslos durchdringen, begegnen in der
Lyrik nicht nur überhaupt seltener, sondern verhältnismäßig
noch viel seltener gelangen sie in ihr zu wirklich künstlerischer Vollendung. Der Grund scheint mir zu sein, daß
Sehnsucht und Resignation — oder, etwas abgestimmt, Hoffnung und Verlust — in sich ein Moment von Distanzierung
tragen, das der künstlerischen Distanznahme und Objektivierung sozusagen vorarbeitet. Täusche ich mich nicht, so neigt
der Sprachgebrauch zur Bezeichnung von Sehnsucht und Resignation als „lyrischen Empfindungen"; und ich wüßte
nicht, woraufhin diese Affinität gefühlt würde, außer auf
jenes eigentümliche Entferntsein von der erfüllten Ganzheit
des Lebens, die der Besitz bringt. Für die Sehnsucht wie für
die Resignation ist der Zeitverlauf — wenn auch in ganz verschiedenen Bedeutungen — gewissermaßen zum Stillstand
gekommen; mit beiden stellt sich die Seele irgendwie jenseits der Bedingtheiten der Zeit (wie es nach einer Seite
hin Goethe ausspricht: „Was ich besitze, seh' ich wie im
Weiten, Und was verschwand, wird mir zu Wirklichkeiten")
und schafft damit ebenso eine Vorform des künstlerischen
Verhältnisses zur Zeit, wie die Abgedrängtheit von dem
eigentlich vollen Leben, die in beiden Affekten liegt, diese in
die Vorsphäre der Kunst stellt. Aber unterhalb dieser scheinbaren äußeren Kontinuität vollzieht sich die radikale Wendung: in dem wirklichen Erleben entsteht Sehnsucht und Resignation, weil wir von einer gewissen intensiven Unmittel-

barkeit des Lebens entfernt sind — in der lyrischen Kunst umgekehrt werden jene Affekte mit Vorliebe gesucht, weil sie uns eben diese artistisch erforderliche Distanz schaffen. Der Affekt, den das Leben als Wirkung einer Unberührsamkeit, einer Distanznahme erzeugt, wird nun seinerseits zum Zentrum, weil er am besten den Bedingungen der Kunst genügt.

Die Distanznahme bildet noch in einer anderen Hinsicht den Drehpunkt zwischen dem empirischen Leben und der dichterischen Idealität. Man hat lange bemerkt, daß Personen und Vorgänge der Vergangenheit zu poetischer Verwendung in Epos wie Drama besonders günstig disponiert sind. Tatsächlich ist schon die Art, wie sich uns das Vergangene als solches darstellt, eine Vorform der Kunst: die Gelöstheit von allem praktischen Interesse, das Hervorleuchten des Wesentlichen und Charakteristischen vor den zurücksinkenden Unbedeutsamkeiten, die Macht, die der Geist hier — anders als gegenüber der unmittelbaren Wirklichkeit — in der Anordnung und Bildgestaltung des Materials übt — alle diese Züge der Vergangenheitserinnerung sind Wesensbildner der Kunst, sobald sie ihrerseits den gegebenen Stoff sich anpassen. Dies geschieht auch, nur in weniger absoluter Art, in der Geschichte als wissenschaftlicher Bildgestaltung. Auch sie formt den gelebten Stoff des Geschehens vermöge solcher Kategorien zu einem idealen, lebensjenseitigen Gebilde; aber in ihr stellt der Inhalt noch größere Ansprüche an das schließlich herausgeformte Ergebnis als in der Kunst; so daß die Historie als eine Art Überleitung zwischen der erlebnismäßigen — jene Kategorien im Embryonalzustand enthaltenden — Erinnerung und der (historischen) Dichtung steht. Man pflegt die Beziehung zwischen Geschichte und Kunst so aufzufassen, als wären künstlerische Formen und Qualitäten für sich gegeben, die dann für das Entwerfen des historischen Bildes verwendet werden. Mag sich das psychologisch und nach Ausbildung

beider Bezirke so verhalten — die ideelle Wesensbeziehung
verläuft umgekehrt. Denn hier kommt nicht nur die Historie
als wissenschaftlich-methodisch erforschte in Betracht, sondern deren Vorläufer, der ihr freilich die Formen bereitet:
die unser Leben fast ununterbrochen durchziehende Ver-
gegenwärtigung erlebter oder überlieferter Vergangenheit
in irgendwie abgeschlossenen Bildern. Und dieses fortwährende Erlebnis setzt nicht Kunst voraus, sondern wird unmittelbar durch jene Kategorien gestaltet, die innerhalb des
Lebens dienend und fragmentarisch sind, sowie sie aber zentral bestimmen und den Stoff sich unterwerfen, den Kunst-
bezirk als solchen erzeugen. In dieser tiefsten Schicht betrachtet, ist nicht die Kunst ein Vehikel der Historie, sondern umgekehrt die Historie ihrer eigensten Notwendigkeit
nach eine zweite Vorform der Kunst, deren erste die innerhalb des Lebens sich erzeugende Art der Vergangenheitserinnerung ist. —

Stellt man das Verhältnis von Leben und Kunst in dieser
grundsätzlichen Weise vor, so ist damit eine Gegensätzlich-
keit der Motive oder Ordnungen versöhnt, die das Wesen
der Idee überhaupt mit innerem Widerspruch bedroht. Wir
können — mit größerer oder geringerer historisch-psycho-
logischer Vollkommenheit — die Entwicklung der Kunst wie
die der Wisenschaft und der Religion aus dem Verlauf des
natürlichen empirischen Lebens oder auch innerhalb desselben verfolgen; in unmerklichen Übergängen erheben sich
aus den nicht ideellen Gebilden die ideellen; die Phänomene
als solche scheinen kein absolut hartes Absetzen, keinen
Punkt des prinzipiellen Umschwungs zu kennen. Dennoch
halten wir daran fest, daß ein solcher gerade im Prinzip besteht, daß die Kunst, allgemein: die Idee, ihren Sinn und
ihr Recht gerade daraus zieht, daß sie das Andere des Lebens
ist, die Erlösung aus seiner Praxis, seiner Zufälligkeit, seinem
zeitlichen Verfließen, seiner endlosen Verkettung von
Zwecken und Mitteln. Erkennen wir nun, daß dennoch in all

diesen sich Formen auswirken, die aus ihrer Stellung als
Mittel, als Durchgangspunkte, nur in die andere: als Eigen-
werte, als autonome und zu definitiven Gestaltungen führende Kräfte, gebracht zu werden brauchen, damit jene
idealen Gebilde dastehen — so ist beiden Forderungen Ge-
nüge geschehen. Denn nun handelt es sich dem äußeren
Phänomen nach nur darum, daß immer bestehende und in
verschiedensten Maßen wirksame Formungsweisen zu allein-
herrschenden werden; wodurch dann begreiflich wird, daß
die Grenze zwischen dem Lebensgebilde und dem Kunst-
gebilde als Gegebenheiten nicht immer scharf zu ziehen ist,
daß sie hier und da einander übergreifen, daß zum Beispiel
die Rede des Alltags unmerklich in Poesie übergeht und
ebenso die empirische Art des Schauens in die künstlerische.
Aber gerade weil so der wesentliche Unterschied in der Intention liegt: ob jene Formungen sich als Mittel dem Stoff
des Lebens und seiner unabsehlichen Strömung bieten oder
ob sie umgekehrt als Selbstwerte diesen Stoff in sich hinein-
leiten und ihn damit in definitive Gebilde fassen — gerade
deshalb ist der Unterschied zwischen dem natürlich wirklichen Leben und der Kunst dem Sinne nach ein schlechthin
radikaler. Da der ganze Prozeß in beiden Fällen die Prägung
bestimmten Stoffes in bestimmten Formen ist und die ganze
Differenz sich um die Frage dreht, was Mittel und was End-
wert sein soll, also zunächst eine rein innere ist und sich nur
darin ausspricht, daß die Formen aus dem Zufälligen, Frag-
mentarischen, Durcheinander-Gemischten in das Herrschende, Vollständige, Abschließende übergehen — so ist
die Kontinuität der Erscheinungen kein Widerspruch mehr
gegen die vermittlungslose Drehung ihres Sinnes; sondern
gerade in der Vereinigung beider spricht sich die Struktur
des Verhältnisses aus.

Freilich wird dadurch auch verständlich, daß wir in dem
großen Kunstwerk immer mehr als das bloße Kunstwerk
empfinden. Wenn die Kunstformen aus der Bewegung und

Produktivität des Lebens stammen, so werden sie im einzelnen Falle um so kraftvoller, bedeutsamer, tiefergreifend
wirken, je stärker und weiter das Leben ist, das sie trägt.
Die notwendige Vermittlung ist freilich, was wir Talent
nennen: daß jene Formen nicht nur dem Dienst des Lebens
ausgeliefert sind, sondern vermöge einer individuellen Kraft
die Wendung zu selbstherrlichem Gestalten des Weltstoffs
überhaupt vollziehen können. Bei gleichgesetztem Maße
dieses spezifischen Talentes aber ist nun das Entscheidende,
wie intensiv und reich das in diese Formen eingegangene
Leben ist. Es fließt jetzt nicht mehr durch sie hindurch,
seinen eigenen praktischen Zielen zu, sondern es hat sich in
jenen Formen gestaut, hat sozusagen seine Kraft ihnen über-
tragen, und mit ihr und in ihrem Maße wirken sie nun nach
ihrem eigenen Gesetz. Ist dies fundierende Leben schwach
und eng, so ergeben sich die Erscheinungen eines bloßen
formgewandten Artistentums und einer leeren technischen
Vollkommenheit. Andernfalls aber entsteht der Eindruck,
daß die Gesamtbedeutung des Werkes mit seinem bloß künstlerischen Werte nicht erschöpft sei, daß über diesen hinaus
noch ein Breiteres und Tieferes in ihm zu Worte käme. Ist
das hier Vorgetragene richtig, so weist dieser Eindruck nicht
auf einen Dualismus der wirkenden Faktoren, sondern auf
ihre einheitliche Reihung hin. Das Leben mit seiner biologischen und religiösen, seelischen und metaphysischen Bedeutung wirkt nicht von jenseits der künstlerischen Formen in
das Werk hinein, sondern diese Formen sind die Formen des
Lebens selbst, die sich freilich vom Leben, als einem teleologisch strömenden, emanzipiert haben, aber ihre Dynamik
und ihren Reichtum doch von eben diesem Leben, soweit es
diese Güter besitzt, zu Lehen tragen. Das Mehr-als-Kunst,
das jede große Kunst zeigt, fließt aus derselben Quelle, der
sie, nun als rein ideales lebensfreies Gebilde, entstammt ist.
In die aus ihm entsprungenen Formen überträgt das Leben,
auch wenn sie in schlechthin objektivem, unabhängig eigenem

Sinne wirken, dann doch seinen Charakter und läßt sich
wiederum von ihnen bestimmen, so daß es gleichsam diesseits und jenseits ihrer steht; zu gleichen Rechten wird es in
ihnen aeternisiert, wie sie in ihm vitalisiert werden.
Hinsichtlich der Bildung der religiösen „Welt" will ich
mich an dieser Stelle mit der Andeutung einer einzigen Ent-
wicklungsreihe begnügen, bei der ich von allen Fragen nach
dem „Wesen" der Religion absehen kann. Nur dies muß für
jetzt feststehen, daß Religion ein Verhalten des Menschen
ist — gleichviel, welchem metaphysischen Zusammenhang
es angehöre und wie es auf Transzendentes gerichtet und
von ihm bestimmt sei. Tatsächlich gibt es nun unzählige,
teils innerseelische, teils interindividuelle Lebensverhältnisse,
die unmittelbar von sich aus religiösen Charakter haben,
ohne im geringsten von einer vorbestehenden Religion bedingt oder bestimmt zu sein; das Wort „religiös" kann auf
sie nur angewendet werden, indem man von einer sonst gewußten Religion auf sie zurücksieht und an ihnen, die in sich
nicht religiös, sondern rein vital gestimmt sind, die nun religiös zu nennende Charakterisierung empfindet. Wenn wir
im empirischen Leben an einen Menschen „glauben"; wenn
wir im Verhältnis zum Vaterland oder zur Menschheit, zu der
„höheren" oder der geliebten Persönlichkeit die eigenartige
Mischung oder Spannung von Demut und Erhebung, von
Hingabe und Begehren, von Abstand und Verschmelzung
erleben; wenn wir uns eigentlich immer zugleich preisgegeben und gesichert, abhängig und verantwortlich wissen,
wenn dunkle Sehnsüchte und ein Ungenügen an allem Einzelnen uns von Tag zu Tage treibt — so erhebt sich nun
Religion, indem diese Zustände und Affekte sich von ihrem
irdischen, veranlassenden Stoffe lösen, gewissermaßen absolut werden und von sich aus ihren absoluten Gegenstand
schaffen. Gewiß geschieht auch dies psychologisch in unmerklichen Übergängen, schließlich und wesentlich aber ist
Gott „die Liebe selbst"; er ist der schlechthinnige Gegen-

stand von Glaube und Sehnsucht, von Hoffnung und Abhängigkeit; er ist nicht ein Etwas, mit dem wir eins zu
werden und in dem wir zu ruhen begehren; sondern indem
diese Leidenschaften, vom Irdischen her gesehen, gegen-
standslos geworden, ins Unendliche ausstrahlen, nennen wir
ihren Gegenstand und das Absolute, auf das sie hinstrahlen
— Gott. Vollkommener vielleicht als irgendwo hat sich hier
die Drehung um die Formen vollzogen, die das Leben in sich
erzeugt, um seinen Inhalten unmittelbar Zusammenhang
und Wärme, Tiefe und Wert zu geben. Nun aber sind sie
stark genug geworden, um sich von diesen Inhalten nicht
mehr bestimmen zu lassen, sondern das Leben von sich aus
ganz rein zu bestimmen; der von ihnen selbst gestaltete,
ihrem nun nicht mehr begrenzten Maß entsprechende Gegenstand kann jetzt die Führung des Lebens übernehmen.

In dem weitaus größten Teil der uns bekannten Religions-
geschichte hat das ganze religiöse Verhalten: Opfer, Ritus,
Priestertätigkeit, Gebet, Feste, Askesen usw., nur den einen
einzigen Sinn, die Gunst der Götter zu gewinnen, sei es für
die Dauer des irdischen Lebens, sei es für ein jenseits des
Grabes zu erwartendes. Mag diese Religiosität sich nach
Stimmung, Gebilden, Technik noch so sehr von anderen teleologischen Maßnahmen unterscheiden, im letzten Prinzip ist
sie all solchen koordiniert, die Nabelschnur zu dem Leben,
das sie gebar, ist nicht durchgeschnitten, und wie verinnerlicht, sublimiert, phantastisch auch die „Nützlichkeit" sei, die
jene religiösen Verhaltungsweisen gewähren, sie bleiben in
dem vital-teleologischen Zusammenhang. Was man in der
ethnologischen und vielfach in der antiken Welt mit Verwunderung und oft mit Ehrfurcht wahrnimmt: wieviel
dichter, fast bis zur Kontinuität, das Leben von religiösen
Vornahmen besetzt ist, dies quantitativ ungeheuerliche
Durchwachsensein des Lebens durch das Religiöse — hängt
doch eben damit zusammen, daß die Religion noch nicht ihr,
dem Leben mit seinen täglichen Begehrungen und Interessen

gegenüber, ganz reines Fürsich-Sein gewonnen hat; nachdem
freilich das letztere geschehen, ihr schlechthin eigener und
autonomer Sinn gewonnen ist, flicht sie sich wieder in das
Leben zurück. Das Leben hat sie organisch als eine seiner
Formen erzeugt, aber es gehört von vornherein zu der Determination dieser Form, aus dem vitalen Zusammenhang
heraus durch eine radikale Drehung zur Zentrierung und
Sinnfindung in sich selbst zu gelangen und so erst die unter
der Idee Religion einheitliche, sich selbst tragende Welt zu
ermöglichen. — Daß die Götter nur Verabsolutierungen der
empirischen Relativitäten sind, ist so lange eine aufkläre-
rische Banalität, als es ein Urteil über das Wesen des Göttlichen selbst vorstellen soll. Fragt man aber nach dem Wege
des Menschen zu Gott — insoweit er in der menschlich-reli-
giösen Ebene verläuft —, so ist sein entscheidender Wende-
punkt allerdings das Losreißen jener Formungen des innersten Lebens von ihren teleologisch relativen Inhalten, ihr
Absolutwerden; der Gegenstand, den sie sich in diesem
reinen Selbst-Sein schaffen, kann selbst nur ein absoluter,
die Idee des Absoluten sein. Die Frage nach seinem Sein
und seinen geglaubten Betimmungen bleibt dahingestellt,
ebenso wie die, ob nicht etwa solche einzelnen Bestimmungen
noch Reste sind, die jene Formen aus ihren empirischen Zusammenhängen mitschleppen und von denen sie das Reich
ihrer sich selbst gehörenden Idealität noch nicht befreien
konnten.

Ich begann diese Erörterungen mit der Feststellung, daß
„Welt" eine Form ist, durch die wir die Gesamtheit des —
wirklich oder möglicherweise — Gegebenen in eine Einheit
fassen. Je nach dem höchsten Begriff, unter dessen Führung
diese Vereinheitlichung vollzogen wird, entstehen aus dem
gleichen Material mannigfaltige Welten: die Erkenntniswelt,
die künstlerische, die religiöse. Der Sprachgebrauch indes
wendet den Begriff Welt nicht nur an solche Umfänge, die
ihrer Idee nach nichts außer sich lassen. Und gerade jener

formale Charakter des Begriffs rechtfertigt es sehr wohl, ihm auch relative Totalitäten, Bezirke geringeren Umfanges zu unterstellen, vorausgesetzt, daß ein höchster Begriff an ihnen die Funktion der Vereinheitlichung vollzieht. So sprechen wir von einer Welt des Rechts, der Wirtschaft, des praktischen sittlichen Lebens usw. Es wird damit für gewisse Daseinsinhalte eine Geschlossenheit vermöge eines einheitlich durchgehenden Sinnes, eine Autonomie und innere Selbstverantwortlichkeit verkündet, die jede dieser Welten zu einer formalen Analogie, in verkleinerten Maßen, jener allumfassenden macht. Sie ist es auch insofern, als sie ihre Selbstgenugsamkeit und objektive Eigenbedeutung nur durch die gleiche Achsendrehung zwischen Leben und Idee gewinnen kann. Das Material all dieser Welten erwächst in den Zusammenhängen des Lebens, hervorgetrieben durch dessen organische Kräfte und seine mehr oder weniger teleologischen allverwebenden Notwendigkeiten, und es spielt diese Rolle innerhalb des Lebensganzen in ganz bestimmten charakteristischen Formen, die von seiner vitalen Bedeutung stetig durchblutet sind. Aber von dieser emanzipieren sie sich, gewinnen einen Wert, der nur auf sie selbst bezüglich und dessen letzte Instanz ihr eigner Sinn ist, und nehmen nun Kräfte und Inhalte, wie sie im übrigen Leben pulsieren, in sich hinein. Jetzt sind sie ihrerseits die Gestalter des Lebensmateriales, so weit dieses zu ihnen Affinität besitzt, und dessen Weltwerdung, gemäß ihrer jeweiligen Leitidee, erscheint jetzt als sein endgültiges Telos; vorbehalten, daß diese prinzipiell fertigen Welten, wie in jenen größeren Fällen, wieder in die Strömungen und Entwicklungen des Lebens zurücktauchen können. Ich versuche, dies Prinzip mit wenigen Strichen für einige solcher partiellen Totalitäten zu skizzieren, zunächst für die Welt des Rechts.

Es ist wohl nicht zu bezweifeln, daß das Verhalten, das wir als dem Rechte gemäß und durch das Recht erzwingbar bezeichnen, sich im wesentlichen schon in gesellschaftlichen Zu-

ständen findet, die den Begriff des Rechts und die erst durch
ihn möglichen Institutionen noch nicht ausgebildet hatten.
Die Selbsterhaltung der Gruppe muß dies entweder als Instinkt und selbstverständlich geübten Brauch oder durch
Strafandrohung erreicht haben. Daß dieses Verhalten von
sozialem Ganzen und Individuum zueinander als „Recht" im
Sinne des Richtigen, Gerechtfertigten empfunden wurde,
wird man annehmen können. Aber die Forderung entsprang
nicht aus dem „Recht" als einer der Realität jenseitigen Idee,
sondern sie und ihre Erfüllung waren Funktionen des unmittelbaren Lebens, dessen Zwecken die Gruppe, wenn auch
oft auf wunderlichen Wegen, nachging. An dieser realen
Lebensverwebtheit darf nicht irre machen, daß solche Ge-
bote und Verbote zum großen, wahrscheinlich überwiegen-
den Teil unter religiöser Sanktion auftreten. Denn die religiösen Potenzen so primitiver Zustände, das Totem und die
angebeteten Vorfahren, der Fetisch und die die ganze Um-
gebung bewohnenden Geister sind eben selbst Elemente
jenes unmittelbaren Lebens; auch der höher entwickelte Gott
bleibt noch lange ein Mitglied der Gruppe selbst. Gerade indem in der Norm des „richtigen" Verhaltens alle später diffe-
renzierten Sanktionen, sittlicher wie rechtlicher, religiöser
wie konventioneller Art, noch ungeschieden ruhen, ist sie,
ebenso wie ihre Befolgung, in den tatsächlich ablaufenden
Lebensprozeß, organisch und solidarisch, als eine seiner
Funtionen eingestellt. Das „Recht" aber hat seinen Ort in
einer ganz anderen Ebene. Sobald es dasteht, mögen seine
Inhalte (die in diesem Sinn seine Formen einschließen) noch
so „zweckmäßig" sein — nicht dies ist jetzt der Sinn ihrer
Verwirklichung, sondern daß sie Recht sind. Es ist jetzt nicht
mehr ein Mittel, eine Technik, über die etwa ihr Endzweck
vergessen wäre; das weiterbestehende Bewußtsein seiner
Zweckmäßigkeit setzt die neue Absolutheit der Rechtsforde-
rung als solcher so wenig herab, daß diese Forderung sich
sogar bei bewußter Verneinung jener Zweckmäßigkeit auf-

rechthält: fiat justitia, pereat mundus. Es gehört zu den in
den tiefsten Grund der geistigen Welten eingesenkten Paradoxien, daß die wirksame Tatsächlichkeit der Rechtskate-
gorie sich in und aus dem Leben entwickelt, aber von dem
Augenblick an, in dem sie nun umgekehrt das Leben nach
sich bestimmt, ihre Unabhängigkeit, den Wert ihres objektiven Daseins, bis zur Verneinung dieses Lebens hin bewährt.
Gewiß kann man von einem gesellschaftlichen „Zweck im
Recht" sprechen. Allein dieser betrifft nur seine inhaltlichen
Bestimmungen und die Tatsache, daß überhaupt die sanktio-
nierte Form der Erzwingbarkeit für sie besteht. Denn dieses
beides, aus der Teleologie des gesellschaftlichen Lebens geboren, ist allen Stadien der Entwicklung gemeinsam. Bezüglich des inneren wesenhaften Sinnes aber zeigen diese den
radikalen Umschwung. Sobald wir sagen, daß ein eigentliches „Recht" besteht, das heißt solches, das erfüllt werden
soll, weil es Recht ist, fällt alle Teleologie fort: das Recht
als solches ist Selbstzweck, was nur ein etwas unklarer Ausdruck dafür ist, daß es eben keinen „Zweck" hat. Die Kontinuität in seinen Inhalten, seiner Sanktioniertheit, seiner sozialen Nützlichkeit darf diesen prinzipiellen Umschlag nicht
verschleiern. Es ist höchst bezeichnend, daß wohl alle primitiven Rechte vorwiegend kriminellen Charakter tragen.
Die Idee einer objektiven Ordnung, von der jedes empirische
Verhältnis nur ein durch sie geregelter Teil und Beispiel ist,
liegt ursprünglich ganz fern. Selbst eine so einfache Norm:
daß das Geschuldete erstattet werden muß — tritt ursprünglich nicht als objektive Gerechtigkeitsforderung auf, nicht als
gesollte Realisierung einer Wertlogik, sondern das Nicht-
zahlen wird als eine subjektive unerlaubte Handlung am
Schuldner heimgesucht. Noch im späteren römischen Recht
klingt dies nach, indem bei einigen rein privatrechtlichen
Klagen nicht einfach Verurteilung zu der allein in Frage
stehenden Geldleistung erfolgte, sondern der Verurteilte der
Infamie verfiel. Statt des Prinzips, daß der Vertrag gehalten

werden muß, wobei die Personen Träger von Rechten und Pflichten sind, übrigens aber gänzlich außer Betracht bleiben, so daß der Prozeß sich schlechthin nur auf den geschlossenen Vertrag beziehen kann — statt dessen ist der viel unmittelbarere, den Lebensverflechtungen viel immanentere Impuls wirksam, daß der Unrechttuende verurteilt werden soll. Damit hängt aufs engste zusammen, daß das Recht am Anfang seiner Entwicklung wesentlich auf Wahrung des „Friedens" gerichtet ist und vor allem die Bedrohung des Gesamtwesens durch individuelle Gewalttätigkeit und deren nicht weniger gewalttätige individuelle Abwehr zu beseitigen strebt: seine Friedewirkung, so hat man dies ausgedrückt, überschattet ursprünglich seine Gerechtigkeitswirkung. Die Gesamtheit will leben, und aus diesem Willen heraus und als dessen Mittel bildet sie die Formen, die das Verhalten des Einzelnen regeln. Dies aber bleibt insoweit noch ganz in der Teleologie des Gesamtlebens, gerade wie die Verhaltungsweisen des individuellen Lebens sich um dessen Teleologie willen regeln, und auch hier sehr häufig mittels des Zwanges, den das Zentrum der Persönlichkeit auf periphersche Einzelimpulse ausübt. Das Recht besteht hier in der Form des Lebens, so überindividuell dies sei; es ist — in extremem Ausdruck dieser Intention — eine immanente Vornahme der Lebensteleologie innerhalb der Reihe ihrer Techniken; von da erst tritt es in die Form der Idee, ohne daß sich in dem Phänomen etwas zu ändern braucht: nur daß vorher die Gerechtigkeit gut war, insoweit sie dem Leben diente, jetzt aber das Leben gut ist, insoweit es der Gerechtigkeit dient.

Mit welcher Entschiedenheit sich das Recht aus den Verflechtungen des bewegten Gesamtlebens heraus auf eine eigene Basis hebt, zeigt sein Unterschied von Brauch und Sitte, mit denen es ursprünglich verschmolzen war; oder vielmehr, es scheint am Anfang aller höheren sozial-praktischen Entwicklung allenthalben eine ganz allgemeine Norm,

ein undifferenziertes Bewußtsein dessen, was überhaupt sein
soll, was „in der Ordnung ist", gestanden zu haben, natürlich religiös durchgefärbt, allmählich erst in die Sonder-
gebilde von Sitte, Recht, persönlicher Moralität auseinander-
und aufgehend.

Aber mit der Lebenswirklichkeit, in deren teleologischem
Zuge dies allgemein Imperativische erwuchs, bleibt die Sitte
dauernd verwachsen. Brauch und Sitte sind durchaus an Subjekte gebunden, die beiden gemäß leben. Man kann sie natürlich auch in Abstraktion von diesen als einen anonymen For-
malismus denken; aber in dieser ideellen Selbständigkeit
haben sie keinen rechten Sinn; auch als Prinzipien gelten
sie nur, sobald die Menschen in Wirklichkeit ihnen gemäß
leben, wenn auch mit Ausnahmen. Sie tragen sich nicht
selbst oder ruhen nicht auf einem idealen, vom Leben unabhängigen Grunde, sondern bleiben mit dem Betand und
Zweck des Lebens unlösbar verknüpft. Die Drehung zur
Idee, die die Form einer selbständig einheitlichen „Welt"
hergibt und die das Recht vollzogen hat, haben sie nicht mit-
gemacht. Sie bleiben weiter dem Leben dienstbar, dem
gegenüber das Recht — seiner Idee nach — souverän geworden ist. Nur bleibe auch hier unvergessen, daß das Recht,
autonom und lebenbestimmend, wie es eben seiner Idee gemäß ist, doch auch so wiederum vom Leben umfaßt werden
kann.

Sogar auf dem Gebiete der Wirtschaft hat, freilich nur aus
großen Verschiebungen und Verdeckungen heraus für einen
differenzierenden Blick erkennbar, das Reich eines objektiven, durch einen Begriff vereinheitlichten Lebensbezirkes
sich mit prinzipieller Drehung dem ursprünglichen Lebenszusammenhang entzogen, aus dem seine Form entsprang.
Sicher gibt es keinen praktischen Komplex, der den primären
Lebensvorgängen so verschmolzen, an ihre täglich erzwunge-
nen Forderungen so angekettet ist, wie den wirtschaftlichen.
Der Hunger und die anderen in Frage kommenden Bedürf-

nisse haben die Formen ihrer Befriedigung hervorgetrieben
und selbst der reichsten und raffiniertesten Vielgliedrigkeit
dieser Formen keinen anderen Sinn gelassen, als eben, jene
Bedürfnisse möglichst zweckmäßig zu befriedigen. Daß dabei die Wirtschaft und ihre Mittelwerte, insbesondere das
Geld, psychologisch zu definitiven, eigenartigen Zwecken auswachsen können, bedeutet, wie schon hervorgehoben, gar
keine prinzipielle Wendung; es bleibt dabei alles in derselben
Ebene und wechselt nur die psychologischen Akzente. Wohl
aber entsteht die vollkommene Drehung, durch die die Wirtschaft wirklich eine Welt für sich wird, sobald sie ein nach
rein objektiven, sachlich-technischen Gesetzlichkeiten und
Formen ablaufender Prozeß wird, für den die lebendigen
Menschen nur Träger, Ausführende der ihm immanenten,
aus ihm heraus notwendigen Normen sind, wenn der Besitzer
und Betriebsleiter nicht anders als der Arbeiter und Lauf-
bursche Sklaven des Produktionsprozesses sind. Die gewalttätige Logik seiner Entwicklung fragt nach keinem Willen
der Subjekte, nicht nach dem Sinn und den Notwendigkeiten
ihres Lebens. Die Wirtschaft geht jetzt ihren zwangsläufi-
gen Weg, ganz und gar so, als ob die Menschen nur ihret-
halben da wären, nicht aber sie um der Menschen willen.
Von all jenen Welten, deren Formen die Lebensentwicklung
in und aus sich selbst erzeugt hat und die dann ihr Zentrum
in sich selbst gefunden haben und ihrerseits das Leben beherrschen, ist wohl keine an ihrem Ursprung so fraglos und
unzertrennlich dem unmittelbarsten Leben eingewachsen, so
gänzlich ohne Hinweis auf mögliche Eigenbedeutung gegenüber der Teleologie dieses Lebens; und zugleich keine, die
nach jener Achsendrehung sich dem eigentlichen Sinn und
den eigenen Forderungen des Lebens mit so rücksichtsloser
Objektivität, mit so dämonischer Vergewaltigung durch ihre
rein sachliche Logik und Dialektik gegenüberstellte — wie
die moderne Wirtschaft. Die Spannung zwischen dem Leben
und jenem Gegenüber-vom-Leben, das seine von ihm selbst

zweckmäßig erzeugten Formen gewinnen, ist hier ein Maximum — freilich auch eine Tragik und eine Karikatur — geworden. — Auf ethischem Gebiet endlich deute ich nur auf eine einzige Erscheinung hin, die das hier ausgeführte Motiv repräsentiert. Es fällt nämlich der Kantische Unterschied zwischen dem hypothetischen und dem kategorischen Imperativ eigentlich genau mit dem hier Gemeinten zusammen. Was Kant die subjektive, innerlich noch sittlichkeitsfremde Triebfeder nennt, ist gerade das, was ich hier als Moment der vitalen Teleologie anspreche: der naturhafte Trieb, einem Maximum empirischer Lebenserfüllung zustrebend, Mittel an Mittel bauend, von denen viele dem äußerlich praktischen Anspruch der Moral völlig genügen. Daß nach gewissen Moralisten „das wohlverstandene Eigeninteresse" mit Sittlichkeit identisch ist, drückt dies in Vollendung aus. Daß aber die Sittlichkeit als Idee noch nicht realisiert wird, wenn das Pflichtmäßige in der Weise geschieht, daß der Lebensverlauf von sich aus die außerdem auch pflichtmäßigen Handlungen erzeugt, sondern erst wenn die Pflicht von sich aus und als einzige Instanz den Lebensverlauf bestimmt — damit hat Kant die hier behandelte Wendung in ihrem ganzen Radikalismus ausgesprochen. Eine Zustimmung zu dieser Fassung des Pflichtbegriffs und zu der Wertexklusivität seines Moralismus ist damit nicht gegeben. Vor allem aber tritt in die Kantische Erwägung das vermittelnde Moment nicht ein, auf das es mir hier ankommt: als ein bloßer Zufall und fremdes Nebeneinander erscheint es ihm, daß innerhalb der subjektiv-vitalen Zweckmäßigkeit Handlungen auftreten, die der Tatsache nach sittlich richtig sind. Diese Sinnlosigkeit unserer Verfassung aber, die ihrem Bilde bei Kant einen tief pessimistischen Zug gibt, möchte ich nicht zugeben. Gewiß sind die Motivierungen in beiden Fällen voneinander schlechthin verschieden. Allein sie sind, über alle Zufälligkeit im einzelnen hinweg, prinzipiell dadurch verbunden, daß das

Leben aus seinen eigenen teleologischen Notwendigkeiten
heraus die Handlungsformen zustande bringt, um die, als
Achse gleichsam, das Leben gedreht zu werden braucht, damit jene Formen als alleinherrschende Idee dastehen und
das Leben und seinen Wert von sich aus bestimmen. Kant
glaubte die Absolutheit der ideellen Bestimmung gegenüber
der Relativität der vitalen nur durch die völlige Zufälligkeit
ihres Verhältnisses retten zu können. Allein gerade hierin
liegt ein gewisser Mangel an letztem Zutrauen zu jener Absolutheit. Ist man ihrer ganz sicher und legt man sie wirklich
in die von sich aus entscheidende Innerlichkeit der Gesinnung
hinein, so leidet sie in keiner Weise dadurch, daß das Leben
die von ihr bestimmten Verhaltungsweisen schon — vorher
oder zugleich — aus seinen relativen Zusammenhängen heraus erzeugt hat, und daß empirisch und psychologisch sogar
gleitende Übergänge zwischen beiden Motivierungen dieser
Verhaltungsweisen bestehen.

Die Erörterung dieser Reihen soll nicht etwa zeigen, daß
das entscheidende Prinzip sie alle in genau umschriebener
Gleichheit beherrscht. Jede Reihe hat vielmehr eine gleichsam organische Einheit, in der der formale Grundvorgang
durch seinen Inhalt in dessen eigene differenzielle Charakterisiertheit hineingezogen ist. Sie besitzen untereinander nur
das besondere Verhältnis der „Ähnlichkeit", das sich nicht
aus einem Quantum Gleichheit und einem Quantum Ungleichheit zusammensetzen läßt, sondern sui generis ist. —
Der letzte Sinn des hier vorgebrachten Motivs, an seinem
weitestgreifenden Fall aufgesucht, ist die Herstellung eines
organischen Verhältnisses zwischen Psychologie und Logik.
Daß dies so wenig durch den Psychologismus wie von dem
Eigenbezirk der Logik her zu gewinnen ist, steht jetzt wohl
gleichmäßig fest, ebenso freilich, daß die gegenseitige Zufälligkeit beider Bezirke nicht auf die Dauer zu ertragen ist.

Ich kann hier keinen anderen Ausweg als einen metaphysischen sehen, von dem ich — auf die erste Studie dieses Heftes zurückgreifend — für den jetzigen Zusammenhang nur dies andeute. Wie das Leben auf seiner physiologischen Stufe ein fortwährendes Erzeugen ist, so daß, mit komprimiertem Ausdruck, Leben immer Mehr-Leben ist —, so erzeugt es auf der Stufe des Geistes etwas, das Mehr-als-Leben ist: das Objektive, das Gebilde, das in sich Bedeutsame und Gültige. Diese Steigerung des Lebens über sich hinaus ist nicht ein zu ihm Hinzukommendes, sondern ist sein eigenes unmittelbares Wesen selbst; insoweit es dies offenbart, nennen wir es eben geistiges Leben, wird es, jenseits alles Subjektiv-Psychologischen, selbst etwas Objektives und entwickelt aus sich Objektives. Hier soll nur der Grundgedanke berührt werden: daß das schöpferische Leben (in Fortsetzung des zeugenden Lebens) fortwährend über sich selbst hinausgeht, daß es selbst sein Anderes vor sich hinstellt und diese Objektivität dadurch als sein Geschöpf, dadurch als mit ihm einen Wachstumszusammenhang bildend erweist, daß es ihre Bedeutungen, Folgen, Normierungen wieder in sich einbezieht und sich nach dem gestaltet, was von ihm selbst gestaltet worden ist. Was an diesem Drehpunkt steht, nennen wir eben Objektivität, die dem Subjekt transzendent und nichts weniger als eine bloße Verkleidung seiner ist. Beides vielmehr sind, als Gegebenheiten, Stadien der Entwicklung des Lebens, sobald es geistiges Leben geworden ist, das freilich durch das eine hindurchgeht, um das andere zu erreichen, in der Rückwirkung dieses auf jenes aber seine Einheit zeigt. In relativistischem Prozeß erhebt sich über das subjektiv psychologische Geschehen die von ihm unabhängige objektive Gestalt und Wahrheit, Norm und Absolutheit — bis auch sie wieder als subjektiv erkannt wird, weil eine höhere Objektivität entwickelt ist, und so fort in die Unabsehlichkeit des Kulturprozesses. Freilich liegt hierin auch dessen ganze Tragik, die Tragik des Geistes überhaupt: daß das Leben

sich an den Gebilden, die es als starr objektive aus sich her-
ausgesetzt hat, oft wund stößt, keinen Zugang zu ihnen
findet, den Forderungen, die es in ihrer Gestalt entwickelt,
in seiner subjektiven Gestalt nicht genügt. Das eben ist der
schmerzliche Beweis, daß es sich hier um wahre Objektivität in jedem ihr abzuverlangenden Sinne handelt und keineswegs um eine Psychologisierung ihrer. Was ich hier vorlegte,
sind nur einige Fälle des Objektivwerdens des Lebens, die
Aufweisung einiger Punkte, an denen es das erzeugt, was
ihm gegenübersteht und an dessen an sich seiender, vom
realen Leben unabhängiger Bedeutung der metaphysische,
nicht der psychologische Charakter des schöpferischen
Lebens sichtbar wird.

Drittes Kapitel.
Tod und Unsterblichkeit.

Den unorganischen Körper scheidet vor allem dies von dem lebendigen: daß ihm seine begrenzende Form von außen bestimmt wird — sei es in dem äußerlichsten Sinne, daß er aufhört, weil ein anderer anfängt, sich seiner Expansion entgegenstellt, ihn biegt oder bricht, oder sei es durch molekulare, chemische oder physikalische Einflüsse, wie sich etwa die Form des Felsens durch Verwitterung, die der Lava durch Erstarren herstellt. Der organische Körper aber gibt sich seine Gestalt von innen her; er hört auf zu wachsen, wenn die mit ihm geborenen Formkräfte an ihre Grenze gekommen sind; und dauernd bestimmen diese die besondere Art seines Umfanges. Die Bedingungen seines Wesens überhaupt sind auch die seiner erscheinenden Form, während für den unorganischen Körper die letzteren außerhalb seiner selbst wohnen. Das Geheimnis der Form liegt darin, daß sie Grenze ist; sie ist das Ding selbst und zugleich das Aufhören des Dinges, der Bezirk, in dem das Sein und das Nichtmehrsein des Dinges Eines sind. Und das organische Wesen ist, anders als das unlebendige, zu dieser Grenzsetzung keines zweiten bedürftig. Nun aber ist seine Grenze nicht nur räumlich, sondern auch zeitlich. Dadurch, daß das Lebendige stirbt, daß das Sterben mit seiner Natur selbst (gleichviel ob aus begriffener oder noch nicht begriffener Notwendigkeit heraus) gesetzt ist, bekommt sein Leben eine Form. Die Einsicht in die Bedeutung des Todes hängt durchaus daran, daß man sich von der „Parzen"vorstellung befreie, in der sein gewöhnlicher Aspekt sich ausdrückt: als würde in einem bestimmten Zeitmoment der Lebensfaden, der sich bis dahin als Leben und ausschließlich als Leben fortgesponnen, mit einem Male „abgeschnitten"; als setzte der Tod dem Leben seine Grenze in demselben Sinn, in dem der unorganische Körper dadurch räumlich zu Ende ist, daß ein anderer, mit dem er von sich aus gar nichts zu tun hat, sich gegen ihn schiebt und ihm seine Form — als „Aufhören" seines Seins — bestimmt; der von außen an den Lebendigen herantretende Knochenmann ist das rechte Symbol dieser mechanistischen Auffassung. Den meisten Menschen erscheint der Tod als eine dunkle Prophezeiung, die über ihrem Leben schwebt, aber doch erst in dem Augenblick ihrer Verwirklichung irgend etwas mit dem Leben zu tun haben wird, wie über dem Leben des Ödipus die, daß er irgendwann einmal seinen Vater erschlagen wird. In Wirklichkeit aber ist der Tod von vornherein und von innen her dem Leben verbunden. Ich lasse zunächst die biologische Strittigkeit beiseite: ob die einzelligen Wesen unsterblich sind, da sie sich nur in mehrere, wieder ganz und gar lebendige Wesen teilen und niemals ohne Einwirkung äußerer Gewalt eine Leiche hinterlassen, so daß der Tod nur eine bei den vielzelligen Organismen zu dem Leben hinzugetretene Erscheinung wäre — oder ob auch von jenen ein Teil oder die ganze Körpersubstanz schließlich zugrunde geht. Hier gehen uns nur diejenigen Wesen an, die eben sterben und deren Leben darum in keiner weniger innigen Verbindung mit dem Tode steht, weil die Lebensform anderer Wesen diese Bedingtheit nicht von vornherein in der gleichen Weise besitzt. Ebensowenig wird das Abgestimmtsein unseres Lebens auf den Tod und seine durchgängige Bestimmtheit durch ihn von der Tatsache widerlegt, daß das normale Leben eine Zeitlang aufwärts schreitet, immer mehr und sozusagen immer lebendigeres Leben wird; erst nach einem höchsten Punkt seiner Entwicklung — der gewissermaßen dem Tode ferner zu sein scheint als jeder frühere — beginnen die ersten sichtlichen Zeichen des Abwärtsgehens. Allein jenes voller und stärker werdende Leben steht doch in einem Gesamtzusammenhang, der auf den Tod angelegt ist. Indem der Stoffwechsel der Lebenssubstanz aus Assimilation und Dissimilation besteht und Wachstum das Überwiegen jener über diese voraussetzt, hat man schon bald nach der Geburt eine entschieden sinkende Assimilation beobachtet; das heißt obgleich sie noch immer zum Hervorbringen der Wachstumserscheinung zureicht, so wird sie relativ doch schon während der Wachstumsperiode immer geringer, und jene Zellenpigmentierung, besonders im Zentralnervensystem, die als spezifische Altersveränderung gilt, beginnt schon in früher Jugend. Von vornherein bilden die Lebensmomente, auch ohne daß die Verhärtung der Gefäße den Tod gleichsam pro rata in ihnen feststellbar mache, eine eindeutig auf ihn zugehende Reihe. Von manchen Seiten wird das Altwerden als eine Summierung von — schon am Lebensbeginn einsetzenden — zerstörenden Gärungsprozessen angesehen, die mit den aufbauenden Kräften einen lebenslangen Kampf führen. In diesem Sinne hat ein mechanistisch denkender Biologe den Tod als ein physisches Agens, den materiellen Gegensatz des Lebens bezeichnet. Dieser Gegensatz des Lebens aber stammt doch nirgends her als aus dem Leben! Es selbst hat ihn erzeugt und schließt ihn ein.

In jedem einzelnen Momente des Lebens sind wir solche, die sterben werden, und er wäre anders, wenn dies nicht unsere mitgegebene, in ihm irgendwie wirksame Bestimmung wäre. So wenig wir in dem Augenblick unserer Geburt schon da sind, fortwährend vielmehr irgend etwas von uns geboren wird, so wenig sterben wir erst in unserem letzten Augenblicke.

Was wir Altersveränderungen nennen, so äußerte sich ein Physiologe, ist nur der Höhepunkt jener Veränderungen, die sich schon von den ersten Stadien der Keimesentwicklung an abgespielt haben. Und man kann jeden Krankheitstod im höheren Alter zugleich als einen Altersschwächentod ansehen, weil eben die Organe durch das Alter in pathologischer Weise verändert sind. Dies erst macht die formgebende Bedeutung des Todes klar. Er begrenzt, das heißt, er formt unser Leben nicht erst in der Todesstunde, sondern er ist ein formales Moment unseres Lebens, das alle seine Inhalte färbt: die Begrenztheit des Lebensganzen durch den Tod wirkt auf jeden seiner Inhalte und Augenblicke vor; die Qualität und Form eines jeden wäre eine andere, wenn er sich über diese immanente Grenze hinaus erstrecken könnte. Es gibt eine Organisation, das heißt eine durch die innere Einheit bestimmte Form, ebenso im zeitlichen Nacheinander der Lebensmomente wie im räumlichen Nebeneinander, und wenn dies der absolute Gegensatz zum Unorganischen ist, das ebensogut vorher wie nachher seine Auflösung finden kann, so wiederholt er sich symbolisch an den Wertrelationen der Menschen. Manche — so müssen wir, wenngleich natürlich im relativen Sinne, sagen — sterben, weil das Leben zufällig aufhört; der Tod erscheint nicht als von dem Innern ihres Lebensverlaufes her gesetzte Grenze; es sind diejenigen, deren Leben überhaupt keine Form im höheren Sinne hat und die ebensogut beliebig kurz wie beliebig lang leben könnten — gerade wie ein Felsen das im tieferen Sinne Unnotwendige seiner Form damit zeigt, daß es für ihn gar nicht integrierend ist, ob er größer oder kleiner ist. Eigentlich handelt es sich um den Unterschied von Sterben und Getötetwerden. Natürlich kann niemand getötet werden, der nicht (im Gegensatz zu dem Felsen) die Möglichkeit des Sterbens hat. Allein die Frage ist, ob diese Möglichkeit irgendwann notwendig auf den Tod führt. Es könnte ja sein, daß sie sich nur durch Getötetwerden realisiert, wobei es keinen Unterschied macht, ob dies durch Dolch und Gift oder durch Herzembolie oder Tuberkelbazillen geschieht. Vielleicht die meisten Naturvölker haben die Vorstellung, daß, wenn jemand stirbt, er unbedingt getötet sein müßte, daß irgendein Mensch oder Geist dafür verantwortlich sei. Hier ist das

Leben noch nicht tief genug oder, wie später zu zeigen sein wird, nicht individuell genug gefaßt, um den Tod in seine Einheit einzubeziehen. Diese Differenz findet auch künstlerische Ausgestaltung. An den großen tragischen Gestalten Shakespeares spüren wir fast von ihren ersten Worten an die Unentrinnbarkeit ihres Endes, nicht aber als eine Unlösbarkeit verwickelter Schicksalsfäden oder als ein drohendes Fatum, sondern als eine tiefe Notwendigkeit, ich möchte lieber sagen: Beschaffenheit ihrer ganzen inneren Lebensbreite, die in dem dramatischen, schließlich tödlichen Geschehen nur kanalisiert ist, nur eine auch logisch begreifliche, auch dem Weltlauf gemäße Ausgestaltung gewinnt. Der Tod gehört zu den apriorischen Bestimmungen ihres Lebens und des mit diesem gesetzten Weltverhältnisses. Dagegen, Nebenfiguren in diesen Tragödien sterben, wie es der äußere Geschehensverlauf gerade mit sich bringt; sie werden nur irgendwie umgebracht, gleichgültig gegen das Wann und gegen das Ob überhaupt. Nur jene haben es dazu, von innen her zu sterben; das Reifwerden ihres Schicksals als Lebensausdruckes ist an sich selbst das Reifwerden ihres Todes.

Wir halten unsere Pläne und Aktionen, Verpflichtungen und interindividuellen Beziehungen von vornherein — zwar nicht durch bewußte Überlegung, aber instinktiv und traditionell selbstverständlich — in denjenigen Ausmaßen, die innerhalb eines todbegrenzten Lebens proportioniert sind. Die Art aber, auf die diese Begrenzung oder Formung des Lebens als ganzen wie in seinen Einzelreihen geschieht, ist dadurch bestimmt, daß wir zwar über das Daß des Endes absolut sicher, dagegen über sein Wann absolut unsicher sind. Schlechthin unvorstellbar wäre uns die Lebenseinrichtung irdisch unsterblicher Wesen; aber schon die von solchen, die ihres künftigen Todes gewiß sind und zugleich des Jahres und Tages seines Eintrittes, würde von der uns bekannten in einem kaum weniger unvorstellbaren Maße abweichen. Einer meiner Freunde äußerte sich über diese Konstellation ungefähr so: „Wieviel besser wäre doch das Leben, wenn man sicher wüßte, wie viele Jahre man noch vor sich hat! Dann könnte man sich damit einrichten, das Leben zweckmäßig organisieren, brauchte nichts unvollendet zu hinterlassen, finge nichts Unvollendbares an, würde aber auch veranlaßt, die Zeit wirklich auszunutzen." Von der anderen Seite her gesehen aber würde wahrscheinlich in diesem Fall für die meisten Menschen das Leben unter einem unerträglichen Druck stehen. Im Objektiven stünde jenen angedeuteten Vorteilen gegenüber, daß unzählige Leistungen um der Tatsache willen ausfielen: daß der Mensch sehr oft sein Höchstes gerade nur dann leistet, wenn er mehr unternimmt, als er leisten kann. Und im Subjektiven steht es angesichts des Lebenswillens doch wohl so, daß die Angst vor dem Tode und die Bedrücktheit durch seine Unvermeidlichkeit nur dank der Unsicherheit um seinen Eintritt auf ein erträgliches Maß gebracht wird, auf dasjenige, das dem Menschen gewissermaßen den inneren Bewegungsspielraum für die Lebensfreude, die Kraftentfaltung, die Produktivität des uns allein bekannten Lebens sichert. Es ist dies vielleicht der bedeutsamste Fall einer Form, die unser Leben und Weltverhältnis allenthalben bestimmt: daß eine prinzipielle Grundlage für Theorie oder Praxis uns unbezweifelbar feststeht, während ihre Ausgestaltung und Handhabung, wie sie für die konkreten Lebenssituationen erforderlich wären, durch eine gleichsam darüberliegende Schicht von Fragwürdigkeiten oder Verborgenheiten ganz problematisch, ja illusorisch werden. So mögen wir davon durchdrungen sein, daß angesichts der natürlichen Rangunterschiede der Individuen die aristokratischen Ordnungen die sachlich allein angemessenen sind; allein da wir gar kein Mittel haben, die ἄριστοι mit Sicherheit als solche herauszuerkennen und in die führenden Stellen zu bringen, auch keines, um, wenn dies selbst erreicht wäre, die herrschende Schicht vor der Korruption durch den Machtbesitz zu bewahren — so nützt uns

sozusagen jene primäre Überzeugung sehr wenig; so wenig,
daß selbst manche ihrer Anhänger die Demokratie noch für
das kleinere Übel erklären. So hat uns Kant vielleicht überzeugt, daß in unserem Erkennen apriorische Formen wirksam
sind, die, weil sie das Erkennen als solches überhaupt erst
zustande bringen, für alle Gegenstände desselben notwendig
und ausnahmslos gelten. Allein welche Formen dies nun
angebbarerweise sind, können wir nur mittels empirischen
Aufsuchens, ohne irgendeine gleich apriorische Garantie und
eigentlich nur in Hypothesen aussagen: der prinzipielle Besitz unbedingt sicherer Erkenntnisse verhilft uns nicht zu
einem auch nur annähernd sicheren Wissen darum, welche es
denn sind. Unzählige Male und mit ganz entgegengesetzten
Werterfolgen wiederholt sich diese Konstellation, in der sich
die metaphysisch-kosmische „Mittelstellung" des Menschen
ausdrückt. Zwischen Wissen und Nichtwissen sind wir gebannt. Weder wenn wir ein viel weiteres, noch wenn wir ein
viel beschränkteres Wissen als uner tatsächliches hätten,
könnten wir das Leben des empirischen Menschen führen.
Und gegenüber der Betonung des immer weiteren und unabsehlichen Fortschritts unseres Wissens sollte doch nicht
übersehen werden, daß gleichsam am anderen Ende so und
so vieles, was wir als „sicheres" Wissen besaßen, zu Unsicherheit und eingesehener Irrung herabsinkt. Wie vieles
„wußte" der mittelalterliche Mensch, wie vieles auch noch
der aufgeklärte Denker des 18. Jahrhunderts oder der mate-
rialistische Naturforscher des 19. Jahrhunderts, was für uns
entweder gänzlich abgetan oder mindestens gänzlich zweifelhaft ist! Wie vieles von dem, was uns jetzt fraglose „Erkenntnis" ist, wird über kurz oder lang das gleiche Schicksal haben! Die ganze seelische und praktische Einstellung
des Menschen bewirkt, daß er — cum grano salis und für
das Fundamentale gesagt — aus der Umwelt überhaupt nur
das apperzipiert, was seinen Überzeugungen entspricht, und
an noch so krassen Gegeninstanzen, späteren Zeiten oft völlig

unverständlich, einfach vorbeisieht. Für Astrologie und Wunderheilungen, für Behexung und unmittelbare Gebetserhörung wurden nicht weniger „tatsächliche", „überzeugende" Beweise angeführt, wie jetzt für die Gültigkeit allgemeiner Naturgesetze, und ich halte es keineswegs für ausgeschlossen, daß spätere Jahrhunderte oder Jahrtausende, die als Kern und Wesen jeder Einzelerscheinung ihre unauflösbar-einheitliche, auf „allgemeine Gesetze" gar nicht zurückzuführende Individualität erkennen, solche Allgemeinheiten für keinen geringeren Aberglauben erklären, wie wir jene angedeuteten Glaubensartikel. Verzichtet man erst einmal auf die Idee des „absolut Wahren", die gleichfalls nur ein historisches Gebilde ist, so könnte man auf die paradoxe Idee kommen, daß in dem kontinuierlichen Prozesse des Erkennens das Maß der eben adoptierten Wahrheiten von dem Maß der eben abgetanen Irrtümer gerade nur aufgewogen wird, daß, wie in einem nie stillstehenden Zuge, ebensoviel „wahre" Erkenntnisse die Vordertreppe heraufsteigen, wie „Täuschungen" die Hintertreppe hinuntergeworfen werden. In dieses mannigfaltigst gestaltete Gebiet von Mischungen und Verwebungen des Wissens mit dem Nichtwissen, von dem die Sonderart der menschlichen Lebenseinrichtung großenteils ressortiert, gehört jenes Wissen und Nichtwissen um den Tod als das vielleicht wirkungsreichste Phänomen hinein. Das Leben ist in den Formen, in denen wir es leben, gerade nur auf dieser Basis des Wissens um die Tatsache und des Nichtwissens um ihren Zeitpunkt möglich. Und dies wiederum zeigt — dazu wurde diese ganze Erörterung hier eingefügt —, wie unbedingt formbestimmend der Tod für das Leben ist, wie er ihm sowohl mit dem, was von ihm gewiß ist, wie mit dem, was von ihm ungewiß ist, beides in unlösbarer Verschmelzung, einwohnt. Dadurch, daß diese Grenze für unser Bewußtsein zugleich schlechthin hart und doch auch schlechthin fließend ist, daß jede Änderung in dem einen wie in dem anderen das ganze Leben sofort ins

Unausdenkbare hin ändern würde, offenbart sich der Tod
als jenes scheinbare Außerhalb des Lebens, das in Wahrheit ein Innerhalb seiner ist und jeden Moment dieses Inner-
halb so gestaltet, wie wir ihn allein kennen. Es gehört zu den ungeheuren Paradoxien des Christentums, dem Tod die Lebenseinhaftung zu nehmen, das Leben
von vornherein unter den Gesichtspunkt seiner eigenen Ewigkeit zu stellen. Und zwar nicht nur als eine an den letzten
irdischen Augenblick sich anschließende Verlängerung des
Lebens, sondern von der gesamten Reihe der Lebensinhalte
hängt das ewige Geschick der Seele ab; ein jeder setzt seine
ethische Bedeutung als Bestimmungsgrund unserer transzendenten Zukunft in das Unendliche fort und durchbricht
damit die ihm einwohnende Begrenztheit. Der Tod kann
hier als überwunden gelten, nicht nur, weil das Leben, als
eine durch die Zeit erstreckte Linie, über die Formgrenze
seines Endes hinausreicht, sondern auch, weil es den durch
alle Einzelmomente des Lebens hin wirkenden und sie innerlich begrenzenden Tod vermöge der ewigen Konsequenzen
eben dieser Momente verneint. Das Leben ist hier ausschließlich auf seine positiven Momente gestellt; was der
Tod ihm antun kann, betrifft nur seine Außenwerke, ja nur
dasjenige, was schon von vornherein nicht unser eigentliches
Leben ist. Angesichts der Kontinuität, mit der unsere jenseitige, doch sicher nichts von Tod enthaltende Existenz
durch die diesseitige bestimmt ist, hat der Tod auch in dieser
seinen „Stachel", seine vitale Bedeutung verloren. Diese, wie
mir scheint reinste Ausgestaltung des christlichen Grund-
motives ist nun freilich durch kirchliche Vorstellungen sehr
abgebogen worden, vor allem durch die wunderliche, den
ganzen metaphysischen Lebenszusammenhang unter-
brechende Wichtigkeit des Todesmomentes. Dadurch, daß
gerade er das ärgste Sündenleben durch Reue oder gar
mittels zeremonieller Vornahmen ungeschehen machen soll,
scheint mir ein übermäßiger Akzent auf eine zeitlich-irdische

Einzelheit gelegt, unverträglich mit der großartigen Gesamtansicht, in der wir von vornherein die Kinder Gottes sind, die auf der Erde nur einen flüchtigen Gastaufenthalt nehmen. Auch auf ihr leben wir als seine Kinder, seinem Willen gehorsam oder widerstrebend, trotzig oder reuig, und durch jede solche Gegenwärtigkeit, wie es überhaupt das Wesen des Lebens ist, unsere Zukunft bestimmend. Allein, daß nun gerade der Moment des leiblichen Todes, der als physiologisch bestimmter dem ewigen Schicksal der Seele gleichsam nur eine ganz äußerliche Kerbe beibringen kann, durch seinen Trotz oder seine Reue schlechthin alles entscheiden soll, das scheint mir den eigentlichen Sinn des großgefaßten Christentums zu veräußerlichen und irgendwie zu verschiefen.

Immerhin kann auch diese Bestimmung eine religiös bedeutsame Idee verkünden. Das Leben macht uns mit seinem Vorschreiten im allgemeinen hoffnungslos, nicht immer in Gedanken, aber im Sein. Wir glauben im Alter nicht mehr an die Möglichkeit großer Wendungen; es erscheint uns irgendwie illusorisch, sie noch zu vollziehen. Demgegenüber ist es der Vorsprung der religiösen Naturen, daß sie sich dauernd in der Beziehung zu einem Absoluten fühlen, vor dem die Quantitätsverschiedenheiten des Lebensverlaufes verschwindende Größen sind. Für den religiösen Menschen ist es noch immer Zeit, weil vor dem Auge, besser: vor dem Sein des Unendlichen 20 oder 70 Jahre gar keinen Unterschied bedeuten. Daß noch der letzte Augenblick für das Heil genügt, gleichviel ein wie langes, entgegengesetztes Leben vorangegangen ist — das ist der extreme, wenngleich einigermaßen äußerliche Ausdruck für die Irrelevanz des Länger oder Kürzer, dafür, daß angesichts des unendlichen im Unterschied zum empirischen Leben es keinem Maße von Vergangenheit gegenüber ein Zuspät gibt [1]).

---

[1]) Die Todesverflochtenheit des Lebens kann als eine symbolische Motivierung — neben anderen — dafür gelten, daß keineswegs ein frag-

Und auch für den umgekehrt gerichteten Blick erscheint der Tod als der Gestalter des Lebens. Die gegebene Stellung der Organismen innerhalb ihrer Welt ist die, daß sie sich in jedem Augenblick nur durch irgendwelche Anpassung — im weitesten Sinne des Wortes — am Leben erhalten können. Das Versagen dieser Anpassung bedeutet den Tod. Ebenso wie jede automatische oder willkürliche Bewegung als der Drang nach Leben, nach Mehr-Leben gedeutet werden kann, ebenso kann sie es als die Flucht vor dem Tode. Vielleicht ist das Wesen unserer Aktivität eine für uns selbst geheimnisvolle Einheit, die wir, wie so viel andere, nur durch Zer-

---

loses Recht besteht, die Gottheit „lebendig" zu nennen. Mag dies eine schöne und vielleicht unvermeidliche Vorstellung sein, sie ist im letzten Grunde nicht weniger anthropomorph, als die von dem alten Manne, der in der Abendkühle im Paradiesgarten lustwandelte. Man denkt ihn als lebendig, weil dies als die einzige Möglichkeit erscheint, mit ihm zu verkehren. Schließlich ist Leben oder Beseeltheit eine spezifische Existenzart, und sie als die „höchste" zu denken und alles überhaupt Seiende in die ausschließende Alternative des rein Materiellen und des Lebendig-Seelischen einzustellen, bloß weil wir Menschen auf der Erde nichts anderes erfahren, erscheint mir als eine Borniertheit, deren letzte Sublimierung in all den Metaphysiken liegt, die den „Geist" oder das „Leben" als das Absolute verkünden. Natürlich wäre gar nichts damit gewonnen, wollte man Gott als das Überlebendige bezeichnen: auch der vorsichtigste Versuch einer positiven Bestimmung überschreitet unsere Denkrechte. Nichts aber hindert uns, ja, alles berechtigt uns, von dem Absoluten die Beschränktheit des Lebens- und Seelenbegriffes zu entfernen, ganz gleichgültig dagegen, daß sie die Grenze all unserer Möglichkeiten ist. Auch der Versuch, ein von dieser Befreites im Begriff des „Wertes" zu finden, würde zu keiner berechtigteren Bestimmung des göttlich Absoluten führen, da mir eine Realisierung von Werten ohne die Basis von Leben, Seele, Geist als ein bloßes Wort erscheint. Befriedigender würde die Schellingsche absolute „Indifferenz" aussehen, wenn er sie nicht sofort in die Pole Natur und Geist auseinandergehen ließe und sie damit doch wieder in die alternativische Enge unserer zufälligen Erfahrung einsperrte. Weiter scheint Spinoza vorgeschritten, wenn er Gott unendliche Attribute beilegt, von denen nur die beiden: Denken und Ausdehnung, erfaßbar wären. Allein sie werden bei ihm doch als reale Bestimmungen des Göttlichen gefaßt, was zwar bei konsequentem Pantheismus widerspruchslos ist, für einen transzendenten Gott aber doch wieder Anthropomorphismus bedeuten würde. Die Negative Theologie der Mystik ist nach dieser Richtung hin freier und tiefer als alle frühere oder spätere Dogmatik und Religionsphilosophie.

legung in Lebenseroberung und Todesflucht erfassen können. Jeder Schritt des Lebens zeigte sich nicht nur als eine zeitliche Annäherung an den Tod, sondern als durch ihn, der ein reales Element des Lebens ist, positiv und a priori geformt. Und diese Formung wird also nun gerade durch die Abwendung vom Tode mitbestimmt, dadurch, daß Erwerb und Genuß, Arbeit und Ruhe und all unsere anderen naturhaft betrachteten Verhaltungsweisen — instinktive oder bewußte Todesflucht sind. Das Leben, das wir dazu verbrauchen, uns dem Tode zu nähern, verbrauchen wir dazu, ihn zu fliehen. Wir sind wie Menschen, die auf einem Schiff in der seinem Lauf entgegengesetzten Richtung schreiten: indem sie nach Süden gehen, wird der Boden, auf dem sie es tun, mit ihnen selbst nach Norden getragen. Und diese Doppelrichtung ihres Bewegtseins bestimmt ihren jeweiligen Standort im Raume.

Diese Formung des Lebens in seinem ganzen Verlaufe durch den Tod ist bisher sozusagen etwas Bildhaftes, das von sich aus noch nicht zu irgendwelchen Schlüssen vordringt; es handelte sich nur darum, die gewöhnliche Vorstellung, die den Tod nur, gleichsam unorganisch, als den lebenbeendigenden Parzenschnitt ansieht, durch die organischere zu ersetzen, für die er ein formendes Moment des kontinuierlichen Lebensverlaufes von Anfang an ist. Mag man aber seine enbiotische Verbreitung als eine Vorwirkung oder Vorschattung des singulären Todesereignisses, mag man sie als eine autochthone Formung oder Färbung jedes Lebensmomentes für sich ansehen — jedenfalls begründet erst sie zusammen mit jener Akutheit des Todes gewisse Reihen metaphysischer Vorstellungen vom Wesen und Schicksal der Seele. Ich scheide die Modifikationen nicht ausdrücklich voneinander, die der eine und die der andere Sinn des Todes in die folgenden Erwägungen hineinträgt;

es wäre Sache leichten Überlegens, die Anteile jener beiden
an diesen Vorstellungen zu sondern. Die Hegelsche Formulierung, daß jedes Etwas seinen
Gegensatz fordert und mit ihm zu der höheren Synthese
zusammengeht, in der es zwar aufgehoben ist, aber eben-
damit „zu sich selbst kommt" — läßt ihren Tiefsinn viel-
leicht nirgends stärker als an dem Verhältnis zwischen Leben
und Tod hervorleuchten. Das Leben fordert von sich aus den
Tod, als seinen Gegensatz, als das „Andere", zu dem das
Etwas wird und ohne das dieses Etwas überhaupt seinen
spezifischen Sinn und Form nicht hätte. Insoweit stehen
Leben und Tod auf einer Staffel des Seins, als Thesis und
Antithesis. Damit aber erhebt sich über sie ein Höheres,
Werte und Spannungen unseres Daseins, die über Leben und
Tod hinaus sind und von deren Gegensatz nicht mehr berührt werden, in denen aber das Leben eigentlich erst zu
sich selbst, zu dem höchsten Sinn seiner selbst kommt. Die
Basis dieses Gedankens ist, daß das Leben, wie es unmittelbar
gegeben ist, seinen Prozeß in voller Ungeschiedenheit von
seinen Inhalten abrollt. Allerdings hat die Bezeichnung der
Tatsächlichkeit des Bewußtseins als „Prozeß" eigentlich
schon etwas Hypothetisches oder Konstruiertes. Denn was
wirklich da ist, was wir innerlich schauen, erleben, denken,
ist doch immer ein Etwas, ein Inhalt, keiner freilich stabil,
einer kontinuierlich dem anderen folgend; aber daß dies von
einer Energie (mindestens von etwas Energie-Ähnlichem) getragen, hervorgetrieben, durch das Bewußtsein hin bewegt
ist, daß es nicht einfach leblos da ist — das haftet dem
Gegenstandsbewußtsein, wie es sich unmittelbar darbietet,
nicht ein, sondern ist das Gefühl einer dunkeln, nicht eigentlich in der identischen Schicht abrollenden Lebensbewegtheit.
Das bloße Jetzt-Sosein und Jetzt-Sosein, der bloße Wechsel
der Bilder ist noch nicht Bewegung, Prozeß, selbst dann
nicht, wenn man statt einer Punktualität hier vielmehr ihre
Kontinuität wie in einer Linie empfindet. Gleichviel indes, ob

es sich für das differenzierteste Hinsehen so verhält, innerhalb des unbefangenen Erlebnisses ist das Gefühl, daß etwas „vorgeht", daß der Bildinhalt als vorgestellter von etwas Kraftmäßigem, Funktionellem belebt ist, schlechthin herrschend. Hier bilden Inhalt und Prozeß eine Einheit, die erst nachträgliche Analyse in jene beiden scheidet. Diese Trennung aber scheint mir, insbesondere für gewisse höchste Werte, nur durch die Tatsache ermöglicht, daß ihr Träger, ihr Prozeß dem Tode unterworfen ist. Lebten wir ewig, so würde das Leben voraussichtlich mit seinen Werten und Inhalten undifferenziert verschmolzen bleiben, es würde gar keine reale Anregung bestehen, diese außerhalb der einzigen Form, in der wir sie kennen und unbegrenzt oft erleben können, zu denken. Nun aber sterben wir und erfahren damit das Leben als etwas Zufälliges, Vergängliches, als etwas, was sozusagen auch anders sein kann. Dadurch erst wird der Gedanke entstanden sein, daß die Inhalte des Lebens ja das Schicksal seines Prozesses nicht zu teilen brauchen; erst so wird man auf die von allem Verfließen und Enden unabhängige, jenseits von Leben und Tod gültige Bedeutung gewisser Inhalte aufmerksam geworden sein. Erst die Erfahrung vom Tode wird jene Verschmelzung, jene Solidarität der Lebensinhalte mit dem Leben gelöst haben. Aber gerade mit diesen zeitlos bedeutsamen Inhalten gewinnt das zeitliche Leben seine eigene reinste Höhe; indem es sie, die mehr sind als es selbst, in sich aufnimmt oder sich in sie ergießt, kommt das Leben über sich hinaus, ohne sich zu verlieren, ja sich eigentlich erst gewinnend; denn erst so gelangt sein Ablauf als Prozeß zu einem Sinn und Wert und weiß sozusagen, weshalb er da ist. Es muß diese Inhalte erst ideell von sich sondern können, um sich bewußt zu ihnen zu erheben, und es vollbringt diese Sonderung im Hinblick auf den Tod, der zwar den Prozeß des Lebens beenden, aber die Bedeutung seiner Inhalte nicht annullieren kann.
Ich will hier an einer Analogie nicht vorbeigehen, die das

Prinzipielle dieser geistigen Strukturverhältnisse hervortreten läßt. Die Unzulänglichkeit, die zwischen unseren
Trieben und Vermögen einerseits und den realen Er-
füllungen, inneren und äußeren, andererseits besteht, muß
zu den Motiven für die Bildung des kontinuierlichen Ich gehören. Wenn unsere Wünsche sich immer restlos erfüllten,
so würde mit dieser Erfüllung der Willensakt sterben und
ein neuer, mit neuem Inhalte, würde beginnen, der innere
Vorgang wäre mit seinem Verhältnis zur Wirklichkeit völlig
erschöpft, das Ich würde sich aus dieser Verflechtung mit der
Wirklichkeit, die es auf Schritt und Tritt begleitete, nicht
herausheben. Dies aber geschieht, wenn der Wille seine Berührung mit der Wirklichkeit übersteht, weil sie ihn nicht
stillt, wenn das wollende Ich noch da ist, wo die Wirklichkeit nicht mehr ist. Ein harmonisches, durchgängig be-
friedigtes Verhältnis zwischen Wille und Wirklichkeit würde
das Ichbewußtsein viel mehr in sich einsaugen, würde das Ich
in seinem Eigenlauf viel weniger erkennbar machen. Das
Nein und das Zuwenig der Außenwelt gegenüber unserem
Willen läßt ihn über die Berührung mit ihr so hinauswirken,
daß das Ich sich daran seiner Unabhängigkeit, vor allem
aber der nur aus seinen eigenen Impulsen quellenden Kontinuität bewußt wird. Darum zeigen Menschen, denen viel
versagt geblieben ist und die von den Gewährungen der Welt
tief enttäuscht sind, in der Regel ein ausgeprägteres und, von
einem gewissen Punkte an, unveränderlicheres Ich als solche,
denen immer alles glatt gegangen ist, wie auch ihre Gesichts-
züge mehr als bei den anderen den Charakter der Festgelegtheit und Dauerprägung aufweisen. Die Gegenerscheinung
bietet das Verhalten zur Kunst. Das Kunstwerk hat es verhältnismäßig leicht, uns zu befriedigen, weil alle Ansprüche,
die wir daran stellen können, uns erst aus ihm selbst ent-
gegenkommen; es lehnt alle von außen gestellten Probleme
und Gesolltheiten ab; nur nach ihm selbst kann sich richten,
was wir von ihm wollen. Es ist das eigentümliche Gebilde,

das die „Idee", zu der es sich vollenden soll, die Gestaltung, mit der es alle Forderungen befriedigt, aus sich selbst und allein aus sich selbst aufleuchten läßt — und dies selbst dann, wenn seine Wirklichkeit diesen ideell darin eingezeichneten Forderungen nicht entspricht. Wenn sie ihnen aber genügt, ist der Sinn des Kunstwerkes als solcher erreicht, jene Selbstgenugsamkeit, die dem Willen des Beschauers nicht gestattet, andere Wertansprüche zu erheben, als die dem Werke selbst eingeborenen: auch seine Unvollkommenheit mißt sich — in einer hier nicht zu verfolgenden Weise — an ihm selbst, an seinem individuellen Ideal; wodurch sich das Verhältnis des Willens zu ihm prinzipiell von den Ansprüchen scheidet, mit denen er nicht nur an alles Technisch-Materielle, sondern auch an andere Menschen, ja, an die göttlichen Mächte heranzutreten pflegt. Diese Struktur des Kunstwerkes scheint mir der tiefere Grund der Tatsache, die Schopenhauer schließlich doch nur dem Phänomen nach beschreibt und nur spekulativ deutet: daß dem Kunstwerk gegenüber der Wille schweigt. Er kann dem vollendeten Kunstwerk gegenüber, an das ja auch Schopenhauer allein denkt, kein Verlangen stellen — außer in theoretischer Schulmeisterei oder aus kunstfremden Tendenzen heraus —, das nicht in ihm selbst präformiert wäre und hier eben auch befriedigt ist. An dieser Grenze muß der Wille stillhalten und kann durchaus nicht über sie hinausbegehren. Daher, wie man es ausgedrückt hat, stirbt das wollende Ich am Kunstwerk und fängt nachher von neuem zu leben an. Hier liegt also die Ausnahme von jenem typischen Mehr-Verlangen und also ebenso typischen Unbefriedigtsein an den Darbietungen des Weltlebens. Darum tritt hier auch der Erfolg der letzteren Konstellation für die Ich-Bildung nicht ein. Menschen, die vorwiegend im ästhetischen Genuß leben (ersichtlich durchaus verschieden von den künstlerisch produktiven, in denen ein reichlicher Willensüberschuß zu bestehen pflegt), zeigen in der Regel kein sehr kontinuierliches, durchhaltendes, von Gewährungen unabhängiges Ich. Sie leben vielmehr in relativ kurzen Abschnitten, fühlen sich ohne Schwierigkeit in alle Entgegengesetztheiten hinein, lassen sich eher von den Dingen meistern, statt sie von einem selbstsicheren Ich her zu beherrschen. So bestätigt dieser negative Sachverhalt den vorhin aufgewiesenen positiven: wie der Prozeß des Lebens durch den Tod verneint werden muß, damit die Inhalte des Lebens in ihrer, den Prozeß überdauernden Bedeutung hervortreten, so müssen die Inhalte des Willens durch Unbefriedigtheit verneint werden, damit der Prozeß des Willens, das wollend-persönliche Ich sich in seinem Hinausgehen über jede angebbare Inhaltbindung offenbare. Es ist die gleiche formale Struktur, die die Inhalte vom Prozeß, wie die den Prozeß von den Inhalten löst.

Ersichtlich also war dies nicht nur eine Analogie, sondern eine Seite des zentralen, zwischen dem Ich und seinen Inhalten spielenden Lebensproblems, das man gar nicht weit genug fassen kann, um die ihm immanente Bedeutung des Todes zu verstehen. Ich muß deshalb noch einmal auf die im Lebensverlauf sich vollziehende Ich-Bildung zurückkommen, in einer allgemeineren Fassung des Motives als zuvor, weil mit ihr das Todesproblem sich in ein neues Stadium hineinentfaltet.

Der seelische Lebensprozeß stellt nicht nur mit den eben betonten Diskrepanzen, sondern mit seiner steigenden Gesamtentwicklung das Gebilde immer klarer und stärker heraus, das man das Ich nennen kann. Es handelt sich um das Wesen und den Wert, um den Rhythmus und sozusagen den inneren Sinn, die unserer Existenz, als diesem besonderen Stück der Welt, zukommen; um dasjenige, was wir eigentlich von vornherein sind und doch wieder im vollen Sinne noch nicht sind. Dieses Ich steht in einer eigentümlichen, näherer Darstellung noch bedürftigen Kategorie, die ein Drittes ist, jenseits seiner jeweils vorhandenen Wirklichkeit und der irrealen, bloß geforderten Wertidee. Nun ist aber das Ich am Anfang seiner Entwicklung, sowohl für das subjektive Bewußtsein, wie in seinem objektiven Sein, aufs engste mit den Einzelinhalten des Lebensprozesses verschmolzen. Und wie dieser Lebensprozeß seine Inhalte von sich sondert, wie sie eine Bedeutung jenseits ihres dynamisch-realen Erlebtwerdens erhalten, so entläßt er aus sich, gleichsam auf seiner anderen Seite, das Ich, das sich, in gewissem Sinn uno actu mit den Inhalten, aus ihm herausdifferenziert und sich damit auch von den Inhalten, die zunächst das naive Bewußtsein ausschließlich erfüllen, als eine besondere Bedeutung und Wert, Existenz und Forderung ablöst. Je mehr wir erlebt haben, desto entschiedener markiert sich das Ich als das Eine und Kontinuierende in allen Pendelschwingungen des Schicksals und des Weltvorstellens; und zwar eben nicht nur in dem psychologischen Sinn, in dem die Wahrnehmung des Gleichen und Beharrenden in sonst differenten Erscheinungen durch das numerische Anwachsen eben dieser leichter und unvermeidlicher wird, sondern auch im objektiven Sinne, derart, daß das Ich sich reiner in sich selbst sammelt, sich herausarbeitet aus all den fließenden Zufälligkeiten erlebter Inhalte, sich immer sicherer und von diesen unabhängiger seinem eigenen Sinn und Idee zu entwickelt. Hier setzt der Unsterblichkeitsgedanke ein. Wie in dem oben erörterten Fall der Tod das Leben versinken läßt, um die Zeitlosigkeit seiner Inhalte gleichsam freiwerden zu lassen, so beendet er nun, auf der anderen Seite der Trennungslinie, die Erlebnisreihe der bestimmten Inhalte, ohne daß damit die Forderung des Ich, sich ewig zu vollenden oder weiterzuexistieren — das Gegenspiel jener Zeitlosigkeit — abgeschnitten wäre. Die Unsterblichkeit, wie sie die Sehnsucht vieler tieferer Menschen ist, hat den Sinn: daß das Ich seine Lösung von der Zufälligkeit der einzelnen Inhalte ganz vollbringen könnte. Religiöserweise pflegt die Unsterblichkeit einen anderen Sinn zu haben. Sie gilt hier meistens einem Haben; die Seele will Seligkeit oder das Schauen Gottes oder vielleicht nur ein Weiterexistieren überhaupt; oder, bei stärkerer ethischer Sublimiertheit, will sie eine Qualität ihrer selbst: sie will erlöst sein, oder gerechtfertigt, oder gereinigt. Aber alles das kommt nicht in Frage gegenüber dem jetzigen Sinn der Unsterblichkeit, als des Zustandes der Seele, in dem sie nichts mehr erlebt, in dem ihr Sinn sich also nicht mehr an einem Inhalt vollzieht, der in irgendeinem Sinn außerhalb ihrer selbst bestünde. So lange wir leben, erleben wir Objekte; das Ich hebt sich zwar mit dem Vorschreiten der Jahre und ihrer Vertiefung mehr und mehr als das Invariable und Durchhaltende aus allen Mannigfaltigkeiten der vorüberflutenden Inhalte heraus, aber irgendwie bleibt es doch jeweilig mit diesen verschmolzen; das Sich-Abheben, das Selbstsein der Seele bedeutet nur eine asymptotische Annäherung an das Ich, das nicht an irgendeinem Etwas, sondern nur an sich selbst existiere. Wo an Unsterblichkeit geglaubt wird und jeder materiale Inhalt, dem sie zum Zweck diene, abgelehnt wird, — sei es als das ethisch nicht hinreichend Tiefe, sei es als das schlechthin Unwißbare —, wo sozusagen die reine Form der Unsterblichkeit gesucht wird, da wird der Tod wohl als die Grenze erscheinen, jenseits deren alle angebbaren Einzelinhalte des Lebens vom Ich abfallen und wo sein Sein oder sein Prozeß ein bloßes Sich-selbst-gehören, eine reine Bestimmtheit durch sich selbst ist. Dies ist der Zustand, den Yajnavalkya schildert. Der Vollkommene, im Tiefschlaf oder in der transzendenten Erlöstheit, „hat kein Bewußtsein von dem, was außen oder innen ist. Das ist seine Wesensform, in der er gestillten Verlangens, selbst sein Verlangen, ohne Verlangen ist. Wenn er dann nicht sieht (hört, erkennt), so ist er doch sehend, obschon er nicht sieht; denn für den Sehenden ist keine Unterbrechung des Sehens, weil er unvergänglich ist; aber es ist kein Zweites außer ihm, kein anderes, von ihm verschiedenes, das er sehen (hören, erkennen) könnte. Denn nur wo ein anderes ist, sieht (hört, erkennt) einer das andere. Wie Wasser rein, steht er als Schauender allein und ohne Zweiten." Das heißt also: das jenseitige Leben hat sich auf die reine Funktion zurückgezogen; es hat keinen Gegenstand mehr, sondern ist das bloße Selbst, das in sich beschlossene Leben dieses Selbst (das nur symbolisch mit jenen Einzelfunktionen ausgedrückt wird) geworden — das Wegfallen des Objektes ist für dieses reine „Leben" des Ich hier dadurch vermittelt, daß dieses Ich das All ist.

Daß wir in dem Gedanken der Unsterblichkeit immer an ein nicht mehr recht Denkbares stoßen, beruht wohl unter anderem auch darauf, daß wir sie uns als ein Leben der Seele über den Moment des körperlichen Todes hinaus vorstellen; allein dies ist doch vielleicht ein Anthropomorphismus, den freilich sublimste Spekulationen nicht weniger einschließen als kindlichste Primitivitäten. Aber es ist ja gar nicht ausgemacht, daß das Leben die einzige Form ist, in der die Seele existieren kann. Sie mag noch andere, nicht konstruierbare Formen für sich zur Verfügung haben, als gerade das Leben, und daß sie zeitlose, dem Leben jenseitige Inhalte denken kann, ist vielleicht eine Art Pfand dafür[1]).

Die Seele kann ohne den Körper nicht leben, aber sie kann vielleicht jenseits der spezifischen Form Leben existieren. Unsterblichkeit mit ewigem Leben zu identifizieren, gehört zu jenen scheinlogischen Naivitäten, die den konträren Gegensatz mit dem kontradiktorischen verwechseln. Da die Seele in ihrer irdischen Form sich nur als lebendige kennt,

---

[1]) Dies ist natürlich ein rein spekulativer Gedanke, wie der zuvor über das „Leben" Gottes geäußerte; allein dies ganze Gebiet ist für uns in ein so tiefes Dunkel gehüllt — schon wie sich aus der Organisiertheit der Materie die Tatsache Seele erheben konnte, ist uns so hoffnungslos unbegreiflich, daß die Spekulation hier ein Recht auf Duldung beanspruchen darf. Allerdings ist dieses Recht nur begründet, wenn es nicht um ein rein intellektuell-kombinatorisches Gedankenspiel geht. Die Spekulation darf vielmehr nur das, wie auch stammelnde und entfernte Symbol einer inneren Gegebenheit, Gerichtetheit, Schauung sein, der freilich. subjektive Ausdruck eines Seins, das als solches irgendeine Objektivität und keine bloße Willkür ist.

denkt sie, von hier aus begreiflich genug, auch ihre Unsterblichkeit als ein Leben — das aber doch nicht anders als in
Gebundenheit an physiologische Prozesse vorstellbar ist.
Deshalb — und freilich nur deshalb — braucht man sich dem
Postulat du Bois-Reymonds nicht zu ergeben: wenn er an
eine Weltseele glauben solle, so müsse man ihm zunächst
das Gehirn zu dieser Seele vorweisen.

Von einem schon berührten Grundmotiv her einen etwas
anders gerichteten Querschnitt durch den Lebensprozeß
legend, sehen wir diesen noch einmal dem Unsterblichkeits-
postulat zudrängen. An jeder einzelnen aktuellen Vorstellung, bei der wir überhaupt verweilen, fühlen wir, daß all
die Spannkräfte oder Tiefenvorgänge, die mit ihr oder zu
ihr empordringen, nicht vollständig zum Ausdruck und Ausleben kommen; es bleibt von diesen ein Teil übrig, den wir
als das Un-Gestaltete, Un-Endliche an unseren endlichen
Augenblicken fühlen oder wenigstens immer fühlen können.
Kein einziger, in die Formulierbarkeit des Bewußtseins auf-
gestiegener Inhalt nimmt den seelischen Prozeß ganz in sich
auf; ein jeder läßt einen Rest Leben hinter sich, der gleichsam
an die von jenem abgeschlossene Tür klopft. Aus diesem
Hinausreichen des Lebensprozesses über jeden einzelnen
seiner angebbaren Inhalte entsteht das allgemeine Gefühl
einer Unendlichkeit der Seele, das sich mit ihrer Sterblichkeit
nicht vertragen will. Und dies erweitert sich erheblich über
die Fälle hinaus, die wir als einzelne erleben. In jedem Menschen schlummern unzählige Möglichkeiten, ein anderer zu
werden, als er tatsächlich geworden ist. Dasselbe Kind, im
perikleischen Athen, im mittelalterlichen Nürnberg oder im
modernen Paris aufgezogen, würde, selbst bei Unveränder-
lichkeit seines „Charakters", drei Erscheinungen von uner-
meßlicher Unterschiedenheit ergeben haben. Natürlich kann
nicht alles aus jedem werden; Maß und Art seiner Kräfte
binden ihn an unüberschreitbare Linien; aber innerhalb dieser
hat ein jeder schlechthin unendliche Möglichkeiten. Schon
die Tatsache, daß jedes irgendwo geborene Kind jede der

unzähligen Sprachen der Erde zu seiner „Muttersprache"
gewinnen und damit eine unverdrängbare geistige Formung
erfahren würde, erweist die unbegrenzbare Elastizität der
menschlichen Seele. Und diese gleicht doch nicht der eines
Stückes Ton, das zu unendlich vielen Formen geknetet werden kann, sondern bedeutet Aktivitäten, die von der Seele
selbst geübt werden und in ihr als positive Möglichkeiten,
als latente Gerichtetheiten ihrer Energie, als organische, nur
eines Entwicklungsreizes bedürftige Anlagen enthalten sind.
Es sind weder bloß begriffliche „Möglichkeiten", noch
morphologisch gleiche Abdrücke einer gebotenen Form, sondern irgendwie schon Produktivitäten der Seele selbst, Ant-
worten auf die Welt, die nur sie geben kann, kein Echo, das
mechanisch und ganz und gar erst dann auftritt, wenn eine
äußere Bewegung entstanden ist. Von diesen unermeßlich
vielen Linien potentieller Lebensgestaltung wird immer nur
eine einzige verwirklicht; wir wandeln in uns selbst als die
einzige Wirklichkeit in einem Schattenreich unerlöster Möglichkeiten unser selbst, die nur nicht zu Worte gekommen,
aber keineswegs nichts sind. Unsere schmale Wirklichkeit
wird vielleicht von dem Gefühle dieser unabsehlichen Spannkräfte und potentiellen Richtungen durchwachsen und mit der
Ahnung einer intensiven Unendlichkeit ausgestattet, die sich
in die Zeitdimension als Unsterblichkeit projiziert.

Damit es aber zu einer singular bestimmten Wirklichkeit
aus unseren unbegrenzten Möglichkeiten heraus käme, bedarf
es ersichtlich der Entwicklungsreize, die die umgebende
Welt, gleichfalls als jeweils singulär bestimmte, auf uns ausübt. Und dieses Weltverhältnis enthält in sich eine Problematik, deren Lösungsbedürfnis nur in die Hoffnung auf Unsterblichkeit scheint münden zu können. Ich meine die Zufälligkeit, die zwischen unseren individuellen, in das Leben
mitgebrachten Eigenschaften und der historischen, vor-
gefundenen Umwelt besteht. In dieser allein kann jenes Sein
zu einem bestimmten und zwar eben durch sie modifizierten

Leben werden. Dadurch aber entsteht nicht nur das angedeutete Gefühl ungelöster Kräfte, unerfüllter Forderungen,
sondern eben auch das einer grenzenlosen Zufälligkeit
unseres ganzen empirischen Lebens. Zwischen seinen beiden
Faktoren: unserer individuell unverwechselbaren, aber doch
schrankenlose Möglichkeiten enthaltenden Angelegtheit —
und der Welt, in der und durch die geleitet dieses potentielle
Ich ein reales wird — besteht anscheinend keinerlei inhaltliche, von der Einheit eines Sinnes getragene Beziehung,
außer der ganz generellen Angepaßtheit, die überhaupt die
seelische Existenz in einer Welt möglich macht. Aber die
innersten und eigensten Tendenzen, mit denen die Persönlichkeit auf die Welt kommt, und die historisch gegebenen
Lebensbedingungen sind darum nicht weniger, wenn man
nicht an eine mystisch prästabilierte Harmonie glaubt, die
Faktoren eines reinen Hazardspieles, so sehr, daß die An-
gewiesenheit der persönlichen Entwicklung auf die Welt es
uns oft genug unsicher oder unsichtbar macht, wozu wir
denn eigentlich von uns aus angelegt sind. Dies ist der grund-
sätzliche Zufall alles individuellen Lebens als solchen, der
uns in den krassen Fällen verkümmerter Talente, deplacierter
Energien, unentwirrbarer Schicksalsverknotungen deutlich zu
werden pflegt, aber als der ganz allgemeine, auch und gerade
das begünstigtste Leben nicht weniger beherrschende Aspekt
erst seine ganze Grauenhaftigkeit zeigt. Ich glaube, daß
viele von den Quellen, aus denen sich die Hoffnung einer
überirdischen Weiterexistenz nährt: die Gefühle von Heimat-
losigkeit, von Verirrtsein, von Umgetriebenwerden, von einer
tiefen Hilflosigkeit — auf diesen gar nicht zu rationalisieren-
den Zufall zurückgeht: zwischen unserem Sein, das gewissermaßen überhistorisch ist, weil es in alle Geschichte und alle
mögliche Entwicklung schon mitgebracht wird — und dem
historisch gegebenen Milieu, in das dieses Sein wahllos
hineingesetzt wird und zu dem es höchstens eine nachträgliche und immer nur relative Anpassung gewinnen kann.

Dies ist die empirischere und sozusagen spezialistischere Form des oben behandelten Motivs von dem Gewinn des reinen und sich selbst gehörenden Ichs, das der Tod von all seinen Inhalten löst. Die tiefe Sehnsucht, das Zufällige zu überwinden, der Zwang, mit dem das Verhältnis der Seele zu ihrer Umwelt uns in eine Richtung führt, die doch nicht von jener aus notwendig ist, sondern auch eine andere sein könnte — diese Sehnsucht kann sich nicht reiner erfüllen als mit jener mystischen Vorstellung von dem Ich, das alle einzelnen Inhalte überlebt und damit die ganze Zweiheit der Daseinselemente abgetan hat, aus der dem Leben seine Zufälligkeit kommt.

Anmerkung über den Begriff des Schicksals.

Es ist indes nicht zu verkennen, daß diese Zufälligkeit des Lebens samt ihrer glaubensmäßigen Ausgleichung nicht die einzig mögliche Einstellung gegenüber dem Sinnproblem des Lebens bedeutet. Eine ganz andere macht sich geltend, wo das Leben unter den Schicksalsbegriff gestellt erscheint. Dieser erhebt sich auf einer doppelten Voraussetzung. Zunächst bedarf er eines Subjekts, welches von sich aus und insofern unabhängig von jedem „Ereignis", einen Sinn, eine innere Tendenz, eine Forderung enthält oder darstellt. Neben dieser Eigenrichtung des Subjekts, ohne genetische Verbindung mit ihr, entstehen und verlaufen bestimmte Ereignisse, die sich zu ihr dennoch fördernd oder hemmend verhalten, ihren Gang unterbrechen oder Entferntes verbinden, einzelne Punkte in ihr akzentuieren oder über ihre Ganzheit entscheiden. Gewiß bleiben sie insofern „zufällig", als ihre Verursachungen, ihre eigenen Geschehensreihen schlechthin nichts mit der Eigenbedeutung des Subjekts, das sie treffen und bestimmen, zu tun haben. Allein woraufhin sie jetzt angesehen werden, ist nicht dies, sondern vielmehr: daß sie eben mit jenem subjektiven Leben zusammenstoßen und damit innerhalb seiner einen Sinn bekommen. Dieser Sinn braucht nicht etwa ein „vernünftiger", von irgendeiner Idee her erfaßbarer oder gar positiv teleologischer zu sein, er kann empörend, zerstörerisch, unfaßlich sein. Denn selbst so haben die Ereignisse nun eine bestimmte Beziehung, eine Eingefügtheit in den von einer inneren Direktive beseelten Lauf des Lebens, so höchst antileologisch und diese Direktive ablenkend auch die Beziehung sei.

Damit entsteht das Spezifische des „Schicksals": daß eine rein kausal abrollende Reihe des objektiven Geschehens sich in die subjektive Reihe eines im übrigen von innen her bestimmten Lebens verflicht, und, indem sie ihrerseits nun Richtung und Verhängnis dieses Lebens begünstigt oder vergewaltigt, von ihm aus gesehen einen Sinn bekommt, eine Bezüglichkeit auf das Subjekt — als wäre das mehr oder weniger äußerlich und nach eigener Kausalität sich Ereignende doch irgendwie auf die Beziehung zu unserem Leben angelegt. Wo eines dieser Elemente ausbleibt, sprechen wir nicht vom Schicksal, also weder dem Tier noch dem Gott gegenüber. Dem Tier fehlt der Lebenssinn, die eigene ideelle und individuell besonderte Intention, der ein von außen kommendes Geschehen sich bestimmend und nun doch wieder von jenem Leben bestimmt, fördernd oder hemmend einfügen könnte. Umgekehrt, für eine göttliche Existenz bestehen keine ihr ursprünglich fremden, an sich notwendigen Ereignisse; sondern wir müßten uns die Ereignisse von vornherein durch das göttliche Wesen umfaßt und nach seinem Willen verlaufend denken, ohne daß erst eine Hemmung oder Förderung, die jenes von ihnen erfährt, ihre Zufälligkeit in einen Sinn zu verwandeln brauchte. Das menschliche Leben aber steht unter dem Doppelaspekt: wir sind einerseits den kosmischen Bewegtheiten preisgegeben und eingeordnet, fühlen und führen aber andererseits unsere individuelle Existenz aus einem eigenen Zentrum heraus, als Selbstverantwortlichkeit und irgendwie in sich geschlossene Form. Indem wir nun etwas als Schicksal betrachten, heben wir die reine Zufälligkeit zwischen beiden auf. Die Aktivität und die Passivität des Lebens in seinem tangentialen Verlauf zum Weltlauf ist im Schicksalsbegriff zu einer Tatsache geworden. Aber gerade aus dieser Struktur des Begriffes wird klar, daß eben nicht alles, was uns überhaupt begegnet, Schicksal ist. Denn unzählige Ereignisse streifen zwar die äußeren Schichten unseres tatsächlichen Lebens, treffen aber nicht auf jene individuell sinnvolle Gerichtetheit seiner, die als unser eigentliches Ich gilt. Man wird von einer Schwelle des Schicksals sprechen können, einem Bedeutungsquantum der Ereignisse, von dem an sie sozusagen die Idee unseres Lebens fördern oder hemmen. Einen Bekannten auf der Straße zu treffen, bleibt im Gebiet des Zufalls; auch dann noch, wenn man jenem eben schreiben wollte und der Zufall dadurch „merkwürdig" wird, das heißt ein Cachet des Sinnvollen bekommt. Allein dies verläuft wieder in das Zufällige, ohne sich mit einem Definitivum des Lebens zu verbinden. Wird diese Begegnung aber durch weitere angeknüpfte Folgen zum Ausgangspunkt tief eingreifender Lebenswendungen, so wird der Sprachgebrauch sie als eine Fügung des Schicksals bezeichnen und damit die ganz neue Kategorie andeuten: daß ein nur peripherisches Geschehen jetzt, mit positiver oder negativer Teleologie, der Einheit und dem Sinne eines individuellen Lebens integrierend zugehört. Wo wir von einem rein inneren Schicksal sprechen, hat das Ich selbst sich entsprechend in ein Subjekt und ein Objekt gespalten. Wie wir uns Objekt des Erkennens sind, so des Erlebens. Sobald unser eigenes Fühlen, Denken, Wollen für uns unter die Kategorie des „Ereignisses" rückt, wird das weiterströmende subjektive, zentrale Leben davon angerührt wie von Inhalten äußerer Welt; wir nennen diese, im geschlossenen Umfang unserer Gesamtpersönlichkeit vollzogene Berührung Schicksal, sobald sie nicht mehr als ein bloßes Geschehen gilt, das zu der innerlichen Bedeutung jenes zentralen Ichs bloß zu-

fällig ist, sondern sobald dieses kausal Auftauchende, Wirkliche unserer Existenz eben diesem Sinn ihrer sich einfügt
und von ihm aus eine neue Bedeutung — steigernd oder ablenkend, modifizierend oder zerstörend — gewinnt. Auch
uns selbst gegenüber sind wir in einer Passivität, die, indem
sie der zentralen Aktivität unseres Lebens assimiliert wird
und sie bestimmt, gleichsam durch Rückstrahlung von ihr
als etwas Sinnvolles, für unser Leben teleologisch Bestimmtes
erscheint.

Aus alledem leuchtet die Konsequenz hervor: die Gerichtetheit der inneren Lebensströmung entscheidet darüber,
was uns Schicksal sein soll, was nicht; sie trifft gewissermaßen eine Selektion unter den uns anrührenden Ereignissen,
und nur welches von diesen sich ihren Eigenschwingungen
einzufügen vermag (und selbst zu ihrer Abbiegung und
Destruktion gehört solche Einfügung), spielt für uns die
Rolle des Schicksals. Gerade wie uns nur zu Erkenntnis werden kann, was unseren ursprünglichen oder erworbenen
geistigen Normen entspricht, so daß es sich zur Formung
durch sie hergibt und unsere Erkenntnisse deshalb unserem
Geist adäquat sein müssen — so kann uns nur zum Schicksal
werden, was von unserer eigensten Lebensbestimmung aufgenommen und zum Schicksal verarbeitet werden kann. Den
bloßen Ereignissen, die sich diesem sie überkommenden Sinn
entziehen, entsprechen dann etwa jene bloß sinnlichen Wahr-
nehmungen, die uns zwar irgendeinen Inhalt geben, die wir
aber nicht verstehen, nicht von uns aus zu Erkenntnissen
formen können. Das alte Rätsel: wieso denn die Welt so ein-
gerichtet sei, daß sie von der zufälligen Struktur unseres
Geistes begriffen werden könnte, löste der Kantische Begriff
des Erkennens; die begriffene Welt ist ein Produkt des erkennenden Geistes, indem wir von ihr eben nur erkennen,
was der Geist sich zur Formung durch sich selbst aneignen
kann. So wird die „scheinbare Absichtlichkeit im Schicksale
des Einzelnen", wonach im großen und ganzen das Schicksal

des Menschen und seine individuelle Wesensart ganz merkwürdig zueinander passen, durch diesen Schicksalsbegriff verständlich. Es bedarf keiner, auf das „Ding-an-sich" oder auf mysteriöse Zusammenhänge und Prästabiliertheiten zurückgreifenden Interpretation. Wie die Welt zwar bestimmt, was unser Erkenntnisinhalt sein soll, aber nur weil das Erkennen zuvor bestimmt hat, was uns Welt sein kann — so bestimmt zwar das Schicksal das Leben des Individuums, aber nur weil dieses letztere durch eine gewisse Affinität diejenigen Ereignisse ausgewählt hat, denen es den Sinn, durch den sie sein „Schicksal" werden, kann zuteil werden lassen. Wenn gewisse Ereignisse schlechthin als Schicksal, gleichviel welches Individuums, gelten, so ist es, weil wir gewisse, dafür entscheidende Lebensintentionen bei allen Menschen voraussetzen. Indes muß man doch wohl sagen: daß jemandes Vater ermordet wird und seine Mutter den Mörder heiratet, würde wohl für einen jeden ein überwältigendes Geschehnis sein; allein daß es Hamlets Schicksal ist, wird durch Hamlets Wesen und nicht dadurch, daß dies Ereignis ihn als irgendeinen Jemand getroffen hat, entschieden. Die einzelnen „Schicksale" werden wesentlich von außen bestimmt, das heißt der objektive Faktor erscheint in ihnen als der überwiegende, ihre Totalität aber, „das Schicksal" jedes Menschen, von seinem Wesen. Wenn man nur weit genug zurücktritt, so sieht man eine Einheit darin, die nicht aus den einzelnen Veranlassungen kommt, deren Zentrum vielmehr in der apriorischen Formungskraft des individuellen Lebens liegt; wie — mit einer etwas skurrilen Analogie — unpünktliche Menschen in jedem einzelnen Falle immer einen zureichenden Grund ihres Zuspätkommens haben, im ganzen aber durch sich, nicht durch die Umstände, unpünktlich sind. Es ist die eigentümliche Enge Kants, daß er zwar für das Erkennen die Gestaltung des gegebenen Weltstoffes durch die dem Geist immanenten Formen, die vom Geiste bestimmte „allgemeine Gesetzgebung" der Natur, in weitem

Ausmaß verkündete, für das Praktische aber apriorische Bestimmtheiten nur als Forderungen, als ideale Werte gelten
ließ. Es entging ihm, daß auch das schlechthin nicht-
theoretische, praktisch-reale Leben nur dadurch das menschliche Leben ist, wie wir es kennen, daß der uns anrührende
Weltstoff von sozusagen dynamischen Kategorien geformt
wird. So wenig die Welt, die wir erkennen, in uns hinein-
geschüttet wird, wie Kartoffeln in einen Sack, oder ein
mechanisches Spiegelbild eines Außer-Uns ist, so wenig die
Welt, die wir erleben — in beiden Fällen ist sie unsere Tat,
also bestimmt durch die Art der spezifischen Energien, mit
denen wir überhaupt „tun". Das Leben, als ein seelisches
Weltverhältnis verstanden, hat ganz ebenso sein Apriori wie
das Erkennen, auch wenn es nicht mit derselben begrifflichen Schärfe zu formulieren wäre, wie das theoretische oder
dasjenige, das von der Idee, vom Sollen her an das Leben erst
herantritt. Das „Schicksal" ist eine seiner Kategorien.

Der so gefaßte Schicksalsbegriff ist freilich nicht mehr
auf die Unsterblichkeitsforderung angelegt, wie es unser
Weltverhältnis unter dem Aspekt der reinen Zufälligkeit war.
Ausgeschaltet aber ist mit ihm keineswegs der dunkle Akzent,
der von dort aus über das Leben fiel und der gleichfalls in
der Analogie der Erlebensgestaltung mit der Gestaltung des
Erkennens hervortritt. So entscheidend die eigene synthe-
tische Energie des Ich für die Bildung der Erkenntniswelt
aus dem Sinnesmaterial sein mag — die bloße Tatsache, daß
dieses gegeben, daß sein Inhalt nicht aus dem Geist allein
konstruierbar ist, läßt irgend etwas Dunkles, Unauflösbares
in dieser Welt bestehen. Und eben ein solches verbleibt dem
Schicksal. Gewiß wird dem äußeren, seinem Ursprung nach
gegen die personale Lebensteleologie zufälligen Ereignis dadurch ein Sinn entlockt, daß es in jene eingestellt und zum
Schicksal gestaltet wird. Immerhin, es bringt sein Gegeben-
sein, seinen aus anderer Ordnung stammenden Inhalt mit, es
bleibt ein heterogener Kern oder Rest, mit dem es eben

nicht bloß unser Schicksal ist, an den wir freilich zweck-
mäßigerweise meistens nicht hindenken, außer wenn etwa
die subjektive Unerwünschtheit unserer Schicksale uns an
dies Preisgegebensein erinnert. Daß in allem, was wir unser
Schicksal nennen, dem Günstigen wie dem Zerstörenden, ein
Etwas nicht nur von unserem Verstande unbegriffen, sondern
auch von unserer Lebensintention zwar aufgenommen, aber
doch nicht bis ins Letzte assimiliert ist — das entspricht, nach
der ganzen Struktur des Schicksals, dem unheimlichen Gefühl, daß das ganz Notwendige unseres Lebens doch noch
irgendwie ein Zufälliges sei. Das volle Gegenteil und die
Überwindung davon bietet nur die Form der Kunst: in der
Tragödie. Denn diese läßt uns fühlen, daß das Zufällige
gerade bis in seinen tiefsten Grund hinein ein Notwendiges
ist. Gewiß geht der tragische Held an der Reibung zwischen
irgendwelchen ihm äußeren Gegebenheiten und seiner eigenen Lebensintention zugrunde; allein daß dies geschieht, ist
eben in dieser letzteren selbst ganz fundamental vorgezeich-
net — sonst wäre sein Untergang nichts Tragisches, sondern
nur etwas Trauriges. In der Aufhebung jener Unheimlichkeit
des Zufälligen im Notwendigen — und zwar nicht nach einer
vorgeblichen „sittlichen Weltordnung" Notwendigen, sondern nach dem Lebens-Apriori des Subjektes — liegt das
„Versöhnende" der Tragödie; sie ist insofern immer „Schicksals"tragödie. Denn die Bedeutung des Schicksalsbegriffes:
daß das bloß Ereignishafte der Objektivität sich in das Sinn-
hafte einer individuellen Lebensgerichtetheit wandele oder
als solches enthülle, — stellt sie in einer Reinheit dar, zu der
es unser empirisches Schicksal nicht bringt, weil sein Er-
eigniselement hier auf sein selbständig kausales, sinnfremdes
Wesen nie ganz verzichtet.

Der Problemkreis von Tod und Unsterblichkeit hat überhaupt zu der Tatsache der „Seele" nicht ein überall gleiches

Verhältnis, sondern die Individualität der Seele differenziert dieses Verhältnis. Goethe sagte einmal, er sei zwar von unserer Unsterblichkeit überzeugt, aber wir seien nicht alle auf gleiche Weise unsterblich, sondern die Größe unserer Weiterexistenz hänge davon ab, wie groß man sei. Dieser nächstliegende Gedanke: daß die Seele sozusagen im Maße ihrer Kraft den Tod überwindet, oder daß ihre Vernichtung um so undenkbarer sei, je bedeutender und unersetzlicher sie sei — erhebt sich über einer eigentlich entgegengesetzten Verbindung der Begriffe [1]). Wenn eine Amöbe oder selbst ein Frosch stirbt, so würde das Wesentliche, Un-·rsetzliche, Singuläre des Tieres nur dann sterben, wenn es etwa das letzte seines Stammes wäre. Andernfalls lebt eine Nachkommenschaft von ihm, die ihm ununterscheidbar ähnlich ist; mindestens ist uns hier eine Individualisiertheit höheren Grades nicht feststellbar. Nicht nur in dem Nachkommen, sondern, so kann man sagen, als dieser Nachkomme lebt das Tier weiter und ist also insoweit unsterblich. Wo die Individuen nicht unterschieden sind, verschlingt die Unsterblichkeit der Gattung die Sterblichkeit des Individuums. Die Frage der Sterblichkeit wird also überhaupt

---

[1]) Es sei hier besonders betont, daß all diese begrifflichen Synthesen ihre Endabsicht nicht in irgendwelcher Realitätsbedeutung des Unsterblichkeitsgedankens haben. Diese metaphysische Spitze hat hier vielmehr nur den heuristischen Sinn, die Struktur der in ihr ideell zusammengefaßten Wesens- und Wertelemente durchsichtig zu machen. An die Unsterblichkeit als behauptete, bewiesene, modifizierte, widerlegte — dürfte sich für eine jedenfalls sehr große Zahl moderner Menschen kaum ein anderes als ein antiquarisches Interesse knüpfen; über Recht oder Unrecht dieses wie des entgegengesetzten Standpunktes gilt es hier nicht zu diskutieren. Allein wenn sie selbst auch ein bloßes Phantasiegebilde wäre, so liegen doch ihre Motive und ihr Unterbau durchaus im Bereich des Realen, und diese Elemente ordnen sich in einer sonst nicht vorkommenden Art gerade zu der Idee der Unsterblichkeit. Sie gestatten deshalb von ihr aus Analysen und Synthesen, deren erheblicher Aufklärungswert also nicht in jenem imaginären Brennpunkt selbst, sondern in dem Lichte liegt, das von ihm aus auf die wesenhafteren seelischen und metaphysischen Faktoren fällt.

erst dem eigentlichen Individuum im Sinne des Unwieder-
holbaren, Unersetzlichen gegenüber akut.

Setzt man diese Begriffe und den der höheren Existenz
überhaupt mit der gesteigerten Zusammengesetztheit, der
Vielfachheit und gegenseitigen Unterschiedlichkeit der
Wesenselemente identisch, so scheinen schon biologische
Beobachtungen auf die Genesis des Todes aus eben dieser
Differenziertheit hinzuweisen. Angenommen, die Zelle ginge
an ihren eigenen nicht hinreichend herausschaffbaren Stoff-
wechselprodukten zugrunde, so haben die einzelligen Wesen
allerhand Mittel, dem zu entgehen. Bei den vielzelligen aber
ist die einzelne Zelle von Körperflüssigkeit umgeben, die
ihre Stoffwechselprodukte nicht unbegrenzt aufnehmen und
sie also vor der Überlastung durch diese nicht schützen kann.
Folglich läßt es erst das Zusammenleben der Zellen in einem
Körperverband zum Tode kommen, der so von der Eigen-
entwicklung des Wesens bedingt ist. Das heißt also: erst mit
derjenigen Zusammenfassung von Zellen zu einer Einheit,
die eine individuelle Gestalt ermöglicht (je mehr Elemente,
desto größer die Chance der morphologischen Individualisierung!), ist auch der Tod gegeben. Entsprechendes kann
man daraus schließen, daß die Regeneration der Zellen in
dem Maße zurückgeht, in dem ihre Differenzierung vor-
schreitet. Die Arbeitsteilung der Zellen, so sehr sie jede
höhere Entwicklung bedingt, führt schließlich zu einer so
radikalen Spezialisierung ihrer Funktionen, daß sie darüber
physiologisch verkümmern und atrophisch werden. Und bei
den Ganglienzellen zum Beispiel ist die Differenzierung dadurch bedingt, daß die Zellteilung aufgehört hat. Wo dies
aber vorliegt, ist das Leben gehemmt, der Tod vorbereitet.
Man kann dies mit dem Spezialismus in hochausgebildeten
Gesellschaften vergleichen, der zwar auch das Individuum
zu einer unerhörten Differenziertheit, einer relativen Einzigkeit bringt, aber ihm damit die Kraftquelle abgräbt, die
gerade in der gleichmäßigen, noch nicht vereinseitigten

Ausbildung der Persönlichkeit fließt, in dem Vorrat an allgemeiner, noch nicht in Spezialisierungen aufgebrauchter Vitalität. Führt dies auch nicht zum Tode, so doch zur Schwächung der Gesamtpersönlichkeit, zu ihrem vielfachen Dürftig- und Hilfloswerden. Ja, jene exklusiv ausgebildete Sonderfähigkeit des Menschen verkümmert oft oder erreicht nicht einmal ihre eigene höchste Möglichkeit, wenn sie sozusagen den ganzen Menschen in sich eingeschluckt hat und von keiner fundierenden, aus dem Zentrum fließenden, an sich noch undifferenzierten Energie gespeist wird.

Dieselbe Individualisierung, die nach unseren allgemeinen Wertbegriffen Fortschritt und Höhe der Entwicklung bedeutet, ist der Träger der Vergänglichkeit. Im Hinblick auf die Unsterblichkeit der organisch tiefststehenden Wesen muß man sagen, sterben zu können sei das Siegel der höheren Existenz — was sich an der Fruchtbarkeit der niederen, sich in identischen Exemplaren fortsetzenden Tiere, der abnehmenden Nachkommenschaft der höchsten menschlichen Exemplare offenbart. Wenn Goethe also die Unsterblichkeit gewissermaßen als ein Vorrecht der seelischen Aristokratie ansieht, so bedeutet dies, daß der Mensch die Unsterblichkeit in dem Maße nötig hat, und sie aus besonderen Forderungen heraus begründen muß, in dem er dieser Aristokratie zugehört, in dem er unvergleichlich und qualitativ einzig ist. Nur diese „einzigen" Menschen sterben ganz und gar, nur ihr Tod ändert die Beschaffenheit des Weltbildes, was der Tod der Alltagsmenschen als solcher nicht bewirkt; denn ihre an einer Stelle ausgelöschte Qualität besteht an unzähligen anderen weiter. Ganz allgemein gefaßt bedeutet dies: das Individuum ist sterblich, aber die Gattung nicht; weiterblickend: die einzelne Gattung ist sterblich, aber das Leben nicht; das Leben ist sterblich, aber die Materie nicht; schließlich mag die Materie als ein Sonderfall des Seins vergehen, aber das Sein nicht [1]).

---

[1]) Mindestens unsere Denkformen gestatten nichts anderes. Wir

Gegenüber dem individuellen Wesen haben wir im Maße seiner Individualität das — freilich nur ganz wie aus der Ferne und mit ziemlich hilflosen Begriffen ausdrückbare — Gefühl, daß es aus sich selbst heraus lebt, das heißt daß der aufgenommene Weltstoff aller Art innerhalb dieser Existenz durch eigenartige Kräfte bis zu relativ Einzigartigem geformt wird; so daß das Ergebnis dieser Formung, das als praktisches Verhalten und theoretisches Weltvorstellen, Schöpfertum und Gefühlsfärbung das schließliche Wesensbild ausmacht, von jenem einströmenden, auch allen anderen dargebotenen Weltstoff weiter absteht, als eben bei dem Durchschnitt dieser anderen. Von eben diesen Durchschnittswesen hat man den Eindruck (dies alles selbstverständlich cum grano salis und durchaus relativ gemeint), daß die Welt, die sie anrührt, gewissermaßen ungeändert durch sie hindurchgeht; sie leben, das heißt sie gestalten das Gesamtphänomen ihres Lebens aus den Darbietungen dieses Stoffes — natürlich unter dem wirkenden Apriori der Gattung. Diesem generischen Lebensphänomen gegenüber, das gleichsam die Welt mit ihren Einflüssen und Materialien liefert und das somit von diesen her verständlich ist, erscheint in jenen Wesen das persönliche Apriori, die in ihrem Inneren erzeugte

können uns sehr wohl vorstellen, daß von vornherein keine Welt sei; ist aber ein Sein einmal da, so können wir uns sein Verschwinden in das Nichts so wenig vorstellen wie sein Entstehen aus dem Nichts. Auch der Glaube, daß Gott die Welt zeitlich erschaffen hat, kommt nicht darum herum, daß Gott dazu doch da sein muß. Existiert er nun von Ewigkeit her, so ist eben ein unentstandenes Sein da, das dann prinzipiell auch gleich das Sein der Welt sein könnte; läßt man ihn aber „sich selbst erschaffen", so rächt sich der vorlaute Wille, mit Hilfe unserer menschlichen Begriffe in das schlechthin Undurchdringliche einzudringen, in der absoluten Unausdenkbarkeit dieser Ausflucht, so poetisch verwendbar sie sein mag. Keine Bestimmtheit des Seins kann uns bannen; ist aber irgendein Seiendes überhaupt gesetzt, so ist die Tatsache, die wir mit dem Abstraktum Sein bezeichnen, für jedes klare Denken (freilich immer nur für u n s e r Denken) unwiderruflich auf Unentstandenheit und Unvergänglichkeit festgelegt. Es gibt keine Entropie des Seins.

Gestaltungskraft ihres Seins und Tuns, als so überwiegend, das Lebensphänomen so zentral bestimmend, daß dieses eben seiner Art nach sich so ausdrücken läßt: sie leben aus sich heraus, sie sind, gleichnisweise gesprochen, causa sui, nicht effectus mundi. Das unindividuelle Wesen lebt ein Leben, das nicht völlig seines ist, das nicht recht die Form der Seinheit hat, denn zu dem Possessivum gehört ein Besitzer, eine Person. Die Welt des Durchschnittsmenschen, im Sinne des Vorstellens wie des praktischen Gestaltens, ist wie ein Inhaberpapier, die des individuellen wie ein auf den Namen lautendes.

Deshalb: sieht man die Welt nicht auf den numerischen Umfang der in ihr verwirklichten Begriffe, sondern auf deren qualitative Besonderheit an, so geht ihr mit dem Tod des individuellen Menschen mehr verloren als mit dem des unindividuellen. Es stirbt ein erheblicheres Quantum Welt mit jenem als mit diesem, dessen Wesen und inneres Haben von vornherein als Erbschaft übernommen und als Erbschaft hinterlassen wird. Wer sein Leben in der Form und mit den Inhalten des Gattungstypus verbringt, ist eigentlich unsterblich, wenigstens so weit wie die Gattung es ist. Nur das Individuum stirbt vollständig; mit dem absoluten Individuum wäre etwas absolut zu Ende — womit nun der reinste und radikalste Ausdruck dessen gewonnen ist, was sich auf der physiologischen Stufe andeutet: daß die Komplizierung und Differenzierung der Wesen den Entwicklungsweg anzeigt, auf dem sie, von der prinzipiellen Unsterblichkeit der Einzelligen her, zum Tode gelangen; daß, wie ein Biologe sich ausdrückt, der Tod der Preis ist, den wir für die Höhe differenzieller Entwicklung zahlen müssen.

Man mag dies von letzten Kategorien her noch einmal so darstellen. Wir denken uns die materielle Substanz als der Zeit nach unvergänglich, und jedes einzelne Stück ist, rein als Materie und unter Absehen von aller Geformtheit überhaupt betrachtet, schlechthin einzig; es wäre logisch

sinnlos, daß „dasselbe" Stück Materie zweimal da sein solle.
Die Unvergänglichkeit der Form, gleichfalls rein als solche
und jenseits aller Materie angesehen, ist eine ganz andere;
sie ist der Zeitdauer überhaupt entrückt, wie ein Begriff oder
eine Wahrheit, und wie diese ist sie auch einzig. So unzählige
gleichgeformte Dinge es geben mag, die Mehrmaligkeit der
reinen Form wäre etwas ebenso Widersinniges, wie wenn ein
Begriff (der mehrfach gedacht werden und mehrfach realisiert werden kann) als Begriff mehrfach existieren sollte.
Dieselbe unzerstörbare Materie kann durch unendlich viele
Formen wandern, dieselbe unveränderliche Form sich an unendlich vielen Materienstücken realisieren. Indem so Stoff
und Form, jedes an sich unzerstörbar, gegeneinander verschiebbar sind, bilden sie die zerstörbaren Einzeldinge; denn
Zerstörung heißt doch, daß eine Verbundenheit von Stoff
und Form sich löst. Je fester und solidarischer nun diese Verbundenheit war, desto radikaler, desto mehr Zerstörung ist
ihre Wirkung. Wo, wie bei der Fortpflanzung der niederen
Tiere, die Form sozusagen erschütterungslos auf ein anderes
Stoffquantum übergleitet, wo die Form also von vornherein
gar nicht streng und eng an dieses bestimmte Stück der
Materie gebunden scheint, sprechen wir, wie es sich vorhin
zeigte, eigentlich nicht von Zerstörung. Umgekehrt, wenn
die Form an diese bestimmte Materie so gebunden ist, daß
sie an einer anderen nicht bestehen zu können scheint, kann
Zerstörung im vollsten Maße eintreten, da die Form, wenn
sie diese eine Verwirklichung verlassen hat, in diesem Falle
ganz und gar vernichtet ist. Es ist deshalb nicht nur ein
Wertungsreflex, wenn wir einer zerschlagenen Statue gegenüber ein intensiveres Gefühl der Vernichtetheit haben als
gegenüber einem zerschlagenen Blumentopf: die ideell über-
lebende Form kann sich im letzteren Falle ohne weiteres
an einem anderen Stück Materie wieder realisieren, im ersteren aber präsumtiverweise nicht, wenn wir von mechanischer
Reproduktion absehen, die zunächst doch auch die Nicht-

Zerschlagenheit voraussetzt. Die Form, auch wenn sie sich nur einmal verwirklicht, hat ihre zeitlose Gültigkeit; sie kann nicht sterben, weil sie nicht lebt, sondern nur ideell besteht. Individuell aber nennen wir eine Gestaltung, wenn sie sich — metaphorisch ausgedrückt — ein einziges Stück Materie auserwählt hat, um mit ihm eine Wirklichkeit zu bilden, nach deren Zerstörung sie sich zu keiner Realisierung mehr herbeiläßt. Darum empfinden wir die Vernichtung des Individuellen als einen Verlust, platonisch zu reden, im Reiche der Idee, obgleich natürlich diese, das heißt die Form, nicht verloren gehen kann, wohl aber ihre einzige Möglichkeit, sich zu realisieren; und darum ist der Tod für ein Wesen sozusagen um so gründlicher, je individueller es ist, indem dies die eigentliche Definition der Individualität ist. Die Übertragung auf das Seelische ist ohne weiteres deutlich. Hier entspricht dem Stoffe in seiner zeitlichen Dauerexistenz der Komplex typischer Vorgänge oder Inhalte des Psychischen, das den vorstellenden Geistern als gemeinsames Material für den geistigen Lebensprozeß und den Aufbau der Vorstellungswelten dient. Dieses Material nun wird vermittels der seelischen Form, die wir Persönlichkeit nennen, zu sehr mannigfaltigen Gestaltungen gebracht, und zwar in mehr oder weniger enger Verbundenheit zwischen Inhalt und Form. Manche Gestaltungen lassen die Form, in die sie den Stoff von Erkenntnis und Schicksal, von Gefühl und Wille, von Phantasie und Erlebnis bringen, ohne weiteres an dem gleichen, in irgendwelchen anderen Persönlichkeiten bestehenden Material sich wiederholen. Hier liegt eine relativ geringe „Individualität" vor, das heißt die Zerstörung des Gesamtbildes trennt nur Elemente, die überhaupt nicht streng verkettet waren. An anderen aber zerschneidet jene Zerstörung eine Synthese, die sich so nie wieder zusammenfindet, die besondere Persönlichkeitsform, jetzt nicht mehr an dem Stoff des Lebens haftend, läßt sich nie mehr auf einen solchen nieder, das Gebilde ist wirklich gestorben, das heißt es war wirklich Individualität. Auch hier ist die Form im zeitlosen Sinne unvergänglich, der Stoff im zeitlichen Sinne (relativ) unvergänglich. Wo sie aneinanderstoßen, entsteht die reale Individualität als das Vergängliche, das nun um so weniger vergänglich ist, je leichter und sozusagen gleitender die Verbindung ist, je weniger sie also im genauen Sinne Individualität ist. Wo sie dies im absoluten Maße ist, wo die ewige Form sich nur an diesem Stück Lebensmaterie verwirklicht, verzeitlicht, verstofflicht hat, da bedeutet der Untergang des Gesamtgebildes den unwiderruflichen Abschied der Form von der Wirklichkeit. Nur die Individualität, das heißt der Punkt, an dem die beiden Unvergänglichkeiten sich so fest ineinanderschlingen, daß eine gleichsam die Ewigkeit der anderen hemmt — nur die Individualität kann wirklich sterben.

Indem nun aber Individualisierung, Unersetzlichkeit, Einzigkeit des Bildes, als das wir leben, doch als ein vitales Maximum gewertet wird, entsteht durch die eben damit gegebene Unbedingtheit der Todesindikation in solchen Wesen eine unerhörte Spannung zwischen Leben und Tod. Auf ihr ruht die vorhin schon genannte Deutung der Goetheschen Unsterblichkeitsidee. Indem das gesteigertste, zugespitzteste Leben sich am meisten der Vernichtung ausgesetzt fühlt, mag es sich (alle charakterologischen Verschiedenheiten vorbehalten) am leidenschaftlichsten gegen sie empören und jene paradoxe Spannung durch geforderte Unsterblichkeit überwölben. Wir verstehen deshalb aus der stärksten Todesbedrohung gerade der stärksten Individualität, daß Goethe den äußersten Grad der Unsterblichkeit der äußersten Bedeutung der Persönlichkeit vorbehalten wollte und sie mit abnehmender Bedeutung immer weniger gerechtfertigt fand. Auch das Christentum hat jene Spannung wirksam gemacht, unter freilich sehr anderen Voraussetzungen. Es ist doch wohl unverkennlich, eine wie starke Individualisierungstendenz sich mit dem Christentum Bahn bricht, neben all seinen

Nivellierungstendenzen, ja zum Teil gerade auf der Basis dieser. Individualisierung hat doch keineswegs nur den Sinn einer qualitativen Unterschiedenheit zwischen Mensch und Mensch, obgleich auch diese durch das „Wuchern mit dem eigenen Pfund" und manches andere keineswegs ganz zu kurz kam. Sie bedeutet auch, und vielleicht vor allem, die Verantwortlichkeit des Menschen für sich selbst, die er auf nichts abschieben und die ihm niemand abnehmen kann, und die eben nur bei dem straffen Zusammengehaltensein der Lebensperipherie durch ein einheitliches Zentrum, durch die eigentliche „Person" stattfinden kann. In der absoluten Selbstverantwortlichkeit der Seele, wie sie nackt vor ihrem Gott steht, und zwar zu jeder Stunde des Lebens, sehe ich den tiefsten metaethischen Kern des Christentums. Weggefallen ist alle Gesetzesgerechtigkeit, alle Stammes- oder sonstige soziale Solidarität, alle Verwischung des letzten Persönlichkeitspunktes durch die Meinungen der Welt und den eigenen vergangenen Lebensverlauf: es gibt nur die Seele und Gott. Diese, durch schlechthin nichts abgeschwächte Selbstverantwortlichkeit, wie sie in solcher Verinnerlichung und gleichzeitiger Personalität sonst wohl nirgends erreicht worden ist, ist indes offenbar für die Mehrzahl der Seelen eine nicht tragbare Last. Sie wurde zunächst durch den Stellvertretungs- und Sühnetod Christi auf das Maß der Erträglichkeit herabgesetzt, bis sie dann von den Kirchen durch Einschiebung von vertraulicheren Zwischeninstanzen, allerhand Gnadenmittel, Angabe bestimmter Heilswege den Schultern des Durchschnittschristen anbequemt wurde. Aber das Grundmotiv: daß der Mensch, auf sich ganz allein gestellt, nur seinem Gotte verantwortlich sei — konnte in seiner unermeßlich individualisierenden, personalisierenden Wirkung nicht mehr vernichtet werden, es hat eine ganz neue Gestaltung und Betontheit des individuellen Ich erzeugt. Damit aber wäre der Radikalismus des Todes, seine unmittelbare Nähe zu den Wurzeln des Existenzgefühles irgendwie

instinktiv so gewachsen, wie es eben dem Entwicklungs-
maximum der Individualität entspricht, und dem verdankt
vielleicht die mit dem Christentum nun dennoch mit einer
ganz neuen Selbstverständlichkeit und Sicherheit gegebene
Unsterblichkeit ihre ungeheure Wucht. Das auf sich ganz
allein gestellte Individuum balanciert gewissermaßen auf
einer Nadelspitze; in der tiefen, mit seiner Lebenssituation
solidarischen Bedrohtheit kann es den Halt an dem Gedanken, daß ihm der Tod schließlich nichts anhaben kann,
nicht entbehren.

Die Unsterblichkeitsidee führt als ihre Bedingung oder
ihre Folge ein Problem mit sich, dessen enge und innere
Verknüpftheit mit ihr indes in den Spekulationen oder Dog-
menbildungen über sie seit der christlichen Ära keineswegs
ihr volles Gewicht gefunden hat. Das Problem geht aus der
— meiner Meinung nach — ungeheuerlichen Paradoxie hervor, daß eine Seele, die erst in einem bestimmten Augenblick
existent geworden ist, nun gleich ins Unendliche fortexi-
stieren soll. Dies erscheint mir als eine μετάβασις εἰς ἄλλο
γένος, ein unberechtigter Anspruch und Übergriff eines nur
historischen Ereignisses in das Zeitlose. Eine Zufälligkeit in
der Entstehung des einzelnen Menschenlebens ist gar nicht
wegzurationalisieren — wie es die Astrologie freilich ver-
suchte, indem ihre Horoskope Tag und Stunde der Geburt
in die gesamtkosmischen Zusammenhänge verflochten. Daß
an diesen bloß historischen, empirischen, man könnte eigentlich sagen sinnlosen Zufall sich ohne weiteres die ewige Konsequenz knüpfen soll, daß aus einer datierbar endlichen Men-
schenerzeugung, bloß weil sie tatsächlich ist, das schlechthin
überempirische, von aller Endlichkeit gelöste Reich der un-
sterblichen Seelen ressortieren soll — das hat etwas In-
kommensurables, und der Sinnforderung, in der eine so
starke Quelle des Unsterblichkeitsglaubens floß, irgendwie
Widersprechendes. Logisch wie ˉmetaphysisch hebt sich

dieser Widerspruch, sobald man als das Korrelat der Unvergänglichkeit der Seele ihre Unentstandenheit anerkennt.
Es ist indes zu erwägen, daß jene Inadäquatheit zwischen
endlicher Entstehung und unendlicher Weiterexistenz auch
an einer Erscheinung der objektiven Geisteswelt auftritt und
der unleugbaren Tatsächlichkeit dieser Erscheinung keinerlei
Eintrag tut. Was wir „unsterbliche" Leistungen des menschlichen Geistes nennen, alle die in irgendeiner Form (und sei
es nur die der mündlichen Überlieferung) aufbewahrten Ideen
und Entdeckungen, Werke und Offenbarungen — sind in jeweils einem Geiste entstanden, den es zuvor eben nicht gab,
und innerhalb dieses wieder in einem historischen Augenblick
aufgeleuchtet, vor dem sie vielleicht vorbereitet, jedenfalls
aber nicht vorhanden waren. Unter der Unsterblichkeit
solcher Werte meine ich hier nicht nur ihre Fortdauer von
Geschlecht zu Geschlecht, die jedenfalls etwas Historisches
und zeitlich Begrenztes ist. Sondern — so müssen wir es
ansehen — die Welt ist durch dieses zu irgendeiner Zeit in
sie eintretende Element nun um dieses für alle Zeiten bereichert, sie ist als ganze, von einem Bewußtsein gewußt
oder nicht, von diesem Augenblicke an um so viel wertvoller
als vorher; mögen ihre gesamten Existenzformen morgen
zusammenbrechen — daß dies nun Wirkliche geschehen, gedacht, geschaffen ist, ist nicht ungeschehen zu machen, bleibt
ein überzeitlich unwiderrufliches Wertplus des Daseins-
ganzen. Etwas metaphysisch-phantastischer ausgedrückt:
durch jedes wahrhaft originale Kunstwerk, durch jeden
wahrhaft schöpferischen religiösen, erkenntnishaften, dem
Sein irgendeinen Sinn gebenden Gedanken ist das Reich der
Idee um einen neuen Inhalt bereichert — wie, als Beispiel
und Symbol, eine künstlerische Form durch alle Zeiten hindurch reproduziert werden kann, ein ewiges Modell, dessen
Geist und ideelle Bedeutung weiterbesteht, auch wenn das
Original seiner greifbaren Materie nach längst zugrunde gegangen ist. Hier haben wir also wiederum ein zeitliches Ent-

stehen des Zeitlosen, eine unendliche, aller Zufälligkeit ent-
hobene Erstreckung von einem unleugbar historischen und
insoweit relativ zufälligen Zeit- und Ausgangspunkt her. Man
könnte daraufhin jene irritierende Antinomie zwischen zeitlicher Genesis und überzeitlicher Fortsetzung des Lebens
einfach als erledigt erklären, da sich hier das formal genau
analoge Verhältnis als eine einfache, durch keine Reflexions-
schwierigkeiten gebrochene Tatsächlichkeit darbietet.
Dennoch ist das Problem damit nicht beruhigt, und zwar
auch von der Seite dieser Analogie her nicht. Die geistige
Schöpfung steht inhaltlich, nach dem, wovon hier eigentlich
allein die Rede ist, von vornherein im Bezirk des Zeitlosen.
Wir unterscheiden ihren Gehalt, Geist, Sinn, Bedeutung oder
wie immer man es nennen mag, von dem psychologisch-histo-
rischen Vorgang, mittels dessen jenes in einem bestimmten
Augenblick in einem bestimmten Wesen für das Bewußtsein
und für seinen historischen Weiterbestand erzeugt wird. Den
Inhalt der Idee und ihren Träger, das geistige Erzeugnis nach
seiner sachlichen Bedeutung und nach dem (präsumtiv) kausalen Prozeß seiner Erzeugung auseinanderzuhalten, ist eine
fundamentale, mit unserer geistigen Struktur gegebene Forderung (auch sie gleichgültig dagegen, in welchem historischen Moment sie von dem methodischen Bewußtsein wirksam erhoben wird). Gerade also in der entscheidenden Hinsicht scheint die Analogie zu versagen. Die Unsterblichkeit
setzte doch an die historisch-zufällige Entstehung des Lebens
bloß darum, weil es entstanden ist, die überempirische, über-
zufällige Reihe des unendlich erstreckten Lebens an. Aber
das irgendwie als unangemessen Empfundene, innerlich Un-
verbundene dieser Vorstellung vermeidet die Unsterblichkeit
des objektiv Geistigen, weil dessen unvergänglicher Gehalt,
wie gesagt, von vornherein in der Schicht des Zeitlosen, der
Idee nach Überhistorischen liegt, seine Genesis aber in der
ganz anderen des bloßen Geschehens in seiner kausalen und
zeitlich bestimmten Realität. Hier kommt es also gar nicht

zu der Paradoxe, weil das gegenseitig Inadäquate nicht in
eine Reihe zusammengepreßt ist.

Nun aber nimmt der Gedanke noch einmal eine Wendung.
Ich deutete schon an, daß jene Schwierigkeit des Unsterblichkeitsgedankens auf eine Präexistenz der Seele hinwiese.
Besteht die Seele von jeher und vor ihrer Erscheinung in
diesem menschlichen Leibe, so hat der historische Augenblick
ihres Auftretens in diesem gar keine absolute existenziale
Bedeutung für sie; er mag ruhig als ein zufälliger gelten,
denn ihre jetzige Erscheinung ist nur ein Stück ihres vorher und nachher abrollenden kontinuierlichen Lebens. Und
wenn nun das objektive geistige Werk, in einem bestimmten
Moment von einem bestimmten Individuum hervorgebracht,
sogleich eine von diesem Moment und diesem Individuum
unabhängige Bedeutung und Gültigkeit besitzt — so hat
dieses merkwürdige Zusammen von kausaler Abhängigkeit
von dem historischen Erzeuger und innerer ideeller Unabhängigkeit von ihm sich in der Idee niedergeschlagen: die
großen, „ewigen" Gedanken der Menschheit bestünden tatsächlich in einer Art ideeller Ewigkeit und würden von ihren
„Schöpfern" nun in einem zufälligen oder vielmehr in dem
der geistesgeschichtlichen Lage entsprechenden Augenblick
nur verwirklicht, nur entdeckt, nicht erfunden. So phantastisch diese Vorstellung ist, sie drückt den eigentümlich
wirklichen, unwiderleglich fühlbaren, wenn auch von uns
nicht scharf zu erfassenden Sachverhalt aus. Künstler haben
oft die Empfindung, daß sie die eigentlichen Schöpfer ihrer
Werke gar nicht sind, sondern nur die Vision eines irgendwie
ideell Bestehenden nachbilden; Michelangelo drückt das so
aus, daß die Statue schon im Marmor präformiert wäre und
er nichts zu tun hätte, als sie herauszuhauen. Daß Platos
Deutung des Erkennens als einer Wiedererinnerung an die
präexistenziale Schau der ewigen Ideen auf eben diesem
Grundgefühl ruht, ist ganz unverkennlich. Oder man hat
das metaphysische Rätsel menschheitsgeschichtlich gewendet,

als seien insbesondere die ganz großen Gedanken ein von jeher bestehender Besitz der Menschheit, der nur von einem relativ zufälligen Individuum, von dem, das die „Mission" hat, aus dem Zustand der Latenz in Aktivität und Bewußtsein gerufen wird, die allmählich realisierte Erbmasse des menschlichen Wesens und seine ewige Ausstattung. Darum empfinden wir auch tiefen und wesentlichen Gedanken gegenüber, die wir zum allerersten Male hören, dennoch oft so, als hätten wir sie eigentlich längst gewußt, und jetzt würden sie eben nur ausgesprochen. Wie verschwimmend also auch immer, wie gebrochen, symbolisch, tastend — die Analogie ist dem Grundmotiv nach wieder hergestellt: die Unsterblichkeit strebt zu einem Korrelat nach der anderen Seite der empirisch zeitlichen Realität hin, nach. der Unentstandenheit. Nur wenn das Leben prinzipiell nicht auf der Form empirischer Begrenztheit ruht, nicht als ein Einzelnes irdisch entstanden ist, sondern ein bloßer Ausschnitt aus einer ewigen Existenz ist, ist seine Unsterblichkeit nicht mehr ein unerträglicher Sprung aus einer Ordnung der Dinge in eine völlig heterogene. Die Seelenwanderung stellt diese Ewigkeit des Lebens in einer gleichsam prismatischen Brechung in unzählige, verschieden gefärbte, individuell begrenzte Existenzen dar. Der Tod ist dann nur das Ende einer individuellen Form des Lebens, aber nicht des Lebens, das in ihr erschienen ist.

Geistesgeschichtliche wie innerlich - sachliche Voraussetzungen und Beziehungen des Seelenwanderungsglaubens gehen mehrfach auf Entscheidungen innerhalb letzter Lebenskategorien zurück. Die erste und wichtigste wird durch die Frage erfordert: Welches Leben endet mit dem Tode? Das persönlich-individuelle? Dann ist es unverständlich, daß die nächste Existenz als die desselben unzerstörten Subjekts gelten darf. Wird aber gerade die Persönlichkeit in allen Wandlungen bewahrt, so dürfte das in dieser Selbigkeit Erhaltene schwer anzugeben sein, wenn sie jetzt als Fürst, dann

als Tiger, dann als Bettler, dann als Schakal wiedergeboren
wird. Welcher Inhalt des Seins oder des Bewußtseins beharrt denn eigentlich, um die Bezeichnung all dieser Erscheinungen als der Erscheinungen eben desselben Subjekts
zu rechtfertigen? Geschichtlich berichtete Vorstellungsweisen
zeigen diese Alternative in polaren Entgegengesetztheiten.
Bei sehr verschiedenen primitiven Völkern herrscht der
Glaube, das neugeborene Kind sei ein wiedergeborener
früher Getorbener. Bei einem Negervolk werden dem Neugeborenen Sächelchen gezeigt, die verstorbenen Familien-
mitgliedern gehört haben. Wird es dann bei einem besonders
aufmerksam, so ist es der wiedergekommene Besitzer dieses.
„Es ist Onkel John, er erkennt seine Pfeife!" Bei den Maoris
zählt der Priester dem Neugeborenen die Namen der Vorfahren auf: bei welchem es niest oder schreit, der ist in ihm
wiedergeboren. Dies ist offenbar die roheste und äußer-
lichste Form der Wiederkunft, die man kaum als Seelenwanderung bezeichnen kann, weil es sich um eine Wiederholung des Gestorbenen in seiner ganzen leiblich-seelischen
Wirklichkeit handelt. Aber es zeigt das äußerste Extrem
des Individualismus, der in vielen Abstufungen eine Form
der Seelenwanderung bildet. Das Extrem der anderen Richtung hat die tiefere Lehre des Buddhismus, besonders in der
späteren Zeit, zu vollem Bewußtsein gebracht. Auf die ethische Bedenklichkeit der Strafe, mit der die Sünden eines
früheren Ich an einem neuen, das seinerseits gar nicht ge-
sündigt habe, heimgesucht werden, erwidert der Buddhist:
die Frage sei von vornherein falsch gestellt, da ein Ich, ein
sündigendes und ein gestraftes, gar nicht bestehe. Es gäbe
nur Gedanken und Taten, sozusagen naturhaft-unpersönliche,
die sich in einem gegebenen Moment zu einem Aggregat zusammenfinden; an einem späteren Aggregat, durch kausale
Übertragungen mit jenem zusammenhängend, erscheinen
eben die sich fortsetzenden Wirkungen jener früheren Elemente oder Elementzustände. Sünde und Strafe bestünden

also nicht an zwei gesonderten Subjekten, die durch ein kontinuierendes Ich verbunden wären, sondern verhielten sich einfach wie ein Geschehen und seine, vielleicht viel spätere, Wirkung, die sich an zwei subjektlosen Komplexen physisch-psychischer Elemente abspielten. Auch diese höchste Steigerung der Unpersönlichkeit gestattet offenbar keine eigentliche Seelenwanderung, weil eine jenseits ihrer jeweiligen Tuns- und Leidensinhalte stehende Seele von vornherein abgeleugnet wird und also auch nicht durch mehrere, mit einer Verschiedenheit solcher Inhalte verknüpfte leibliche Existenzen hindurch beharren kann. Zwischen diesen beiden Extremen liegen die möglichen Vorstellungen von Seelenwanderung, deren Arten von dem jeweiligen Begriff der „Persönlichkeit" abhängig sind.

Nun scheint mir von vornherein klar, daß, wenn man die „Seele" als irgendwie substanziell und in dem scharfen Umriß europäischer Begrifflichkeit denkt, ihre Wanderung von einem Fürsten in einen Tiger und von diesem in einen Bettler ein für uns ganz unvollziehbarer Gedanke ist; wobei ihre Substanzialität nicht in dem abgetanen Sinne früherer Zeiten gelten soll, sondern als abkürzendes Symbol für das Gefühl einer letztinstanzlich festen, durchhaltenden Identität der Person. Diese Unmöglichkeit besteht für ganz verschiedene Standpunkte. Von dem der physisch-metaphysischen, organischen Einheit von Leib und Seele her spottet Aristoteles über die Seelenwanderungslehre, die beliebige Seelen in beliebige Körper eingehen lasse: ebensogut könne die Zimmermannskunst in Flöten eingehen; in Wirklichkeit sei diese bestimmte Seele nur diesem bestimmten Körper verbunden und verbindbar. Von dem moralischen Individualismus des 18. Jahrhunderts aus kann Herder gar nicht begreifen, wieso es eine Strafe für den Grausamen sein soll, als Tiger wiedergeboren zu werden, da er doch als solcher seinen blutgierigen Instinkten viel leichter, radikaler und sozusagen fröhlicher nachleben könnte wie als Mensch. Aber

auf solche personalistisch gebundene Charakterologie ist die
indische Seelenwanderung auch in ihrem ethischen Sinne
nicht zu basieren. Die ethische „Vergeltung" haftet gar nicht
an der klar umschriebenen Identität des Ich, wie Herder sich
dieses vorstellt. Sie ist vielmehr etwas Objektives und Kos-
misches, besteht gerade darin, daß eine solche Abscheulich-
keit wie Blutdurst, wenn sie überhaupt vorgekommen ist,
nun in gesteigertem, reinem, sozusagen absolutem Maße verwirklicht wird. Das Abscheuliche als Vorkommnis wird dadurch gestraft, daß es in sachlich-logischer Selbstentwick-
lung immer abscheulicher wird. Man könnte vielleicht mit
frei interpretierender Wendung sagen: nicht die Person des
Blutdürstigen wird bestraft, sondern die Welt, in der so
etwas vorkommt. Die scharfgeschliffene Frage nach dem
Subjekt der von Körper zu Körper geschehenden Wanderung
ist falsch gestellt und kann deshalb auch keine befriedigende
Antwort finden. Die Verbreitung des Seelenwanderungsglaubens bei den Griechen weist bei aller Selbständigkeit,
Autarkie und charaktervollen Bestimmtheit ihrer Persönlichkeiten, eben doch darauf hin, daß ihr Ichbegriff nicht die
Tiefe und Absolutheit besaß, zu der die christliche Epoche
ihn entwickelte. Das Christentum, das für seine Grundein-
stellung und seine Forderungen der Form der auf sich stehenden, für sich allein verantwortlichen Persönlichkeit bedurfte,
das die menschliche Seele mit ihrem Gott allein ließ oder die
Welt zwischen ihr und Gott ausspannte oder selbst die Beziehung kirchlich vermittelte — konnte deshalb ersichtlich
mit der Seelenwanderung nichts anfangen; nur als eine
folgenlose Entlehnung aus zufälligen Berührungen taucht sie
bei den Gnostikern und den Albigensern auf; allerdings
findet sich bei Origines die Bemerkung, daß man das Elend
des Menschenlebens als Strafe für zuvor begangene Sünden
ansehen müsse, da andernfalls Gott boshaft wäre. Ich will
übrigens nicht leugnen, daß, wenn man über die Abstrusität und Unausdenkbarkeit der Lehre hinweg ihren ethischen

Kern ins Auge faßt: die allmähliche Reinigung der Seele, bis
sie zur Seligkeit reif und würdig ist — dieser sich in ihr
schöner und befriedigender entfaltet als in der entsprechenden christlichen Vorstellung vom Fegefeuer. Denn so tief
verinnerlicht und unbeschreiblich ergreifend die freudige
Freiwilligkeit ist, mit der Dante die Seelen im Purgatorio
ihre Bußen tragen läßt, das Moment der Passivität in dieser
Schmerzzufügung ist nicht auszuschalten, und in den populären, robusteren Bildern vom Fegefeuer ist dies das ganz
Überwiegende. Das demgegenüber ethisch bedeutsamste
Motiv der höheren Seelenwanderungsformen: daß der Seele
immer von neuem die Chance gegeben wird, sich in Freiheit
selbst zu erlösen, und daß dies auch schließlich, trotz der
Freiheit zu immer erneuter Verfehlung, gelingen muß, weil
eine unendliche Zeit zur Verfügung steht — das ist würdiger
und tiefer als das Gewaschenwerden durch äußerlich zu-
gefügte Schmerzen.

War es unmöglich gewesen, auf die Frage nach dem von
Körper zu Körper übergehenden, gleichsam substanziellen
Subjekt eine Antwort innerhalb der Kategorien unserer heu-
tigen Begrifflichkeit zu finden, so läßt sich vielleicht gerade
dieser gemäß die Unausdenkbarkeit der Lehre einigermaßen
mindern, indem man die substanzielle Vorstellungsweise
durch die gesetzlich-funktionelle ersetzt. Eine Bedeutung
von Individualität wäre denkbar, die überhaupt nicht an die
einzelnen, qualitativ bestimmbaren „Charakterzüge" gebunden wäre, sondern an die besondere Form, in der die
seelischen Elemente jeweils zusammenhängen. Wie sich
etwa unter diesen ein einzelnes als führendes hervortut, in
welchem Tempo solche Führerschaft wechselt; ob die anderen Elemente ihr gegenüber relativ nivelliert sind oder
auch unter ihnen eine entschieden wirksame Hierarchie nach
Wichtigkeitsgraden stattfindet; ob steigende Vereinheitlichung oder steigende Differenzierung, ja Antagonismus der
Wesenszüge die Entwicklung bestimmt; in welchem Rhyth-

mus die Konzentrationen und die Leerheiten in der Inhalts-
folge des inneren Lebens alternieren; in welchem Maße jedes
Element gleichsam durch den Schlagschatten der umgebenden in seinem Valeur bestimmt ist, und unzähliges andere.
Dies alles ist an keinem singulären Element oder Zuge des
Individuums auffindbar, auch nicht pro rata, da es vielmehr
nur das formale Verhältnis der einzelnen untereinander bedeutet, das sich an den qualitativ und dynamisch unter-
schiedensten Inhaltskomplexen lebendiger Seelen gleichmäßig darstellen kann. Jene eben angedeuteten Relationen
sind natürlich nur notdürftige und nachträgliche Spaltungen
eines einheitlich wirksamen, einheitlich eindrucksvollen
Wesensgesetzes, das als rein Funktionelles, Beziehungs-
haftes über allen inhaltlichen Angebbarkeiten des Wesens
steht und ihrer Totalität ein unverwechselbares Cachet gibt
— ungefähr wie man von dem Stil spricht, als von einem
fühlbar Gemeinsamen menschlicher Leistungen, die nach
ihren konkreten Bestimmtheiten schlechthin unvergleichlich
sind, oder von dem „Habitus" von Pflanzen, der, über alle
Einzelformen und ihre eventuelle Divergenz hinweg, als Ge-
samtimpression aus ihnen erwächst, für die man nichts Einzelnes an ihnen haftbar machen kann. Dieses Wesensgesetz
ist also kein Abstraktum aus vielen Individuen, sondern
kommt dem Individuum als sein eigenstes Eigentum und
Charakteristikum zu. Mit alledem aber hat es doch den
Charakter der Zeitlosigkeit, derselben, die dem Naturgesetz zukommt, nur mit der eigentümlichen Zusatzbestim-
mung, daß es nur das Gesetz oder die Form einer einzigen
Individualerscheinung bilden kann. Es mag sich dem Phänomen nach an anderen, mit jener zeitlich und räumlich nicht
verbundenen, wiederholen; allein dies ist dann ein äußerer
Zufall, der das Essentielle solchen Wesensgesetzes nichts angeht; es ist seinem inneren Sinne nach durchaus an die Erscheinung gebunden, die eben dadurch individualisiert ist.
Denn die einzelnen, inhaltlich benennbaren Elemente der

individuellen Seele: Intelligenz oder Beschränktheit, Interessiertheit oder Stumpfsinn, Güte oder Bosheit, religiöse oder weltliche Tendenz u. s. f. — gerade diese haben ja allgemeine Natur, gerade sie sind als generelle Begriffe faßbar, die als relativ gleiche realisiert, durch die Menschheit hin in unendlich mannigfaltigen Kombinierungen verteilt sind. Tiefer führt zu dem Einzigkeitspunkt des Individuums vielmehr erst die funktionelle Beziehungsart der Einzelelemente heran, die das Allgemeine dieses Individuums ist, sein Wesensgesetz, das es — im Unterschied eben gegen Einzelelemente — so wenig mit anderen teilen, wie es sein Leben mit anderen gemein haben kann. Und nun ließe — spekulativerweise — die Zeitlosigkeit dieses Gesetzes, die ideelle Form der individuellen Realität, vielleicht die Wendung der Seelenwanderung zu: daß nichts von dieser Realität, sondern nur jene Form ihrer, das Wesensgesetz ihres Funktionierens, ihrer inneren Zusammenhänge auf ein in jeder inhaltlichen Hinsicht anderes Wesen überginge, dessen Existenz aber unmittelbar an jenes anschlösse und mit ihm als ein durch unendliche Zeitlängen hin lebendes Individuum gelten könnte, weil jedes spätere, durch die gleiche Funktionsform charakterisierte und streng einzig individualisierte, die Fortsetzung jedes früheren wäre, im tiefsten Sinne „eines" mit ihm. Was den Tod überdauerte, wäre dann nicht die Seele in ihrer historisch-realen Substanzialität, sondern eine zeitlose Wesensform, die sich bald in diesem, bald in jenem Wirklichkeitskomplex darstellt und nur die beondere Bestimmung hätte, daß diese Komplexe nur eine, in der Zeit verlaufende und durch den Tod der einzelnen Realitäten in Perioden gegliederte Reihe bilden — wie auch der Prozeß unserer Welt als ganzer eine Individualität besitzt (nach Raumbedingtheit, Kausalordnung, begrifflichem Gefüge usw.), die sich auch nur an dem einen Verlauf einer einreihigen Zeit verwirklicht. Mag dieser Gedanke nicht weniger phantastisch sein als andere Modalitäten der Seelenwanderung, irgendwie tiefer und widerspruchsfreier erscheint mir diese Kontinuität der einander ablösenden Individuen, zusammengehalten von dem sie alle durchströmenden, von ihren Zeitbedingungen unabhängigen Wesensgesetz, das eines dem anderen überliefert. Jetzt wandert nicht eine sich gleichbleibende „Seele" durch ganz verschiedene Körper, sondern Wesensgesamtheiten, all ihre Elemente in Wechselwirkungen verwebend, zeigen eine gemeinsame, von allen Zeitbedingungen unabhängige Form eben dieser Wechselwirkungen, einen für sich fühlbaren „Habitus" ihrer vitalen Funktionen; so bilden sie ein zeitlich unbegrenzbares und unvergleichlich singuläres Individuum, dessen Lebensabschnitte durch Geburt und Tod der Einzelindividuen mit ihrem unbegrenzten Abweichungsspielraum für Lebensinhalte, Kräfte, Qualitäten markiert sind.

Hier aber knüpft sich, viel realistischeren Charakters, eine Analogie an, die dem Seelenwanderungsgedanken zwar nichts von seiner Unglaubhaftigkeit, aber doch etwas von seiner befremdenden Abstrusität nimmt. Jenes Individuum, das seine Einheit an dem gleichen Wesensgesetz unendlich mannigfaltiger, aneinander ansetzender Individuen besitzt, findet insofern sein Gleichnis an dem Lebensverlauf eines jeden von diesen einzelnen. Die Seele jedes Menschen wandert zwischen Geburt und Tod durch unabmeßbar viele Schicksale, Stimmungen, extrem entgegengesetzte Epochen, die, auf ihren Inhalt angesehen, gegeneinander ganz fremde Gesamterscheinungen bieten. Allein die Individualität des Subjekts läßt sie doch zu einem einheitlichen Bilde zusammengehen: wie der Stimmklang eines Menschen derselbe und unverwechselbare bleibt, wie wechselnde Worte er auch spreche, so bleibt eine Grundfärbung, ein Grundrhythmus, ein Grundverhältnis für all das, was dieses Leben je erlebt, ein gleichsam apriorisches Formgesetz seines Tuns und Leidens, das das Zu-ende-sein jedes einzelnen Inhaltes überlebt und, als die Individualität des Ganzen, sich auf den nächsten überträgt.

Darum ist die durch viele Körper und Leben wandernde
Seele nichts als die Seele des einzelnen Lebens, „mit großen
Buchstaben geschrieben"; die Seelenwanderung nichts als
eine groteske Verbreiterung, ein Radikal- und Absolutwerden gewisser Erfahrungen des täglichen, relativischen
Lebens. Machen wir uns die Veränderungen klar, die dessen
Verlauf zwischen Geburt und Tod an uns hervorbringen, so
scheint deren Spannweite manchmal kaum geringer, als sie
zwischen mancher menschlichen und mancher tierischen Existenz besteht. Keinem erheblich bewegten Leben wird das
gelegentliche Gefühl mangeln, daß seine Ausschlagspole die
Grenzen nicht nur des menschlichen, sondern des überhaupt
ausdenkbaren Daseins berührt haben, daß es nicht nur Widersprüche — ein solcher enthält noch immer eine korrelative
Zusammengehörigkeit seiner Seiten —, sondern Entfernt-
heiten, berührungsunfähige Gleichgültigkeiten einschließt, die
am Ende nur von einer rein formalen Lebenseinheit, vielleicht
von jenem, unmittelbar gar nicht zu fassenden Wesensgesetz
und von der Tatsache umgriffen sind, daß sich diese Inhalte
in einem kontinuierlichen Fließen, in der zeitlichen Stetigkeit eines Lebensprozesses aneinanderreihen. Zunächst in
den Abständen der typischen Entwicklung: das stammelnde
Kind, der Mann auf der Höhe seiner Schaffenskraft, der ver-
fallene Greis — woraufhin werden diese Erscheinungen als
eine Einheit angesprochen, als weil ein Lebensstrom sie
durchfließt, der aber ihren Inhalten keinerlei Einheit und
Vergleichbarkeit zu geben vermag und der, angenommen, die
Seelenwanderung bestünde als Tatsache, sozusagen keine
größere Anstrengung, mindestens keine fundamental anders
gerichtete, brauchte, um die noch etwas distanteren Inhalte
von Mensch und Mensch, ja von Menschlichem und Tieri-
schem in seine formale Kontinuität aufzunehmen. Zwischen
der einen Geburt und dem einen Tode fühlen wir uns unzählige Male als ein „Andersgewordener" — körperlich,
seelisch, schicksalsmäßig — und fühlen dabei freilich die-

selbe „Seele", die durch dies alles hindurchgeht, ohne durch
etwas Einzelnes in ihrer Bechaffenheit als Seele überhaupt
abgefärbt zu werden; sonst wäre es unbegreiflich, daß sie
morgen das genau entgegengesetzte Einzelne in dasselbe
seelische Leben ruft. Es beharrt etwas in uns, während wir
Weise und dann wieder Toren, Bestien und dann wieder
Heilige, Selige und dann wieder Verzweifelte sind. (Wobei
das „Beharren" ein ganz schlechter, starrer Notausdruck für
das Verhalten des Lebendigen ist, das in unserer begrifflichen, unvermeidlichen Alternative von Beharren und
Anderswerden sicher nicht aufgeht, sondern ein einheitlich
Drittes jenseits ihrer ist, das nur zu erleben, aber nicht zu
bezeichnen ist.) Ein mechanisch betimmtes Gebilde freilich
ist ein anderes, sobald irgendeine seiner Bestimmungen geändert ist; denn es besitzt keine reale innere Einheit, die
diese zusammenhielte; wird es, auch wenn seine Bestimmungen nicht mehr die genau identischen sind, aus begriffs-
technischen Gründen noch als „eines" bezeichnet, so ist es
in Wirklichkeit nicht mehr dieses eine, sondern ein anderes.
Aber das lebende, genau genommen: nur das beseelte Wesen
verhält sich anders. Von ihm stellen wir uns vor, daß es auch
anders hätte handeln, bestimmt werden, ja sein können, ohne
seine Identität zu verlieren, weil all dies Angebbare an ihm
von einem beharrenden, jenseits seiner einzelnen Bestimmungen und Aktionen stehenden Ich getragen wird. Darum
kann man vielleicht nur von einem Menschen sagen, daß er
hätte ein anderer sein können, als er ist — während jedes
sonstige Wesen in diesem Falle eben nicht mehr „er" wäre.
An diesem Punkte liegt offenbar die Verknüpftheit des Frei-
heitsgedankens mit dem Ichgedanken; durch ihn wird begreiflich, wieso jene Polarität und Fremdheit mannigfaltiger
Stimmungen und Schicksale, Entscheidungen und Gefühle die
auseinanderstrebenden Schwingungen eines Pendels sind, das
schließlich an einem unverrückbaren Punkte hängt.
        Sieht man von diesem Bilde unserer Wirklichkeit auf die

Seelenwanderung hin, so erscheint es in ihr nur wie in einem Vergrößerungsspiegel aufgefangen. Die rätselhafte Grundtatsache des Lebens, insbesondere des in der Seele gesammelten: daß ein Wesen immer ein anderes und doch immer dasselbe ist, wird mit der Seelenwanderung nur in einen gröberen Abstand der Momente auseinandergezogen. Oder, von dem Glauben an Seelenwanderung her blickend, ist das einzelne Leben eine Abbreviatur des durch unermeßliche Zeiten und Formen erstreckten Daseins der Seele, etwa wie man das individuelle Leben als eine kursorische Darstellung des Gattungslebens gedeutet hat oder wie der einzelne Tag in den mannigfachen Anklängen von Lust und Leid, den Vibrierungen zwischen Kraft- und Schwächeempfindungen, der Erfülltheit und Leerheit der Stunden, den Abwechslungen von Schaffen und Aufnehmen ein Miniaturbild des Gesamtlebens ist. Die verschiedenen Leiber, durch die die Seele passiert, sind nur wie Materialisationen und Fixierungen der verschiedenen Zustände, die die Seele, rein als Seele, in sich erzeugt und erfährt. Das Schicksal der Seele zwischen der einzelnen Geburt und dem einzelnen Tode und das zwischen der ersten Geburt und dem letzten Tode, wie die Seelenwanderungslehren sie schildern, sind gegenseitig Symbole voneinander — das Motiv des Relativismus von Leben und Tod, in den der Anfang dieser Blätter die Absolutheit ihres Gegensatzes aufhob, mit dieser Deutung des Mythos zu einer frei konstruierten Spitze hochführend.

Viertes Kapitel.
Das individuelle Gesetz.

Wenn wir ein Objekt als „wirkliches" bezeichnen, so meinen wir damit seinem abgebbaren Inhalt eine Konsistenz, eine Art von Absolutheit zuzusprechen, die für sich allein allen anderen Vorstellungsweisen des gleichen Inhalts: der phantasiemäßigen oder rein begrifflichen, der wertrangierenden und der künstlerischen, als subjektiven Derivaten seiner Wirklichkeit gegenübersteht. Genau angesehen indes, bedeutet die Sonder- und Vorzugsstellung des unter der Kategorie Wirklichkeit stehenden Objekts nur, daß wir dieses als das chronologisch erste und, aus praktischen Gründen, als das wichtigste und nachdrücklichste zu erleben pflegen. Wir müssen sozusagen durch die Dinge in ihrer Wirklichkeitsform erst hindurch, ihnen den Inhalt, den sie in dieser bieten, entnehmen, um ihn dann in andere Kategorien einstellen zu können. Aber dies ist nur eine psychologische Notwendigkeit, die keinerlei unterschiedliche Ordnung der sachlichen Dignitäten kenntlich macht oder bewirkt — so wenig wie, wenn wir einen Begriffsinhalt in einer Fremdsprache ausdrücken, dazu aber seine Bezeichnung in der Muttersprache zuvor kennen müssen, dies eine unter den Sprachen selbst bestehende Rangierung voraussetzt. Tatsächlich ist Wirklichkeit auch nur eine Form (also nur eine Form), in die wir einen Inhalt fassen und die zu ihm keine engere oder ausgezeichnetere Beziehung hat, als wenn wir ihn unter den Kategorien von wissenschaftlicher Systematik oder künstlerischer Gestaltung, von Wunsch oder Wert denken.

Einem Objekt freilich scheint die Form Wirklichkeit so organisch eingewachsen, daß es sich, auch wo sein Inhalt unter eine andere Kategorie tritt, von jener nicht lösen kann: das eigene Leben des Subjekts. Auch wer sein Leben, rein seinem Inhalt nach, unter künstlerische, religiöse, wissenschaftliche Gesichtspunkte einstellt, weiß es doch zugleich als sein wirkliches, weil er diese Einstellung gar nicht vollziehen könnte, wenn es nicht wirklich wäre, nicht wirklich lebte. Dennoch glaube ich, daß die Wirklichkeit diese Monopolstellung hinsichtlich der Erlebnisreihe mit einer zweiten Kategorie teilt, unter der, jener gewissermaßen parallel und auf sie in keiner Weise zurückführbar, wir unser Leben kontinuierlich erleben: mit dem Sollen — welches nicht von vornherein nur als ethisches zu verstehen ist, sondern gleichsam als ein ganz allgemeiner Aggregatzustand des Lebensbewußtseins, in dem sich ebenso auch Hoffnungen und Triebe, eudämonistische und ästhetische Forderungen, religiöse Ideale, ja Kapricen und antiethische Begehrungen zusammenfinden, oft mit dem Ethischen und untereinander gleichzeitig; in der Definition der Logik als der Norm, nach der wir denken „sollen", gewinnt es sogar rein intellektuelle Bedeutung — denn wenn dies logische Denken etwa zur zweckmäßigsten Durchführung unsittlicher Absichten dient, so soll es vom ethischen Standpunkte aus sicher nicht sein, während es vom intellektuellen aus noch immer der Sollensforderung entspricht. Will man das Sollen ganz verstehen, so darf man es auch in seiner ethischen Bedeutung nicht zu Wunschbildern und Idealen verfestigen und dann aus diesen zusammensetzen — gerade so wenig, wie man das seelische Leben unter der Kategorie der Wirklichkeit als das Nacheinander einzelner „Vorstellungen" ansehen darf, die doch nur die zu logischer und diskontinuierlicher Legitimierung auskristallisierten Inhalte des stetig strömenden seelischen Lebensprozesses sind. Beide Vorstellungen, die ethische wie die psychologische, haben schließlich die mechanistische, das

Ganze aus Stücken zusammensetzende Tendenz. Mit ihr wird das Leben, das eben ein kontinuierliches Fließen ist, und sein Sollen brückenlos gegeneinandergestellt — während doch das ganze Leben mit seiner auf- und abwogenden Fülle ein gesolltes — im positiven oder im negativen Sinne — ist, ebenso wie es ein wirkliches ist. Es ist die gewöhnliche Vorstellung, daß das Leben die abrollende, subjektive Wirklichkeit ist, der die ideale Forderung des Sollens entgegentritt, einer anderen Ordnung, als aus der das Leben quillt, entstammend. Statt dessen muß die Grundeinsicht diese sein: was einander gegenübersteht, ist nicht das Leben und das Sollen, sondern die Wirklichkeit des Lebens und sein Sollen. Wirklichkeit und Sollen sind gleichmäßig Kategorien, in die das Bewußtsein unser Leben einstellt, in denen es erlebt wird. Darüber täuscht nur jene hervorgehobene, scheinbar unbedingtere Solidarität von Leben und Wirklichkeit. Gewiß ist das Subjekt sich immer des Lebens bewußt, wie es wirklich ist; zugleich aber, kategorial ganz unabhängig davon, wie es sein sollte. Das eine ist so gut ein ganzes Leben wie das andere. Ich bin mir ebenso bewußt, daß mein Leben als ein so und so beschaffenes das wirkliche ist, wie daß es als ein so oder ganz anders beschaffenes das gesollte ist. Es erzeugt in seinem stetigen Flusse seine Inhalte in dieser wie in jener Gestalt. Das Sollen steht nicht über dem Leben überhaupt oder ihm gegenüber, sondern ist ganz genau so eine Art, auf die es sich seiner selbst bewußt wird, wie das Wirklichsein eine solche ist. Daß wir damit zwei Leben zu führen scheinen, zerstört keineswegs dasjenige, was wir als Einheit des Lebens empfinden. Denn daß seine Strömung in verschiedenen Armen fließt, daß sein tiefstes Wesen sich jedenfalls nicht in der logischen Alternative von Einheit und Vielheit erschöpft, ist ein lange gewonnenes Wissen. Auch wenn wir den Inhalt des Sollens als einen uns dennoch irgendwie entgegentretenden, dem Subjekt gegenüber objektiven Imperativ erfahren, so ist damit die Gleichstellung mit der

Wirklichkeitskategorie nicht aufgegeben. Denn die Scheidung des Subjekts von einem ihm gegenüberstehenden Objekt, die aber innerhalb des Subjekts in seinem weitesten Sinne als etwas ganz Objektives vorgeht, ist ja doch auch die Form, in der unser Selbstbewußtsein unsere Wirklichkeit ergreift. Das wie ein Du gewußte und analysierte, gebilligte und bekämpfte, verstandene und unbegriffene Ich ist eben doch dasjenige, das weiß und analysiert, billigt und bekämpft, versteht und sich selbst rätselhaft ist. Das gleichzeitige Subjekt- und Objektsein, dieses Umfaßtsein ihres Gegenüber von der nur so sich darstellenden Lebenseinheit, ist das allgemeine Schema des bewußten Geistes; und darein ordnet sich auch das Leben als Sollen ein, indem es seinem subjektiven Verlauf ein objektives Gebot gegenüberstellt — der besondere Dualismus des Lebens als Sollens, wie das Bewußtsein des eigenen Selbst der Dualismus des Lebens als Wirklichkeit ist.

Erst wenn wir das Sollen jenseits noch aller einzelnen Inhalte, als einen ganz primären Modus begreifen, auf den das individuelle Bewußtsein ein ganzes Leben erlebt, wird es verständlich, warum man aus der Tatsache des Sollens niemals herauspressen konnte, was wir denn, inhaltlich, sollen. All diese Versuche mußten aus demselben Grunde mißlingen, aus dem man auch aus der Tatsache der Wirklichkeit nicht deduzieren kann, was denn eigentlich wirklich ist. Man könnte ebensogut einer bestimmten Tonart entnehmen wollen, welche Melodie in ihr möglich oder notwendig ist. Auch sind diese angebotenen Moralgesetze immer Verbegrifflichungen von Inhalten, die als Sollen erlebt sind, vor denen aber die Lebenszukunft in ihrer ganzen Unberechenbarkeit liegt; denn da auch das Sollen ein Leben ist, so sind seine Gestaltungen so wenig vorauszusagen wie die des als wirklich erlebten Lebens. Der subjektivische Charakter, den nicht nur zynische oder skeptische Tendenzen dem Sollen überhaupt und allen einzelnen Moralprinzipien insinuieren,

scheint mir nur dem zuzuschreiben, daß man das Sollen nicht
als eine schlechthin primäre Kategorie anerkannt hat, sondern nach einem Quell und Rechtsgrund dahinter suchte:
einen Gott und seinen Willen, die Gesellschaft und ihren
Nutzen, die Vernunft und ihre logischen Werte, das Ich und
sein wohlverstandenes Interesse usw. Tatsächlich versteckt
sich hierin der Zirkel, daß Inhalte, die die Sollenskategorie
erst in sich aufnimmt und die dadurch erst den ethischen oder
ethisch-metaphysischen Charakter erhalten, ihrerseits die
Sollensform überhaupt aus sich hergeben sollen. Es hat denn
auch keine dieser Begründungen des Sollens sich als hinreichend und dauernd tragfähig gezeigt. Das Gesolltsein kann
so wenig hergeleitet werden wie das Wirklichsein. Denn wenn
man das letztere, insoweit es irdisch-empirische Inhalte hat,
aus dem Willen Gottes entspringen läßt, so muß doch zunächst Gott und sein Wille als „wirklich" vorgestellt werden,
so daß das Problem prinzipiell ungelöst bleibt; und die Bezeichnung des schlechthin Wirklichen als causa sui ist schließlich nur eine geistreiche Irreführung, indem sie das Ver-
ursachtsein und das Nichtverursachtsein, die sich nun einmal
logisch ausschließen, in einen Begriff zusammenpressen will;
wozu das ethische Gegenstück wäre: die Pflicht, verpflichtet
zu sein.

Die Schwierigkeiten für die Anerkennung der Objektivität
des Sollens liegen darin, daß man nicht von einer Teleologie
seines Wesens loskommt und dadurch in ein herumratendes
Ausprobieren von allerhand Begründungen subjektivischer
Provenienz gerät. Es muß eben eingesehen werden, daß das
Sollen überhaupt so wenig einen Zweck hat, wie die Wirklichkeit überhaupt eine Ursache hat. Darum ist auch, trotz
des richtigen Grundgefühles, die Formulierung: das Sittliche
solle geschehen, bloß weil es sittlich sei, oder bloß damit
es geschehe, oder weil es eben gesollt wird — als Formulierung durchaus unglücklich, weil sie das teleologische Moment hineinbringt, von dem das primäre und totale Wesen

des Sollens gerade frei ist. In seiner Tiefe steht es jenseits aller Teleologie und ihrer unvermeidlichen Subjektivismen.

Dazu kommt jene verhängnisvolle Einschränkung des Objektivitätswertes auf die „Wirklichkeit" (eingerechnet die ideellen Gesetze der Wirklichkeit, wie die mathematischen und logischen). Sobald dem Sollen seine fundamentale und fundierende Bedeutung als einem kategorialen Urphänomen zuerkannt wird, fallen all diese Angriffspunkte gegen seine mögliche Objektivität hinweg. Daß die Inhalte all dieses Sollens bunt zufällige, jeweils psychologisch und historisch bestimmte sind und keineswegs eine systematische Ordnung bilden, ist eine nicht diskutable Tatsache. Sie ändert nichts an der Objektivität, die jene Inhalte sozusagen ideell durchdringt. Denn so oft bloße Wünsche und Begierden in den Bereich des Sollens aufsteigen mögen, so unterscheiden wir sie doch, solange sie noch in ihrer bloßen Subjektivität vorgestellt werden, sehr genau von dem Sollenselement, das die Elemente eben jenes Bereiches teilweise oder ganz beherrscht. Die Welt des Gesollten — mindestens des sittlich Gesollten — ist die des Geforderten, dessen Gefordertsein objektive Gültigkeit besitzt.

Indes versuche ich nun nicht festzulegen, durch welche Bestimmung das ethische Sollen sich aus dem Gesamtumfang dessen, was überhaupt sein sollte, entscheidend heraushebt. Denn das hier Unternommene zielt durchaus nicht auf ein „Moralprinzip", das den Maßstab für den sittlichen Wert oder Unwert menschlichen Verhaltens darböte. Vielmehr, welches Verhalten auch irgend jemandem als Pflicht und sittlich gut gelte, es soll hier nur der metaphysische Ort bestimmt werden, an dem man die Quellschicht für diese Entscheidung letzter Instanz zu suchen hat, um der innersachlichen Struktur wie dem Bewußtseinszusammenhang des ethischen Phänomens gerecht zu werden. Unter der Frage nach dem „Ort" verstehe ich die Alternative: ob sittliche Notwendigkeiten ihre Inhalte und deren Legitimierung aus

einer dem Leben des Individuums jenseitigen metaphysischen
Wirklichkeit beziehen, das heißt aus einem allgemeinen, sich
selbst tragenden Prinzip, das von sich aus dem einzelnen
Leben nicht verknüpft ist, sondern ihm als Gesetz, insbesondere Gesetz der „Vernunft", gegenübersteht, als sittlicher
Wert der einzelnen Handlung, die vollbracht werden soll,
weil ihr Inhalt nun einmal diesen sachlich-sittlichen Wert
hat. Oder: ob die Inhalte des Sollens sich aus der Lebenstotalität des Individuums entwickeln, so daß die Handlung
gar nicht als einzelne, an beliebig vielen Individuen objektiv
gleiche nach einem allgemeinen Gesetz gefordert und beurteilt wird, sondern gemäß dem Zusammenhange der
idealen Lebensgestaltung, die gerade diesem Individuum wie
mit ideellen Linien eingewebt ist, der prinzipiellen Einzigkeit
seines Lebenssinnes folgend — gerade wie sein Leben als
wirkliches eben sein individuelles und unverwechselbares ist.
Dies ist nur ein ganz vorläufiger Umriß des Problems, das
seine Deutlichkeit und Bedeutung, auch als Problem, eigentlich erst in dem Maße gewinnen kann, in dem Annäherungen
an seine Lösung gelingen.

Hier ist nun zunächst einer Problematik zu gedenken, die,
wie andere Stellen dieser Blätter schon andeuteten, weit über
das ethische Gebiet hinaus eine typische Tragödie der
Geisteskultur überhaupt bedeutet. Möglichst kurz und allgemein formuliert, ist es dies: daß das Leben auf der Stufe
des Geistes als seine unmittelbare Äußerung objektive Gebilde erzeugt, in denen es sich ausdrückt und die wiederum,
als seine Gefäße und Formen, seine Weiterströmungen in sich
aufnehmen wollen — während ihre ideelle und historische
Festgelegtheit, Umgrenzung und Starrheit früher oder später
in Gegensatz und Gegnerschaft zu dem ewig variablen, grenz-
verlöschenden, kontinuierlichen Leben treten. Fortwährend
erzeugt dieses Leben ein solches Etwas, woran es sich bricht,

wodurch es vergewaltigt wird, etwas, das ihm zwar notwendig eigene Form ist, aber schon dadurch, daß es Form
ist, der Dynamik des Lebens, seiner Unfähigkeit irgendeines
wirklichen Haltmachens im tiefsten widerstreitet. So die
christliche Dogmatik gegenüber dem schöpferischen oder
hingegebenen Erleben des unmittelbaren Verkehrs mit Gott;
so „Gesetz und Recht“, die sich wie eine ewige Krankheit
forterben, weil sie für das Leben, dem sie ursprünglich Vernunft und Wohltat waren, bei seiner Fortentwicklung zu Un-
sinn und Plage werden; so die Produktionsformen, die den
Kräften einer Wirtschaftsstufe angemessen sind, in sich aber
diese Kräfte so anwachsen lassen, daß sie wie Zwangsjacken
wirken, die in akuten oder chronischen Revolutionen gesprengt werden — bis die neue, für jetzt richtige Produk-
tionsform das gleiche Schicksal erfährt; so der Kunststil, in
dem sich der Kunst- und Lebenswille einer Epoche glücklich
formuliert, der aber mit deren unvermeidlicher Fortgestal-
tung von der jungen Generation als unerträglicher Akademis-
mus empfunden wird und entweder einem innerlich polar entgegengesetzten oder einer Anarchie des Kunstschaffens
Platz macht; und unzähliges anderes in größten wie in
engsten Dimensionen sich Vollziehendes. Aber diese Verdrängung bestehender Kulturformen ist nur das Außen-
phänomen — und als solches längst trivial geworden — eines
tieferen Grundverhältnisses. Dieses ist der ganz fundamentale Gegensatz zwischen dem Prinzip Leben und dem Prinzip
Form, der sich, da das Leben sich nur in Formen dartun
kann, in jedem einzelnen Fall als der Kampf der soeben vom
Leben hervorgetriebenen Form gegen diejenige äußert, die
es zuvor als seine Gestalt, seine Sprache, seine angebbare
Qualität erzeugt hat. Sowie das Leben sich bewußt geistig
oder kulturell, schöpferisch oder historisch bestimmt, ist es
auch damit behaftet, nur in der Form seines eigenen, von
ihm unmittelbar erzeugten Widerspiels zu existieren, in der
Form von Formen. Hierin scheint mir der letzte Grund

der Unbefriedigtheit und Unruhe zu liegen, die sich — früher oder später, genau genommen von dem Entstehungsmomente an — gegen jedes objektiv gewordene, zu fester Form geballte Lebenserzeugnis richtet, sobald dies beansprucht, das weiterfließende Leben in sich aufzunehmen, mit seinen Grenzen zu umgrenzen, nach sich zu normieren. Dies allgemeine Schicksal der Gebilde, die das Leben zwar erzeugt, aber mit ihrer Erzeugung selbst schon aus sich heraus und als selbständige sich gegenüber gestellt hat, vollzieht sich nun auch an den Normen, Prinzipien, Imperativen, mit denen das schöpferische Leben als Sollen sich verfestigt. Was man vielfach als deren Lebensfremdheit, sterilisierende Distanz vom Leben bezeichnet: daß sie auf die Wirklichkeit nicht paßten, daß sie Ideale konstruierten, die mit der Wirklichkeit nichts zu tun hätten und haben könnten — dies freilich würde ich nicht als prinzipielle Schwierigkeit gelten lassen. Denn es ruht wiederum auf der unbefangenen Identifizierung von wirklichem Leben und Leben überhaupt, während dieses doch auch bei seinem Ablauf unter der Bewußtseinskategorie des Sollens durchaus echtes Leben bleibt. Die Diskrepanz jener Prinzipien gegen die Wirklichkeit des Lebens trifft sie sozusagen gar nicht, da das Gesollte ein autonomes, in gleicher Eigentiefe wie die Wirklichkeit wurzelndes Gebilde ist; weder seine innere Konsistenz noch sein Forderungsrecht an die Wirklichkeit leidet darunter, daß es von dieser nicht erfüllt wird — genau so wenig, wie durch den so entstehenden Abstand die Wirklichkeit ihrerseits irrealer wird. Jenes Ungenügende der Moralprinzipien — das die Ethik unter allen Provinzen der Philosophie vielleicht als die unzulänglichste erscheinen läßt — geht vielmehr aus ihrem innerlichen, funktionellen Gegensatz zu dem lebendigen Sollen selbst hervor; der Gegensatz bleibt ganz in der Ebene des Sollens und hat mit dem Verhältnis zu der Ebene der Wirklichkeit überhaupt nichts zu tun. Der imperativische, objektive Ton, den wir, schärfer oder milder, an den

Inhalten unseres Sollens hören, verhindert durchaus nicht, sie als Wellen unseres Lebensstromes zu empfinden, als herausgeboren aus dem kontinuierlichen Zusammenhang des Lebens, wie es sein sollte. Hören wir dann aber, wir sollen immer die rechte Mitte halten oder unser Handeln als allgemeines Gesetz vorstellen können, oder uns nach dem größtmöglichen Nutzen der größtmöglichen Zahl richten, oder man solle in jedem Augenblick die Natur in sich durch die Vernunft überwinden — so spüren wir vielleicht, daß zwar tiefe und inhaltreiche ethische Erlebnisse diese Formulierungen gewissermaßen als ihre Silhouette entwickelt haben; nun aber stehen sie als feste Gehäuse da und wollen das unendlich bewegte, unendlich differenzierte gesollte Leben in sich hinein zwingen, das sie doch bald überflutet, bald unausgefüllt läßt. Dieser Gegensatz braucht keineswegs immer den ethischen Inhalt zu betreffen. Mit diesem vielmehr, wie jene Normen ihn fixieren, wird die jeweilige Lebendigkeit des Sollens sich großenteils übereinstimmend wissen, obgleich der Gegensatz gewissermaßen der beiden Aggregatzustände des Sollens prinzipiell auch den Raum für einen solchen zwischen den gesollten Inhalten schafft und dem Sollen jenes „Despotische" gibt, das Goethe an ihm beklagt. Es handelt sich dabei nicht etwa um die Widerstände, die unsere sonstigen Begehrungen der sittlichen Forderung entgegensetzen, nicht darum, daß die seelische Wirklichkeit sich nicht zur Verwirklichung des Gesollten hergeben will, sondern darum, daß das als Sollen verfließende Leben, eben weil es geistiges Leben ist, sich dem Selbstwiderspruch des letzteren nicht entziehen kann: daß die Formen, die es erzeugt und in denen allein es verlaufen kann, einen von eigener innerer Logik gefesteten, übervitalen Sinn und Bestand haben, gegen dessen Anspruch auf Normierung des Lebens sich die stetige Strömung, die unabsehliche Differenzierung, der rastlose Inhaltswechsel eben dieses Lebens als Sollens zur Wehr setzt; es erzeugt notwendig und damit es

sich überhaupt offenbaren könne, die Form (hier als praktisch unentbehrliches formuliertes Moralgesetz und überindividuelle Wertsetzung) — und gerade als kontinuierlich
zeugendes muß es das Prinzip der Form als das ihm Unan-
gemessene empfinden. Selbstverständlich zeigt sich innerhalb der empirischen Verläufe dieser Widerspruch nur fragmentarisch, in mehr oder weniger dunklen Strebungen und
Gegenstrebungen, in Abgestumpftheit durch Anpassungen
und äußere Erfordernisse.

Diese innere Antinomie also ist keine Widerlegung, sondern eine bestätigende Vertiefung davon, daß das Sollen dem
Leben nicht gegenübersteht, sondern ein Modus seines gesamten Vollzuges ist. Es läge die Versuchung nahe, dies
Verhältnis der beiden Begriffe in der Kantischen „Autonomie" des Sittlichen ausgedrückt zu finden: indem wir uns
das Gesetz „selbst geben", scheint ja seine Ich-Fremdheit beseitigt, scheint es in den Grund des Lebens selbst eingesenkt
zu sein. Allein in Wirklichkeit gibt bei Kant keineswegs das
Individuum als ganzes, lebendes, einheitliches sich das Pflichtgebot, sondern nur der Teil seiner, mit dem es die überindividuelle Vernunft repräsentiert. Das Gegenüber, die unvermeidliche Relationsform des Pflichtgebots, konnte Kant
auf diese Weise nur gewinnen, indem er innerhalb des individuellen Gesamtlebens die „Sinnlichkeit" unserem vernünftigen, gesetzgebenden Teile gegenüber und entgegen stellt.
Kant konnte schließlich gar nicht darüber hinweg, daß das,
was dem Individuum befiehlt, etwas jenseits des Individuums
sein müsse. Und da er nun alle Heteronomie verwirft, so
muß er dies durch Zerreißung des Individuums in Sinnlichkeit und Vernunft zu ermöglichen suchen. Tatsächlich ist
die Heteronomie nicht beseitigt, sondern nur aus dem Verhältnis zu einem Außen in das Innerliche zwischen Vernunft
und Sinnlichkeit verlegt. Die Illusion, daß, wenn die Vernunft der Sinnlichkeit befiehlt, damit doch „wir selbst" uns
das Pflichtgebot geben, kann Kant nur durch die in keiner

Weise erwiesene, naiv dogmatische Behauptung stützen, daß
jener vernunftmäßige, allgemeingültige Teil von uns das
„eigentliche" Ich, das Wesen unseres Wesens ausmache. Es
kommt darin der moralische Größenwahn zum Ausdruck
— der allerdings in der Geschichte der Moralen endemisch
ist —, daß die Sinnlichkeit eigentlich nicht zum „Ich" gehört.
Nun mögen diese beiden als abstrakte Begriffe vielleicht einander fremd sein; allein dasjenige Maß von Sinnlichkeit, das
heißt von sinnlicher Verführbarkeit und Verführtheit, das
das Individuum nun einmal in sich realisiert, gehört genau
so zum Ich, wie irgendein anderes Element seiner seelischen
Wirklichkeit. Man stützt eben den Willen zum eigenen Wert
durch die plumpe Verschiebung, daß, weil der Gegenstand
der Sinnlichkeit freilich außerhalb des Ich liegt, auch sie
selbst nicht zu ihm gehöre. Man könnte ebensogut behaupten, daß die Atmungsorgane nicht zu unserem Körper
gehören, weil sie ihre Funktion nur durch die Luft von außerhalb des Körpers her ausüben können. Als ob je ein Gegenstand uns verführte, und nicht ausschließlich der aus unserem Inneren hervorbrechende, in diesem Augenblick das Ich
darstellende eigene Trieb. Identifiziert man das eigentliche
Ich mit der Vernunft, mit dem Guten, so ist es nur konsequent, die Sünde auf die Vergewaltigung durch den Teufel
zu schieben, der von außen an uns herantritt; er ist das notwendige Korrelat jenes Ich, aus dem als solchem nur Gutes
kommen kann — denn woher sollte dann das aus uns selbst
expatriierte Böse kommen? Die volle Verantwortung für
dieses, die Spontaneität der Sünde wird uns so abgenommen;
wir bleiben nach dem, was wir eigentlich sind, immer die vernünftigen und guten Wesen; die Erfindung des Teufels ist
die größte moralische Feigheit der Menschen, der Ausdruck
dafür, daß man für das Böse, das man tut, nicht oder wenigstens nicht in vollem Maße eintreten will. Und die als Sünde
geltende Sinnlichkeit, die das reine oder eigentliche Ich nicht
berührt, ist nichts anderes als der verfeinerte und einiger-

maßen abgeschwächte Teufel. Kant aber kann nur auf Grund
dieser Scheidung sein Sittengesetz als ein solches, das „wir
uns selbst geben", verkünden. Denn da es ein völlig ratio-
nales und gegen die Sinnlichkeit als solche gerichtetes ist, so
würde er es niemals als ein von uns selbst gegebenes aus-
geben können, wenn dieses Selbst noch etwas anderes als die
von aller Sinnlichkeit prinzipiell geschiedene Vernunft bedeutete, wenn es wirklich den ganzen Menschen, einbegriffen
also auch seine sämtlichen anderen Seelenenergien, um-
schlösse. Was ich mich zu zeigen bemühte, war, daß das
Leben, in seiner Totalität als Sollen ablaufend, das Gesetz
für eben dies Leben bedeutet, das in seiner Totalität als
Wirklichkeit abläuft; Kant aber verlegt den Dualismus in
die Lebenstotalität selbst hinein, indem er sie in das eigentliche oder vernünftige Ich und in die für dieses nur peri-
pherische oder ihm entgegengesetzte Sinnlichkeit zerspaltet.

Das Gesetzhaft-Imperativische, das den psychologischen
Ton des ethischen Bewußtseins in weitem Umfang bestimmt,
kann zweifellos die räumliche Metapher des Gegenüber, des
Uns-Entgegentretens, nicht ablehnen. Allein dieses Über-
sich-selbst-Hinauslangen, dieser Aufbau des Anderen und
des Gegenüber ist ja doch die Funktion des Lebens selbst;
das Außerhalb, von dem ihm objektive Normierung, Wertung oder Verurteilung kommt, ist eine Lebendigkeitsform
seines Innerhalb. Und daraus erklärt sich, daß die am Sollen
gemessene Distanz zwischen Lebenswirklichkeit und Lebens-
ideal unzählige Abstufungen zeigt, daß sich wie in unmerklichen Übergängen aus dem unbefangen sittlichen Lebensstrom die Strenge eines Imperativs erhebt, der schließlich
wie von einem Jenseits des Lebens herzukommen scheint.
Diese Graduierungen und Vermittlungen wären schwer verständlich, wenn das Sollen tatsächlich diese Herkunft hätte;
ich wüßte nicht, wie man dann die starre Unbarmherzig-
keit des Gegenüber zwischen dem Leben und der idealen
Forderung je aus dem Bewußtsein verlieren oder seine Span-

nung als irgendwie versöhnbar empfinden könnte. Aber eben dies geschieht fortwährend. Beobachtet man den tatsächlichen Lebensverlauf, so zeigt er sich selbst in seinen positivsittlichen Abschnitten sehr viel weniger vom Bewußtsein eines Gesetzes abhängig, als man nach den Darstellungen der Moralphilosophie meinen müßte, auch nach der fortspukenden Normierungsidee des Dekalogs, als wäre er das Prototyp aller ethischen Forderungen. Freilich, das deutlichere oder dunklere Bewußtsein von dem, was wir sein und was wir tun sollen, begleitet dauernd die Wirklichkeit unseres Lebens, ohne sich indes aus der Vorstellung dieser Wirklichkeit, sobald die Inhalte beider zusammengehen, be· sonders herauszuheben; nur äußerst selten geschieht diese Begleitung in Gestalt eines formulierten oder auch nur formulierbaren „Gesetzes", sondern meistens in einer gleichsam flüssigen, gefühlshaften; auch wo wir im Lauf unserer Praxis durchaus auf das, was wir sollen, hinhören, wenden wir uns in der Regel dabei gar nicht erst an das Pathos eines mehr oder weniger allgemeinen Gesetzes, sondern das Gesollte hat „Bekanntheitsqualität". Nur der aus reinem Begriffsmaterial konstruierte Moral-Homunkulus Kants appelliert dauernd an die höchste Instanz eines Gesetzes. Was die Dekalog- und Moralprinzip-Formen sozusagen in einen harten Klumpen geballt haben, ist in Wirklichkeit jene Kontinuität des Lebens, die unter der Kategorie des Sollens abfließt. Der Imperativ, der dem Leben gegenübersteht, scheint als solcher nicht „lebendig" sein zu können. Auch Nietzsche gab ihm ja nur das Leben zum Inhalt, aber die ideelle Form des Sollens blieb eben doch die „Tafel", die „über das Leben" gestellt ist. Es ist noch eine von Nietzsche selbst nicht gestellte Frage, ob das Sollen seiner Form nach lebendig, ein Analogon des Lebens oder eine Kategorie sein könne, unter der es sich seiner selbst bewußt wird. Nehmen wir den Ausdruck Gesetz für die Sollensforderung an, so ist es jedenfalls etwas sehr viel Beweglicheres, mannigfaltigere

Stadien Durchlaufendes, in sich Differenzierteres, als seinen
Formulierungen in jenen Prinzipien zu entnehmen ist, ohne
daß etwa die seinem Lebendigkeitscharakter entsprechenden Bestimmungen ihm irgend etwas von seiner Strenge,
gegen alle Wirklichkeit selbständigen Idealität, unbeugsamen
Objektivität, abnähmen; die Möglichkeit dieser Vereinigung
wird noch ausführlich zu begründen sein. Aus jenem Lebendigkeitscharakter des Sollens versteht man, daß auch die
sittlichen Handlungen meistens als etwas in sich ganz Einheitliches, einfach Hervorwachsendes geschehen, und zwar
um so sicherer, je tiefer sittlich die Persönlichkeit ist, als
ein je einheitlicherer Prozeß das Leben als Wirklichkeit und
das Leben als Sollen sich in ihr, als sie, entfaltet. Gerade
der „gute Wille" bedarf der Gesetzesverpflichtung nicht;
ja, rein als solcher weiß er nichts von ihr, weil er eben von
vornherein gut ist, das heißt sein Leben sozusagen in der Indifferenz seiner Wirklichkeitsform und seiner Sollensform
abläuft. Wenn dann die Reflexion beides trennt, liegt es,
unserem Denktypus gemäß, nahe, das Sollensmoment um gewisse hauptsächliche Inhalte herum zu einem fest umschriebenen, für sich bezeichenbaren Gebilde von geistigem Eigenbestand gerinnen zu lassen, eben zu Gesetzen. Es besteht
eine gewisse Analogie zu dem theoretischen Verfahren: viele
Vorstellungen und Anschauungen sind als einheitliche, konkret einfache gegeben, an die die Reflexion nachträglich die
Kategorien des Naturgesetzes und des besonderen Falles heranbringt und so eine dualistische Spannung in dem Inneren
des unmittelbar Daseienden erzeugt; oder, in anderer Wendung, wenn Erkenntnisse intuitiv, gewissermaßen spontan
in uns aufsteigen, die dann ihre weitere Entwicklung und
Einordnung erst in die Form von aufgegebenem Problem und
gefundener Lösung auseinandergehen läßt. Bei aller gar
nicht diskutabeln Bedeutsamkeit und Unausschaltbarkeit begrifflich formulierter Moralgesetze darf man sich doch klarmachen, daß sie sekundäre Gebilde sind; das Leben macht

über diese Erzeugnisse seiner selbst, die ihm formfremd geworden sind, einen Umweg, um schließlich wieder zu sich selbst zu kommen; denn es bedarf dieser Einsicht, damit man das Sollen nicht vernachlässigt oder verneint glaubt, wo es sich nicht zu derartigen Gesetzen erhebt oder keine Zugehörigkeit zu ihnen finden kann. Ich möchte mit einem freilich sehr vorläufigen Ausdruck sagen, daß unser Handeln immer der Gesetzlichkeit bedarf, aber nicht immer der Gesetze. Vielleicht verdeutlicht eine religiöse Analogie das damit Gemeinte. Es gibt heute eine große Anzahl von Persönlichkeiten, die sich von Religion und Religionen in ihrem hergebrachten formulierten Sinne völlig losgesagt haben, aber sich aufs entschiedenste dagegen wehren, als irreligiös zu gelten. Sie scheiden zwischen Religion und Religiosität so genau, daß sie mit jener vorbehaltlos brechen, diese aber ebenso vorbehaltlos bewahren zu können meinen; ja, es begegnet zuweilen, daß sie die Kantische Wendung, er habe das Wissen beseitigen müssen, um für den Glauben Platz zu gewinnen, dahin fortsetzen: sie hätten den Glauben abgetan, um die Gläubigkeit zu behalten. Sie verstehen unter Religiosität oder Gläubigkeit ein schlechthin von innen bestimmtes Verhalten, das gar keine eigenen Inhalte oder Gegenstände braucht, sondern eine Art ist, das ganze Leben zu leben und jeden Moment seines stetigen Verlaufes zu färben; religiöse Dogmen aber sind ihnen nur herausgehobene, jenseits des Lebens gestellte Einzelgebilde, deren begriffliche Fixiertheit schließlich doch nur einzelne Lebensmomente auf sie anweist, Betimmungen, die der Seele von außen kommen, während deren kontinuierliche Ganzheit nur von ihrer inneren Quelle her einen wirklich durchgehenden Charakter bekommen kann. So würde, wenn man sich den vollendet sittlichen Menschen denkt — denjenigen, bei dem das ideelle, lebenbegleitende Sollensgesetz von vornherein mit seiner psychologisch-praktischen Wirklichkeit Eines ist

— jeder Augenblick seines Wollens und Tuns zwar gesetz-
lich sein, aber in der unendlichen Variabilität und Nicht-
Vorherbestimmbarkeit des Lebens selbst; ob aber jeder
dieser Augenblicke unter ein jenseits seiner selbst geformtes
Gesetz gehöre, danach würde er nicht viel fragen. Gewiß,
daß man Versuchungen zu pekuniären oder sexuellen Be-
denklichkeiten widerstehe, den Hilfsbedürftigen helfe, seine
Tatkraft im kulturellen, patriotischen, menschheitlichen
Sinne entfalte — dies alles liegt im Herleitungsbereich formulierter Moralprinzipien. Allein das Verhalten der sittlichen,
ihrem Sollen gehorsamen Seele ist damit nicht erschöpft
und nicht erschöpfbar. Diese kontinuierliche Sittlichkeit
vielmehr orientiert sich nicht nach einem irgendwie äußerlichen festgelegten Wertpunkt (auch wenn ein partielles
Interesse der Seele, das rationale oder karitative, das
ästhetische oder religiöse diese Äußerlichkeit liefert), sondern sie ist gleichsam der Rhythmus, in dem das Leben seiner
tiefsten Quelle entströmt, nicht nur die Tönung dessen, was
man Handlungen nennt, vielleicht nicht einmal nur des Willens, sondern des ganzen Seins: sie liegt in jedem Gedanken
und der Art seiner Äußerung, in Blicken und Worten, im
Fühlen der Freuden und Ertragen der Leiden, ja auch in
dem Verhältnis zu den Gleichgültigkeiten des Tages. Dieser
ganze Zusammenhang des Lebens ist bei dem Menschen,
der sittlich ist (nicht nur Sittliches tut), eben anders als bei
dem anders Qualifizierten. Der Rhythmus des Lebens, das
keinen Sprung macht, sondern stetig Zustand aus Zustand
gebiert, ist auch dem Leben als Sollen eigen. Das ist, was
Goethe die Forderung des Tages nannte: nicht die, die der
Tag im Sinne des äußeren Milieus an uns heranbringt, sondern die aus dem eigen-innersten Leben hervorgehende, aber
Stunde für Stunde, das Vorzeichnen des nächsten Schrittes;
der übernächste liegt im Dunkel und wird erst klar, wenn
der nächste getan ist. Für diese Auffassung ist das sittliche
Leben nicht in eine Anzahl einzelner „Handlungen" zer-

schnitten, deren jede sich an einem, ein für allemal kon-
stituierten Gesetz mißt; die ganze Lebenskontinuität vielmehr, aus der nur ausnahmsweise eine zu besonderer ¡Be-
nennung geeignete Spitze hervorragt, alles Unscheinbare und
Flüchtige der Worte, Stimmungen, Beziehungen, wird von
der ideellen Linie des Sollens begleitet — dessen Strenge
und Absolutheit hiermit aber nicht im geringsten herab-
gemindert wird. Nur daß es eben eine bewegliche Absolutheit ist, das ethische Gegenstück zu dem, was Goethe
einmal, mit freilich ganz geheimnisvoller Andeutung, die
„ewigen, beweglichen Gesetze" der Natur nennt. Dagegen
steht nur das bloße Vorurteil, daß die Würde ¡und Unnach-
laßlichkeit der sittlichen Forderung nicht gewahrt bliebe,
wenn ihr Inhalt dem Werden, der Entwicklung, dem Wechsel,
kurz den Zügen des Lebens unterstünde — eine der falschen
Begriffsverwachsungen innerhalb einer allmählich versinken-
den Weltanschauung.

Die Sittlichkeit durchaus an vorbestehende Gesetze zu
binden, als wären diese gewissermaßen die Zielpunkte, mit
deren Erreichtheit erst dem Sollen überhaupt genügt wäre,
erinnert an die Einengung des Entwicklungsbegriffs, die er
durch die scheinbare Notwendigkeit eines angebbaren Ent-
wicklungszieles zu erfahren pflegt. Von einem solchen her
erst käme einer Geschehensreihe die bestimmte Richtung,
die das bloße Nacheinander zu einer Entwicklung mache.
Für so viele Fälle dies auch zutrifft, so erschöpft es doch den
Begriff der Entwicklung nicht, der vielmehr, auf den Lebensverlauf organischer Wesen angewendet, eine immanente
Qualität eben dieses Verlaufes bedeutet, die von keinem
Ziel: einer „Entwicklungshöhe", einer zu realisierenden Idee
oder ähnlichem, abhängig ist. In dem Verhältnis der Lebensmomente zueinander, in der Art, wie einer aus dem anderen
hervorgeht, in dem Ton, mit dem der frühere in dem
aktuellen nachklingt, der nächste vorklingt, empfinden wir
unser Leben als ein sich entwickelndes. Ob es sich irgend-

wohin entwickelt, kommt dabei gar nicht in Frage und ist
höchstens ein Hinzufügsel der Reflektion; davon den Ent-
wicklungsbegriff überhaupt abhängig zu machen, ist eine
ziemlich grobe Übertragung unserer praktischen Teleologie
auf die völlig anders eingerichtete natürliche Entwicklung
der Organismen. Entsprechend also verhält es sich mit dem
ethischen Leben, wenn man es an von vornherein gegebene
Gesetze (auch aus der Ratio oder der Religion) derartig
binden will, daß es nur im Maße von deren Verwirklichung
ethisch sei. Mag uns der sprachlich begriffliche Ausdruck
auch immer an den Dualismus des Gesetzes und des durch
Situation und Individualität vereinzelten gesollten Tuns
binden — tatsächlich empfinden wir es ganz einfach als eine
Qualität, als die innere, in sich einheitliche Art gewisser
Handlungen, daß sie so sind, wie sie sein sollen; gerade wie
wir eben oft ein in sich und qualitativ ganz einfaches Gefühl
davon haben, daß wir uns entwickeln, daß wir fortschreiten,
ohne uns im geringsten eines Zieles, auf das hin wir schreiten,
dabei bewußt zu sein.

Nun ist die Reglementierung einer Handlung durch ein
Gesetz dadurch bedingt, daß der Inhalt dieser Handlung
einem Begriffe entspricht, dessen allgemeinen Wert oder
Unwert das Gesetz festlegt; sonst würde die Handlung in
dem stetig abrollenden Geschehen verschwimmen und dem
Gesetze keine gesicherte Anwendung auf sie bieten. Diese
Begrifflichkeit der Handlung ist ein entscheidendes Moment
aller nach Prinzipien normierenden, vor allem der Kantischen
Ethik. Aber gerade um seiner scheinbaren Selbstverständlichkeit willen muß untersucht werden, was denn der Begriff
für die Bestimmung eines Inhaltes leistet. Und das ist vor
allem dieses: er bewirkt, daß ein Ding überhaupt erst zu
einem Ding wird. Unser jeweiliges Anschauungsbild liegt
zunächst als ein Farbenkomplex vor uns ausgebreitet, aus
dem gewisse Teile erst herausgesondert werden müssen, um
als zusammengehörig, das heißt als ein Ding, erkannt zu

werden. Ebenso müssen wir die Welt objektiv als ein Kontinuum vorstellen mit absoluter Wechselwirkung aller Elemente, deren rein naturgesetzliche Verkettungen und Abläufe von der Einteilung in einzelne „Dinge" nichts wissen. Die Schaffung eines solchen scheint der Erfolg einer ganz primären geistigen Funktion zu sein, die wir mangels unmittelbarer Bezeichenbarkeit als Zusammenwirken von Unterscheiden und Verbinden benennen. Diese Funktion aber wirkt an dem unmittelbar sinnlichen wie objektiv naturgesetzlichen Kontinuum in der Weise, daß irgendein Begriff (wie auch immer zustande gekommen, wie dunkel, unvollkommen, schwankend auch immer) da ist, in dessen Umriß ein Elementenkomplex jenes Kontinuums zu einer Einheit zusammengeht. In der Sprache der fertigen Ratio: erst dadurch, daß ein Elementenkomplex als Exemplar eines bestimmten Begriffes erkannt wird, kann er überhaupt für uns zu einem „Ding" werden. Oder nochmals anders: er muß ein Ding sein, damit er ein Ding sei; ein Ding aber kann er nur werden, indem er als numerisch eine Darstellung eines Begriffes erkannt wird. Kants Bestimmung: wir erkennten den Gegenstand, wenn wir in dem Mannigfaltigen seiner Anschauung Einheit bewirkt hätten — ist auch nur so zu realisieren. Denn ich wüßte nicht, wie diese Einheit hergestellt werden sollte (da doch Einheit überhaupt als völlig undifferenziertes Schema etwas ganz Unwirksames ist), außer so, daß ein voranstehender Begriff bestimmt: dieser Anschauungsabschnitt ist dieses eine, einheitliche Ding. Dies gilt nicht nur für eigentliche dinghafte Gegenstände; auch eine Handlung ist nur dadurch eine Handlung, daß sie mittels eines Begriffes aus dem stetigen Fluß unseres Wollens und Uns-Betätigens herausgeschnitten wird; nur dadurch erhält sie die Umschriebenheit, die Bezeichenbarkeit als diese bestimmte, auf die hin sie für sich allein zum Gegenstand eines moralischen Urteils werden kann. Dies ist etwas höchst Bemerkenswertes in der Struktur unseres Weltbildes: daß durch den Begriff, ein in der Kategorie des schlechthin Allgemeinen liegendes Gebilde, eine für unzählige Inhalte gesetzgebende Form, gerade jedes Einzelphänomen erst als solches hergestellt wird; daß unser Anschauen und Denken nur über dies überindividuelle Mittel verfügt, um die Kontinuität und das ewige Fließen des in primärer Objektivität Gegebenen in individuelle Objekte einzuteilen, zu ihnen auszuformen. In jener ersten Objektivität gibt es eben keine Einheit, also auch keinen „Gegenstand“, außer der Totalität des Seins. Daß die Materie eines abgesprengten Felsstückes in sich fest zusammenhält, während sie gegen ihre Nachbarn im Raum ohne weiteres verschiebbar ist, bedeutet nur einen relativen Unterschied der Wechselwirkungen unter den materiellen Elementen. Ein Magnet ist ein Ding, und ein Stück Eisen, das an ihm hängt, ist auch ein Ding, obgleich seine Kohärenz mit dem Magneten viel stärker sein mag als die, die andere materielle Elemente dennoch zu einem Ding verbindet — weil diese für sich unter einem Begriffe stehen. Auf welche Weise ein solcher ding-schaffender Begriff psychologisch zustande kommt, ist eine Frage anderer Ordnung.

Nun besteht allerdings ein Bezirk von Objekten, für den diese Notwendigkeit nicht oder wenigstens nur in abgeschwächter, mit anderen Formungsprinzipien gemischter Art gilt. Die organischen Wesen stellen wir uns nicht als solche vor, die ihre Einheit erst durch Aussonderung aus der Kontinuität des Seienden, wie sie nur unter Führung eines Begriffs geschehen kann, finden. Sie haben vielmehr eine objektive, ihnen selbst immanente Einheit, durch ihre eigene Entelechie finden sie ihre formende Begrenzung; sie haben ein Zentrum in sich selbst, das sie der sozusagen gleichgültigen, alles in ein Kontinuum zusammenfassenden Strömung des Gesamtseins enthebt. Aus diesem Grunde hat für uns wohl immer das Lebewesen nicht ebenso vollkommen der Herrschaft des Begriffs unterstanden wie das Unorganische. Gewiß gehört das eine unter den Begriff des Löwen,

das andere unter den Begriff des Menschen, und ein jedes
außerdem unter so und so viele andere Begriffe. Allein wir
empfinden, daß sein Wesen durch seinen Begriff nicht zu erschöpfen ist; es gleicht nicht dem Unorganischen, das von
dem Begriff erst seine Bestimmung als dieses bestimmte,
das heißt als ein Ding überhaupt, erwartet. Indem der Organismus sich von vornherein als Einheit gibt, am ersten und
entschiedensten wohl im Bewußtsein der eigenen Persönlichkeit, ersteht aus seiner Wirklichkeit sein Begriff, während
dort umgekehrt durch den Begriff die Einheit sich bildet.
Jene aus der Variabilität unserer Begriffsbildung fließende
relative Freiheit: welcher Elementenkomplex uns als ein
Objekt gelten soll, besteht hier vielleicht überhaupt nicht;
der Organismus bestimmt sich selbst die begrenzende Form,
die als Einheit zu gelten hat, und den fluktuierenden Zu-
sammenfassungen, die an der unlebendigen Materie möglich
sind, sehr bestimmte Schranken setzt. Und dies modifiziert
nun auch jene vorläufige Bestimmung über die „Handlung",
als sei auch sie erst durch begrifflich gesetzte Eingrenzung
etwas Einheitliches und Charakterisierbares. Die Handlung,
angesehen als ein Pulsschlag des unmittelbaren Lebens, läßt
sich in ein vorbestehendes Begriffsschema gar nicht adäquat
einfügen; sie bestimmt ihr Wesen von dem Innern des Lebens
her, und ihre Verwebungen mit dem Vorher und Nachher
und dem ganzen seelischen Komplex dieses Lebens machen
ihre Abgrenzung durch einen von außen kommenden Begriff
— so unentbehrlich sie für die Praxis ist — zu etwas Zufälligem und Äußerlichem. Die Handlung ist eine, weil das
Leben sich von sich aus zu einem gewissen Intensitätsmaß
von Willen und Kraftbewährung hebt, sich zu einer Wellenhöhe zuspitzt, mit der es sein nivelliertes, unpointiertes Hin-
gleiten durch den Tageslauf überragt. Diese Konzentriert-
heit und Heraushebung von dem Rhythmus des wollenden
Lebens selbst her, die aber die Kontinuität mit dessen Total-
verlauf nicht unterbricht, ist die Szenenform dieses Lebens,

die wir jeweils „eine Handlung" nennen, und die für diese
Bezeichnung nicht der Einzäunung durch einen, den Hand-
lungsinhalt herausschneidenden Begriff bedarf. Dies festzustellen ist die Absicht der ganzen Erörterung: daß der
Gegenstand der ethischen Normierung zunächst von der Ge-
fesseltheit an den Begriff befreit werde, die für alle rationalistische Ethik von Sokrates bis Kant und weiter, und für
ihre letztinstanzliche Fundierung auf ein „Moralprinzip" bestimmend ist.

Hier ist nun zunächst das wichtigste Attribut des Gesetzes, seine Allgemeinheit, in seine ethische Bedeutung zu
verfolgen. Man könnte das Prinzipielle der Kantischen Moralphilosophie überhaupt daraus entwickeln, daß die Allgemeinheit des sittlichen Gesetzes ihr Wesen ausmacht. Denn
der Sinn des Gesetzes als solchen scheint doch zu sein, daß
das konkret lebendige Individuum von ihm bestimmt werde;
also kann das Gesetz nicht seinerseits von ihm bestimmt
werden, sondern gerade nur von dem Nicht-Individuellen, es
muß allgemein gültig sein, um dem Individuum gegenüberzustehen, wie sein Begriff es fordert. Dennoch scheint der
Grund für diese Gegenstellung gegen das Gesetz zunächst
nicht in der Individualitätsform als solcher zu liegen, sondern
darin, daß diese Form als mit dem Wirklichkeitsbegriff solidarisch gilt. Wie jedes Sein überhaupt nur einmal da sein
kann (seine Form, seine Qualitäten, seine Bewegungen
können sich an anderen Seinsstücken wiederholen, aber die
Mehrmaligkeit des Seins als Seins ist ein Ungedanke), wie
also das Sein ontologische Individualität hat, so kommt diese
auch der seelischen Existenz als Existenz zu. In diesem
Sinne also (nicht in dem qualitativen oder differentiellen) ist
jede Wirklichkeit individuell. Auf dieser metaphysischen
Grundlage scheint sich mir die Umkehrung zu erheben: alles
Individuelle ist nur wirklich — die als logische freilich
nicht bündig ist, dennoch aber sachlich zutreffen könnte.
Ihre ethische Bedeutung findet sie in ihrem Korrelat: das

Nicht-Wirkliche, das Geforderte, das Ideale, kann nichts Individuelles, muß also ein Allgemeines sein. Hier liegt, wie schon angedeutet, der Drehpunkt der Kantischen Ethik; es ist auch das Generelle an dem entscheidenden, den Ton dieser Ethik bestimmenden Satz: Man gebietet niemals jemandem das, was er schon unausbleiblich von selbst will. Dies ist zwar gegen den Eudämonismus gemeint, der die sittliche Forderung mit dem Glücksstreben identifizieren will. Aber der prinzipielle Gesichtspunkt ist doch: was überhaupt wirklich ist, liegt außerhalb der Sphäre des sittlich Geforderten. Die gegebene Wirklichkeit, und nicht nur als formale Tatsache der Existenz, sondern auch als Inhalt, kann nicht zugleich das „Gebotene" sein, weil dies das Wirkliche und das Ideale, das doch immer erst wirklich werden soll, sinnwidrig in Eins setzen würde. Ist alles Wirkliche individuell, so muß also das Ideale allgemein sein; ist alles Individuelle nur wirklich, so kann es nicht zugleich überwirklich, die ideale Forderung eines Gesetzes sein. Das Gesetz darf keinen Quellfluß in der Individualität des Menschen haben, für den es gilt; es wohnt in der Region des Über-Individuellen, weil es in der des Überwirklichen wohnt. Ja, es wendet sich eigentlich nicht einmal an den individuell wirklichen Menschen, in dessen sinnlich-selbstischer, durch Zufälle bestimmten Natur (wie Kant sie auffaßt) es gar keinen Ansatzpunkt fände, sondern an die Vernunft in uns, an unser „reines Ich", und im Prozesse der Sittlichkeit weiß Fichte jenem empirisch-individuellen Ich keine andere Rolle zuzuweisen, als daß es in das reine Ich ein- und aufgehe, sich also verflüchtige: in dem Maß, in dem es noch besteht, herrscht eben das Sittengesetz nicht. Das reine Ich aber ist ein solches, in dem alle Unterschiede von Person zu Person verschwinden und das sich nur aus dem allgemeinen Begriff des Menschen konstituiert — aus jener Menschheit im Menschen, von der Kant sagt, daß sie heilig sei, auch wenn der Mensch unheilig genug ist. „Könnten alle Menschen vollkommen werden," so äußert

sich Fichte über die freilich irdisch unerreichbare Sittlichkeit,
„könnten sie ihr höchstes und letztes Ziel erreichen, so wären
sie alle einander völlig gleich; sie wären nur eines, ein einziges Subjekt." Sehr bestreitbar indes scheint mir diese, in
vielen Modifikationen noch fortlebende unbefangene Voraussetzung Kants und Fichtes, daß das reine oder fundamentale
Ich das allgemeine sei, das empirische dagegen individualisiert, in seinen Qualitäten differenziert, von vielleicht un-
verwechselbarer Sonderart. Die entgegengesetzte Erscheinung ist nicht ganz und gar abzuleugnen. Gerade als empirische Wesen sind wir von tausend Einflüssen bestimmt, die
andere ganz ebenso treffen, durch soziale Einrichtungen und
Schichtungen nivelliert, von den historischen Allgemeinzu-
ständen gefärbt; gerade als empirische Wesen lenkt uns die
Naturgesetzlichkeit mit ihrer entindividualisierenden Allgemeingültigkeit, wie wir ja auch gerade als empirische
Wesen den allgemeinen Rechtsgesetzen unterstehen. Das
überempirische Ich aber, dasjenige, das wir in die empirischen Verhältnisse mitbringen, um sie mit ihm als apriori-
schem Element erst zu gestalten, möchte sehr wohl etwas
qualitativ Einziges, metaphysisch Einsames und gegen alle
anderen Gleichgültiges sein. Mindestens sehe ich nichts, was
diese Möglichkeit ausschlösse. Angesichts der Gleichheit der
natürlichen Bedingungen, in die wir rein als Naturwesen hineingesetzt sind, könnte man sogar fragen, ob alle empirischen Individualisierungen sozialer, geschichtlicher, perso-
naler Art nicht schließlich auf die Unterschiedlichkeit
jenes in die Empirie erst mitgebrachten und sie in ihrer
Sonderart erst konstituierenden Faktors: der transzendentalen Persönlichkeit, des fundierenden Ich, zurückgehen. Im
letzten — oder ersten — Grunde macht der Mensch die „Verhältnisse", wenn auch nachher die Verhältnisse den Menschen
machen, und es erscheint mir deshalb ziemlich problematisch,
wenn der Kant-Fichtesche Idealismus jenen Individualisierungen, die er ja gerade auf Grund ihres empirischen Cha-

rakters aus den jeweils gegebenen Verhältnissen herleiten muß, den absoluten Unterbau gleicher, schlechthin allgemein bestimmter Ich-Persönlichkeiten geben will. Tut er es aber einmal, so ist damit für ihn die Expatriierung der Sittlichkeit aus der individuellen Realität und ihre Verlegung (sowohl was ihren terminus a quo wie ihren terminus ad quem betrifft) in die Sphäre des Allgemeinen besiegelt.

Aber eine Erwägung, die sich gegen ein bisher gar nicht recht diskutiertes Dogma der rationalistischen Moralen richtet, scheint mir sogleich dieses Siegel mindestens an einer Stelle zu lockern. Die sokratische Lehre, daß die Tugend eine sei, nicht unterschieden, zum Beispiel für Mann und Weib — oder in dem Ausdruck der Megariker: daß die Mehrheit der Tugenden nur verschiedene Namen für diese eine seien — ist für die ganze hier kritisierte Richtung, bis zu ihrer letzten Verinnerlichung bei Kant, höchst bezeichnend. Sie wird ohne weiteres zugeben, daß es vielfach unterschiedliche Laster, Individualisiertheiten des Bösen gebe, aber in dem Guten als solchem kämen keine Richtungsdivergenzen unter. So befriedigend dies Bild, sozusagen von der Ästhetik des Sittlichen her, erscheint, so möchte ein kühlerer Blick vielleicht das Umgekehrte wahrnehmen. Will man überhaupt einen Einheitsbegriff über bestimmte Bezirke des Ethischen spannen, so scheinen mir die Sündhaftigkeiten sich dazu viel eher herzugeben als die sittlichen Werte. Mag die Vorstellung, die Sünde bestehe in einem Herrwerden des Sinnlichen über das Tiefere und Zentrale in uns, noch so schief und mißverständlich sein — irgendeine Beziehung zu dem wahren Verhalten wird sie doch wohl haben; zweifellos aber ist die Sinnlichkeit die breitere Schicht, die einheitlich allgemeinere der Menschheit. Es ist der größte Irrtum, daß der Egoismus, mit dem man das Sinnlich-Sündhafte solidarisch setzt, den Charakter des Individuellen trage; im Gegenteil, da der Egoismus sich immer auf ein Haben richtet, da er den Menschen aus seinem Zentrum heraus auf Objekte

hinführt, die schließlich auch andere haben können oder
wollen, so liegt in ihm immer eine Entindividualisierung,
eine Intention auf ein irgendwie Unpersönlich-Allgemeines.
Nur die Oberflächenerscheinungen, sozusagen die Technik
der Sünde, verführt zu dem Glauben an ihren individualistischen Charakter: die Exklusivität des egoistischen Ge-
nießens, die notwendigen Heimlichkeiten, die antisoziale Tendenz. Ihrem tieferen Wesen nach ist die Sünde gerade ein
viel Allgemeineres, in das wir versinken, als das Gute, und
gerade ihrer letzten Bedeutung nach ist es ziemlich gleichgültig, ob sie diesen bestimmten Inhalt annimmt oder einen
anderen — was für unsere positiven Lebenswerte keineswegs
gilt. Es kann doch nicht sinnlos sein, daß unzählige Male
das sittliche Verhalten durch ein „Werde, was du bist!" bezeichnet wird, als ein Zurückkehren zu dem eigensten und
echtesten Selbst. Wenn man nun die Gewalttat Kants, dieses
zentrale, das sittliche Leben aus sich entwickelnde Ich für
identisch mit der allgemeinen Vernunft zu erklären, nicht mit-
macht, sondern es in der inneren Einzigkeit oder Einsamkeit
hinnimmt, in der es erlebt wird — so quillt also gerade die
Sittlichkeit aus dem Punkt, wo der Mensch mit sich allein
ist und zu dem er sich von dem „breiten Wege der Sünde"
weg — dessen Breite doch nicht nur seine verlockende Be-
quemlichkeit, sondern auch seine Gangbarkeit für alle bedeutet — zurückfindet.

Die Behauptung des Sittlichen als eines Allgemeinen, also
als eines Einheitlichen, seines Gegenbildes als eines Indi-
vidualisierten, seinem Wesen nach Isolierten, gehört in einen
durchgehenden Wertungstypus: die Positivitäten bestimmter
Wertbezirke als einheitlich, ihre Negativitäten als differenzierte, eigentlich von Fall zu Fall akzidentelle anzusehen. So
sagt eine altjüdische Redeweise: es sei merkwürdig, daß
Gott so viele verschiedene Krankheiten, aber nur eine einzige Gesundheit geschaffen habe. Dies scheint mir eine nach
falscher Richtung gezogene Abstraktion. Gerade Gesundheit

bedeutet, daß die normale Funktionsfähigkeit des Organismus sich bis in seine feinsten Eigenheiten hineinerstrecke; gerade gesund ist ein jeder nur auf seine Weise. Prinzipiell gilt das Entsprechende natürlich auch für die Krankheit; allein immerhin gestatten Krankheitszustände nicht nur die Zusammenfassung typischer Gruppen, sondern während die Gesundheit auf das jeweils individuelle, in seinen Besonderungen gar nicht vorauszusagende Leben geht, ist die Krankheit ihrem Sinne nach auf den Tod gerichtet, der das schlechthin Allgemeine, alle Unterschiede Verlöschende ist. So bemerkt Tolstoi einmal, alle glücklichen Menschen seien als solche einander ähnlich — als ob es schließlich nur ein Glück gäbe, was ja auch Kants Meinung ist —, unglücklich aber sei ein jeder auf besondere Art. Dies kann nur gelten, wenn man das Glück mit seinen typischen Veranlassungen, mit Reichtum, gesellschaftlicher Position, Erfolgen, „Besitz" der geliebten Person verwechselt; dann freilich ist es etwas allenthalben ziemlich Gleichmäßiges: diese Güter sind unter wenige ganz allgemeine und quantitativ abstufbare Begriffe zu bringen. Fragt man aber statt nach den äußeren Ursachen des Glücks vielmehr nach ihm selbst, nach seiner subjektiven Tatsächlichkeit, so ist es genau so individuell und unvergleichbar, wie das Leben selbst, dessen momentane Erregtheit und Schönheit es bildet. Nur weil für das Leiden oft keine so anschaulichen äußeren Ursachen anzuführen sind, weil es oft nur in einem Mangel, einer Enttäuschung, einem Herabsinken besteht, scheint es eher aus dem inneren, spezifischen Wesen des Individuums zu fließen als das Glück, das in Wirklichkeit nicht weniger in eben diesem wohnt. Im Gegenteil, das Glück ist meistenteils etwas so viel Zarteres, Undefinierbareres, von der Gunst seltener Kombinationen Abhängigeres, daß es mir in viel höherem Maße als etwas Besonderes, Individuelles, sozusagen Zufälliges vorkommt, als das Unglück, das durch viel häufigere und sozusagen immer in der Luft liegende Momente ausgelöst werden kann.

So scheint mir also die Allgemeinheit des Sittlichen — insbesondere wenn diese als seine Einheitsform betont wird — eine Wurzel auch in dieser typischen Tendenz auf Harmonie der Werte zu haben, die indes nur psychologisch-optimistisch ist. Bei realistischerer Einstellung wird man sich kaum verhehlen können, daß unsere Sünden viel mehr generellen, typischen Charakter tragen, als unser Tiefstes und Bestes. Hiervon indes als einem mehr Beiläufigen absehend, fragen wir: was ist nun der eigentliche Sinn solcher Allgemeinheit, wo liegt in der ethischen Gesamtsituation der Angriffspunkt des von ihr bestimmten Gesetzes, welches ist der Gegensatz, um dessentwillen es ihrer Betonung überhaupt bedarf?

Das All-Entscheidende scheint mir hier der Begriff der „Handlung" zu sein, die — ich muß das oben Festgestellte weiter verwenden — als etwas genau Umschriebenes, in seinem eigenen Zentrum und seiner geschlossenen Peripherie seinen Sinn findend, mit einem Begriff zulänglich Beschreibliches angesehen werden muß, wenn das Handeln überhaupt allgemeinen Gesetzen unterstehen soll. Wenn Kant es der sittlichen Handlung abverlangt, daß ihr Prinzip ein immer und überall gültiges Gesetz sein könne, so ist damit vorausgesetzt, daß sie sich als die genau gleiche innerhalb der verschiedensten Lebensläufe rekognoszieren läßt. Solange die einzelnen Lebensmomente, Antriebe, Entschlüsse in die Einheit einer stetigen Existenz verwebt sind, haben sie nur in Beziehung zu deren Zentrum und Ablauf eine Bedeutung, bestehen überhaupt nur als die Atemzüge solchen individuellen Lebens. Aus diesem Zusammenhang müssen sie erst gelöst sein, wenn sie der Stoff einer über das Individuum hinausreichenden Gesetzlichkeit sein sollen. Denn nur in der Verselbständigung diesem Individuum gegenüber, von seinem Blutkreislauf nicht mehr ihre Nahrung ziehend, können sie in andere Kombinationen eingefügt werden und kann die normierende Form für andere und beliebig viele Individuen sich an ihnen offenbaren. Es taucht allerdings bei Kant öfters ein Motiv auf, das die Handlung in die Ununterbrochenheit des Lebenszusammenhanges einzustellen scheint: er betont den „Fortschritt der Moralität", den das Individuum im Lauf seines Lebens bis zum Ende hin aufweise. Zunächst aber gilt dies doch nur für diejenigen, bei denen ein solcher dauernder Fortschritt wirklich vorliegt, was die Erfahrung nicht allzuoft zu zeigen scheint und was zum Beispiel für Goethe höchst zweifelhaft war: der Mensch, sagt er, würde zwar im Älterwerden ein anderer, aber man könne nicht sagen, daß er ein besserer werde. Hiervon aber auch abgesehen, ist für Kant ganz ersichtlich dieser Fortschritt ein Nacheinander einzelner Handlungen, die durch das steigende Quantum der in jeder enthaltenen Moralität eine aufsteigende Reihe markieren. Die isolierte Handlung also, wie sie unter einen festen Begriff gehört, ist der Gegenstand der sittlichen Beurteilung. Und so steht es mit allen generellen Prinzipien, nicht nur mit dem kategorischen Imperativ. Auch das göttliche Gebot oder das aristotelische „Mittlere" oder das Optimum der gesellschaftlichen Entwicklung ergreift die Handlung nicht, wie sie aus dem Zentrum des einzelnen Lebens aufsteigt, sondern wie sie gleichsam von oben her durch einen Begriff umgrenzt wird. Es macht hierbei keinen Unterschied, ob die Handlung nur als äußerliches opus operatum oder als rein seelischer Willensinhalt, gleichgültig gegen äußeres Gelingen oder Nicht-Gelingen, aufgefaßt wird; denn auch in letzterem Fall kommt sie für ein allgemeines Gesetz nur in Herauslösung aus dem Lebensganzen und in der Beschränkung auf ihren durch einen Begriff ausdrückbaren Sinn in Frage. Das Leben, moralisch betrachtet, besteht hier in einer Summe aneinander gefügter einzelner Handlungen, von denen die eine mit bestimmter, an dem Herrschaftsbezirk ihres Begriffes ablesbarer Grenze aufhört und die andere mit einer entsprechenden anfängt. Die Verwandtschaft mit der Vorstellungspsychologie ist nicht zu verkennen. Aus dem Bewußtseinsstrom, dessen Inhalte kontinuierlich ineinander übergleiten, schneidet diese psychologische Methode je einen Inhalt heraus, der einen logisch irgendwie selbständigen Ausdruck gestattet, oder auch: sie erfaßt jeweils die logischen Kerne dieser flutenden Inhalte und bekleidet sie mit einer Art seelischen Körpers, mit dem dann jeder Inhalt als „eine Vorstellung" auftritt. Die auf diese Weise zu Einheiten umgrenzten Vorstellungen ergeben nun das Bild des seelischen Lebens, in dem sie aufsteigen und versinken, sich gegenseitig verbinden oder sich trennen, einander reproduzieren oder hemmen, abwechselnd das Bewußtseinsgebiet beherrschen oder auch verkümmern usw. — und zwar, als wäre jede für sich mit einer Sonderkraft versehen, die sich von der gemeinsamen individuellen Lebensquelle aller sozusagen nichts wissen macht. Dieses mechanistische Bild vom „Spiel der Vorstellungen" bestimmt, über seine jetzt wohl im wesentlichen aufgegebene wissenschaftliche Prinzipienmäßigkeit hinaus, in weitgehendem Maße die populäre Ausdrucksweise über das seelische Geschehen. Diese Art nun, die innere Wirklichkeit vorzustellen, hat mit den „allgemeinen Sittengesetzen" auch die Idealität des Sollens ergriffen. Das allgemeine Gesetz kann sich gar nicht auf die inneren Vorgänge beziehen, insofern sie innerhalb eines individuellen Lebenszusammenhanges stehen, nur in ihm möglich sind, gerade nur die jetzt vor sich gehende Szene des ganzen einheitlichen Lebensdramas sind. Es erfaßt den vitalen Gehalt nicht in der Form seines Gelebtwerdens, sondern in der einer verbegrifflichten Inhaltlichkeit, die sich als allgemeine in jedem Lebensverlauf wiederholen kann und in jedem die gleiche, aus dem Moralgesetz abgeleitete Beurteilung findet. Unverkennbar herrscht überhaupt in den ethischen Reflexionen — und auch hier tief in die Schicht der

Popularität hinein — die mechanistische Denkweise: Gesetz
und Gehorsam, Egoismus und Selbstlosigkeit, Glück und
Tugend, Sinnlichkeit und Vernunft und viele andere erscheinen innerhalb dieses Gebietes wie sicher bestimmte
Größen. Wie sehr dies gerade einer gewissen Unbehilflich-
keit der intellektuellen Formung, gegenüber der lebendigen,
nur einer biegsameren Begriffsbildung zugänglichen Wirklichkeit entspricht, mag man aus der mittelalterlichen Ethik
ersehen. In deren ganzer Literatur finden sich Schematisie-
rungen der Tugenden und Laster, in denen diese als völlig
fest umschriebene Personifikationen einander gegenüber-
treten — bis zu dem bizarren Symbol, daß oft Tiere die
einzelnen Laster darstellen. In dieser Hierarchie der ethischen Qualitäten tritt deren Funktionscharakter gänzlich vor
einer geschlossenen Substanzialität zurück. Von diesem Extrem aber auch abgesehen, gelten sie unendlich oft als jene
festbestimmten Größen gerade ihrer objektiven Idee nach,
auch wenn man in ihrem subjektiven Ausgeübtwerden
Schwankungen und Gegensätzlichkeiten zugibt — und setzen
sich in Verhältnisse der Mischung, des Ausgleichs, der
Attraktion und Repulsion fort, vor allem der quantitativen
Bestimmbarkeit, als wären es die Elemente eines physi-
kalischen Systems. Und wie diese einem Naturgesetz nur
darum unterstehen können, weil ein jedes nach den in Frage
kommenden Bestimmungen genau und konstant determiniert
ist, so besteht in den ethischen Vorstellungen eine Korrelation zwischen der Allgemeinheit der Gesetze und der
isolierenden Umschriebenheit, mit der die einzelnen Handlungen aus dem Lebensstrom herausgehoben werden. Und
das ist möglich, so lange das Sollen als dem Leben entrückt und ihm prinzipiell entgegengestellt gilt; dann freilich besteht kein Hemmnis, nach rationalistischer Methode
mit abgeschlossenen, durch ihren Begriff erschöpfbaren Gebilden zu rechnen, die sich vermöge dieser Begriffe einem
allgemeinen Prinzip unterstellen. Sobald aber am Sollen die

Form des Lebens selbst erkannt wird, ist solche Diskontinuität ausgeschlossen; die Strömung des Sollens begleitet,
wenngleich in einer ganz anderen Ebene fließend, die des
wirklichen Lebens, deren Stetigkeit in scharfgeschnittenen
Begriffen nicht unterkommt und die logische Hierarchie
solcher von sich ablehnt.

Zwischenerörterung.

In dem Verhältnis der Bewußtseinsinhalte als erlebter
zu ihnen als in abgelöster Ideellität bestehenden liegt eine
Paradoxie, die ich — da dieses Verhältnis das prinzipiellste
Problem dieser Blätter bildet — für ihre allgemeinste, das
heißt hier theoretische Geltung erwägen will. Hat man aber
das Sollen als einen Lebensprozeß erfaßt, dem nun doch
seine Inhalte in mehr oder weniger imperativischer Form,
gegenüberstehen (noch vor der metaphysischen Versöhnung,
die diese Transzendenz dem Leben im tiefsten immanent
weiß), so wird es keine Schwierigkeit haben, in die jetzt
zu erörternden theoretischen Relationen als allgemeine Form
die ethischen Werte und Fragen sinngemäß einzusetzen.

Wir müssen unser seelisches Leben innerhalb jeder Wach-
periode als einen kontinuierlich ablaufenden Prozeß ansehen,
dessen Bewußtsein eine mit keiner sonstigen vergleichbare
Tatsache ist, denn es ist noch nicht in das wissende Subjekt und den gewußten, irgendwie objektiven Inhalt auseinander gegangen. Sobald wir dies Bewußtsein als gegen-
ständliches denken, geschieht dies unter irgendeinem Bilde:
einer Bewegung, eines Fließens, eines sich abwickelnden
Fadens oder ähnlichen. Wir wissen aber sehr wohl, daß
sein Wesen damit nicht erfaßt ist, ja daß es uns in dem
Augenblick entschwindet, in dem es überhaupt erfaßt, das
heißt zum Objekt gemacht werden soll: das Wissen um das
ununterbrochene Leben ist vielleicht das einzige im absoluten Sinne intuitive, das wir besitzen. Aber in eben diesem
Sinne haben wir es tatsächlich nie für sich allein; wo wir es

so haben, ist es immer schon abstrahiert, vergegenständlicht. Es besteht nur an irgendwelchen Inhalten, mit denen es in einer völlig unangebbaren Weise verbunden ist; wir wissen, hoffen, glauben, fühlen stets ein Etwas, alle Beobachtung und Reflexion erfüllt sich mit Inhalten. Allein indem wir sie vorstellen und damit an ihnen das Leben haben, ist dessen Kontinuität zerbrochen — gerade wie wir die „Geschichte", die ein fortlaufendes Leben ist, wissenschaftlich-intellektualistisch aus einzelnen „Ereignissen" zusammensetzen. Denn damit ist es nicht abgetan, daß die Vorstellungsinhalte, rein psychologisch genommen, ohne Hiatus einander ablösen. Sobald wir uns ihrer als Inhalte bewußt werden, sie nicht nur psychologisch haben, sondern mit diesem Haben etwas meinen, ist das Gemeinte ein Gebilde von diskontinuierlicher Eigengültigkeit. Wenn ich irgendein Etwas vorstelle, einen Stern oder einen Krieg, ein Gerät oder einen metaphysischen Grundbegriff, so ist dieses, als Vorstellungsinhalt, etwas schlechthin Festes und Unabänderliches. Ich kann nach ihm, oder könnte an seiner Stelle etwas anderes denken, ein solches vielleicht, das nur ganz wenig von ihm abweicht, aber das wäre eben ein Anderes und nicht jenes, das „sich" verändert hätte. Dies ist der Charakter des Denkinhalts: sein objektiver Gegenstand in Raum und Zeit ist, wie alles Kosmische, in stetiger, rastloser Veränderung; der subjektive Prozeß, mit dem er gedacht wird, ist es ebenfalls. Er selbst aber kann genau nur das sein, was er ist, und wenn der Sprachgebrauch ihn sich verändern läßt, so ist dies eine anthropomorphe Übertragung des Ich-Bewußtseins, das sich als durchhaltendes in allem Wechsel seines Verlaufes fühlt. Gewiß, wenn das Ding in äußerer oder innerer Bewegung ist, so kann ich auch diese, die eine Änderung ist, vorstellen; allein dann ist eben diese Änderung ein Festes in dem ideellen Reich der Inhalte, ihr Begriff ist ein zeitlos in seinem So-Sein Beharrendes. Es liegt die bildliche Vorstellung nahe, daß das lebendige Be-

wußtsein jenes Reich durchliefe, bald diesen, bald jenen
seiner Inhalte erblickend oder aufnehmend, um sich im
nächsten Augenblick mit einem anderen zu erfüllen. Am
anschaulichsten wird dies vielleicht an den Formen der bildenden Kunst. Alles, was etwa an der Venus von Milo
Realität war oder ist, zeigt ununterbrochene Bewegung: der
schöpferische Prozeß in der Seele des Künstlers und seine
arbeitende Hand; der Stein selbst, den nicht nur atmosphä-
rische und andere Einflüsse dauernd benagen, sondern in
dem ebenso dauernd Molekularprozesse vor sich gehen; die
sinnliche Aufnahme durch den Beschauer und die seelische
Bedeutung ihres Bildes für ihn. Nirgends gibt es hier etwas
im absoluten Sinne Stabiles. Dennoch, die künstlerische Erscheinung, die wir meinen, wenn wir „Venus von Milo"
sagen, hat eben diese Stabilität, ihre Form ist durch zeitlich wirksame, physische oder psychische Kräfte nicht an-
zugreifen, sie ist schlechthin zeitlos unveränderlich, gleichviel, ob das Stück Marmor im Louvre untergeht und ob
irgendwann kein Mensch mehr ihrer gedenkt. An dieser
Ewigkeit der einmal gedachten Form hat jeder gegenständliche Bewußtseinsinhalt als solcher teil. Physisch verwirklicht oder psychisch verwirklicht, steht er im πάντα ῥεῖ des
Kosmos; in der Form seines eigenen Sinnes aber, dort, wo
der Gedanke ihn sucht, ist er jeder Fluxion unberührbar,
seine Peripherie so von seinem Zentrum zusammengehalten,
daß sie sich gegen nichts anderes öffnet; wovon wiederum
die reinste Anschauung das Kunstwerk ist, innerhalb seines
Rahmens eine Insel, in die nichts anderes, kein Sein oder
Sich-Bewegen der ganzen übrigen Welt eindringen kann.
Nun aber haben wir niemals das Bewußtsein in seinem
reinen Selbstleben, sondern haben immer nur Inhalte, Bilder,
ein Dies und Das, kurz jenes Unbeweglich-Diskontinuier-
liche, das nicht in sich selbst, sondern nur in dem stetig hin-
durchströmenden Bewußtsein verbunden ist. So bleibt denn
zunächst dies bizarre Verhältnis: daß das seelische Leben,

das Ich, zwar kontinuierlicher, in sich grenzenfreier Prozeß ist, daß wir diesen Prozeß aber ausschließlich an Bewußtseinsinhalten haben, deren Wesenssinn eben nicht Prozeß, sondern Diskontinuität und zeitloses In-sich-Beharren ist; sie können da sein oder nicht da sein, aber Bewegtheit, Vorgang wohnt ihnen nicht ein. Wenn wir denken, sind wir nur das Gefäß von Inhalten, oder richtiger, das Dasein von Inhalten; den tragenden oder zeugenden Prozeß können wir nicht fassen, weil er in dem Augenblick seines Erfaßtwerdens selbst schon Inhalt ist. Und doch wissen wir ihn — mit einem Bewußtsein sui generis, wie es nur für ihn und für nichts anderes besteht — als die letzte Realität eben dieses Denkens gegenüber den ideellen, begrifflich ausdrückbaren Inhalten.

Allerdings könnte eine metaphysische Überlegung, von der anderen Seite herkommend, hier eine gewisse Entspannung bringen, wenn sie eine Möglichkeit hätte — die ich nicht behaupten will —, ihre bloß logische Struktur in lebendig-seelische Wirklichkeit umzusetzen. Sie ist am einfachsten am logischen Schlußverfahren darzustellen. In dem Syllogismus: S ist M; M ist P; S ist P — verdeckt der Ausdruck, der Schlußsatz S ist P ergebe sich oder folge aus den beiden Prämissen, eine außerordentliche Schwierigkeit. Zunächst ist jeder der drei Sätze eine in sich geschlossene Wahrheit, für sich gültig, ohne eines Weiteren zu bedürfen oder in ein Weiteres hinauszugreifen. Und dann hat die Nacheinanderreihung, in der sie sich zum Syllogismus vereinigen, mit ihnen selbst gar nichts zu tun, da alle drei gleichmäßig zeitlos sind. Nicht ihr eigener Sachgehalt, den das sie denkende Bewußtsein meint, sondern nur dieses Bewußtsein selbst, das sie in psychologische Form faßt, bringt sie in die konkludente Ordnung und läßt jeden von ihnen seine Schranke durchbrechen, so daß sich seine Verbindung mit dem anderen vollziehen kann. Jede einzelne Prämisse und ebenso den Schlußsatz mögen wir als etwas denken, was von diesem Denken unabhängig besteht und gilt — der Schluß selbst, eben jenes „Hervorgehen" des dritten aus den beiden ersteren, geschieht nur in diesem Denken, nur durch dieses Denken; die Sätze selbst bleiben in ihrem starren und sterilen Nebeneinander, aus dem das Fließen zwischen ihnen und ihre Vereinigung nicht herauszupressen ist. Indem also allein der kontinuierliche Fluß des Denkprozesses dies zustande bringt, ist klar, daß er über die Grenzen, die jeden Satz als logischen in sich abschließen, hinausgeht. Eben indem er kontinuierlich ist und also nicht nach dem: S ist M — absetzt, um nach einem Hiatus bei dem: S ist P — wieder einzusetzen, erweicht er gleichsam die Grenzen der einzelnen Inhalte und stellt etwas zwischen sie, was, in der logischen Schlußform nicht ausgedrückt, sie verbindbar macht. Der Inhalt dieser logischen Form ist also nur ein Teil dessen, was der seelische Vorgang, der allein schlußbildende, enthält; jene drei Urteile sind hier nur Stationen oder Durchgangspunkte, die die seelische Entwicklung des Syllogismus zwar in ihrer Richtung festlegen, aber nicht ausmachen oder ausfüllen. Was den Schluß zum Schluß macht, das Bewegte, die Hindurchführung, der verbindende Schwung — ist in den Urteilen, die ihn vollgültig darzustellen scheinen, überhaupt nicht enthalten.

Dies aber ist nicht einfach hinzunehmen. Die drei Urteile haben (vorausgesetzterweise) jene zeitlose Gültigkeit, die gegen ihre psychische Realisierung gleichgültig ist und eben damit bewirkt, daß diese Realisierung Wahrheitswert hat. Denn ob man den Begriff der Wahrheit im übrigen realistisch oder idealistisch oder wie immer deute, in jedem Fall ist sie uns die Übereinstimmung der seelischen Realität mit einem ideell Vorgezeichneten; darum wird sie entdeckt, aber nicht erfunden, und diese Übereinstimmung ist das Wesen ihrer „Notwendigkeit", da jede Abweichung von jener Vorzeichnung sie in Irrtum umschlagen läßt. Nennen wir dies als zeitlos-vorbestehend gedachte Gegenbild des wahren Vor-

stellens die „Idee", so besteht für den, den Syllogismus
ausmachenden seelischen Vorgang natürlich die ihm entsprechende Idee, mit der er als Wahrheit übereinstimmt: für
den gesamten Vorgang, nicht nur für die begrifflich benannten Stationen, die Prämissen und den Schlußsatz, sondern auch für all jenes Dazwischenliegende, die ganze Bewegtheit, Überleitung, Synthetik, die die isolierten Glieder
erst zu einem Schluß gestaltet. Der geistige Lebensprozeß
seines Vollzuges muß, wie jede Einzelwahrheit, sein legi-
timierendes Gegenbild, seine Idee haben, die sich in dem
gleichen Rhythmus, in der gleichen Kontinuität zwischen
jenen Einzelgliedern, der gleichen Auflösung ihres starren
Fürsichseins bewegt. Gerade der strenge Logizist, der den
psychologisch vollzogenen Schluß nur dann anerkennt, wenn
er ausschließlich die genaue Rekapitulation des ideellen
Schlußgebildes ist, kann sich der Konsequenz nicht entziehen: da der psychologische Schlußprozeß jedenfalls noch
mehr enthält als die drei in jeweiliger Abgeschlossenheit da-
stehenden Sätze, so muß, wenn er jener Übereinstimmungs-
bedingung genügen soll, eben auch sein ideelles Gegenbild
schon von vornherein mehr als diese drei Umgrenztheiten
enthalten. Die „Idee" also muß dieselbe Bewegtheitsform
wie das Leben haben; man könnte sagen: die Idee lebt —
wenn man unter Leben eben nicht die empirische Wirklichkeit eines körperlichen oder körperlich-geistigen Organismus
verstehen will, sondern es in dem ganz allgemeinen oder
symbolischen Sinne nimmt, in dem es von dem rein ideell-
geistigen, bloß gültigen Gebilde, das unserem Erkennen Inhalt und Wahrheit gibt, ausgesagt werden kann.

Sogar ein Analogon der Zeitform, an die das Leben
als solches gebunden ist, muß das logisch ideelle Gebilde
enthalten. Innerhalb seiner ist jeder der drei Sätze, weil
Wahrheit beanspruchend, von zeitloser Gültigkeit. Da die
Beziehung, mit der die beiden ersten in den dritten übergehen, in derselben logischen Schicht liegt, so ist auch sie

zeitfrei. Diese Beziehung aber ist nichts anderes als die Bewegung, die die Prämissen ergreift oder durchströmt, um
in der Konklusio zu münden — die Bewegung, die dem
Nacheinander des seelischen Realisierungsvorganges entspricht. Denn wie dieses Nacheinander, weil eine Reihung
von Lebensmomenten vorliegt, formal unvermeidlich ist, so
ist es dies auch in seiner inhaltlichen Bestimmtheit, weil erst
die beiden Prämissen diejenige seelische Konstellation erzeugen, die dann den Schlußsatz als ihre Folge aus sich
entläßt. So zeitlos nun und also nebeneinander gültig all
jene Bestandteile des rein logischen Bezirkes sind, so ist
doch ihre Reihenfolge genau so determiniert, wie dort ihre
Zeitfolge, weil nur bei Vorangehen der Prämissen und Nach-
folgen des Schlußsatzes der Syllogismus zustande kommt.
Mag nun die seelische Zeitfolge, als innerlich sinnvolle,
durch diese ideelle Reihenfolge bedingt sein, so ist diese
doch die Projektion der ersteren auf die logische Ebene;
wir haben hier das eigentümliche Phänomen, daß man nur
zeitlose Bewegung nennen kann; das Zeitlose ist das volle
Analogon, das adäquate Symbol der vom Leben erzeugten,
dem Leben als solchen eigenen Bewegung!

Dies setzt sich dem Prinzip nach und zu nicht geringerer
Sichtbarkeit in den sprachlichen Ausdruck auch schon des
einzelnen Satzes fort. In dem Urteil: Leben bedeutet Leiden
— hat jedes der drei Worte einen verständlichen Sinn, eine
ihm korrespondierende innere Vision, freilich in seiner Isoliertheit ohne Wahrheitswert. Diese Isoliertheit nun verlieren die Worte innerhalb des Urteilsgefüges, das sie doch
nicht äußerlich aneinanderbindet oder die vorher heimatlos
flatternden in ein gemeinsames Netz einfängt. Sondern der
gedachte Sinn des Urteils ist etwas in sich schlechthin Einheitliches, so Einheitliches, daß man ihn keineswegs zu-
treffend als Synthese bezeichnen würde. Der Gedanke, der
in dem so Denkenden schöpferisch aufgestiegen ist, ist eben
nur einer und nicht erst durch eine Synthesis zustande ge-

kommen. Diese vielmehr ist nur die Auseinanderlegung seiner Einheit zum Zwecke seines logischen und sprachlichen Ausdrucks — wie sich der organische Keim in die funktionelle und räumliche Differenziertheit der Glieder entfaltet —, die drei Worte sind auch nicht seine „Teile", und keines von ihnen enthält ihn pro rata. Erst wenn sie so nebeneinanderstehen, bedürfen sie, als diskontinuierliche betrachtet, einer Synthese; aber wenn der Hörende diese vollzogen hat, so ist damit auch in ihm das völlig neue übersynthetische Gebilde jenes absolut einheitlichen, aber als Einheit nicht ausdrückbaren Gedankens entstanden. Solange die drei Worte also diskontinuierlich, im bloßen Nacheinander vorgestellt werden, haben sie mit dem Sinn des Satzes schlechthin nichts zu tun, so wenig wie die im Nebeneinander betrachteten Pinselstriche das Gemälde ausmachen. Sie sind also innerhalb des Satzes etwas ganz anderes als außerhalb seiner, sie haben die Abgrenzung durch ihre Sonderbedeutungen vollkommen verloren. Dennoch, diese Sonderbedeutungen selbst sind nicht einfach verschwunden, da sie ja doch die Möglichkeit geben, jenen einheitlichen, in sich nahtlosen Gedanken in Form des dreigliedrigen Urteils verständlich und unmittelbar auszudrücken. Dieses merkwürdige, noch keineswegs ganz geklärte Verhältnis soll hier nur die Einsicht eröffnen: daß, wenn der einzelne Satz überhaupt einen Sinn (noch abgesehen von einem Wahrheitsanspruch) haben soll, seine aussprechbaren Elemente aus ihrer begrifflichen Geschlossenheit heraus- und in diejenige Symbiose eintreten müssen, mit der sie zum Symbol der nur vom seelisch-produktiven Leben zu leistenden Einheitsschöpfung des Satzgedankens werden können. Denn das ist das Entscheidende, daß nur in der seelischen Lebendigkeit, nicht aus ihren starr umschlossenen Elementen oder ihren äußeren Objekten, der absolut nicht aus Teilen bestehende Gedanke gezeugt werden kann. Nicht nur also die Wahrheit des Syllogismus (bei vorausgesetzter Wahrheit der Prämissen) hat ein transvitales, ideelles Korrelat, das aber nun dennoch innerhalb seiner selbst den stetigen Fluß und die Grenzenverneinung des Lebens besitzen muß, damit zwischen ihm und dem psychischen Prozeß die Entsprechung herrsche, die den letzteren „wahr" sein läßt. Sondern schon der einzelne Satz, von dem vorläufig noch gar keine Wahrheit, sondern nur ein Sinn gefordert wird, kann diesen überhaupt in der Form eines objektiv verlautbarten Urteils nur dann realisieren, wenn er dessen Einzelbestandteilen ihre logisch festen Eingrenzungen nimmt. Auch die transvitalen Bedeutungen der Worte müssen den vom Leben diktierten Schmelzprozeß dulden, da sie einen Satzsinn nur als symbolisierende Entfaltung jener unbedingten Gedanken-Einheit haben, die keinen Ort außerhalb des zeugenden Lebens hat. Von neuem bestätigt sich hier — dies mehr nebenbei bemerkt — das früher Behauptete: daß das Leben keineswegs in die ausschließliche Form konkreter Seinswirklichkeit gebannt ist. Wenn das Sollen bedeutet, daß das bewußte Leben, das Leben als geistiges Geschehen, auch als die Irrealität einer bloßen Forderung abläuft, so kann man den ideellen Inhalt dieser Forderung, von dem sie tragenden Leben gelöst, als Idee bezeichnen. Und nun zeigt sich, daß selbst diese abstrakte Idee in sich schon die Form des Lebens zu wiederholen vermag, daß sie auch in dieser Gelöstheit nichts Totes, in diskontinuierlicher Erstarrtheit zu einzelnen Stücken, zu sein braucht. Wie der Wahrheitswert dem Erkennen dadurch zukommt, daß dieses mit der Idee übereinstimmt und die letztere deshalb in all ihrer Zeitlosigkeit und Unabhängigkeit von lebendiger Realisierung doch, als deren Urbild, in einer nicht weiter beschreiblichen Art die ganze Bewegtheit, die gleitenden Übergänge, den Nuancenreichtum des denkenden Lebens zeigen muß — so gewinnt das Handeln den ethischen Wert durch sein Übereinstimmen mit jener Idee, dem Inhalt der Sollensforderung, die darum, wenn ihre Verleben-

digung sich nicht in das Wertleere zerstückeln soll, gleich-
aflls die innere Form und Stetigkeit des Lebens wiederholen muß.

———

Hier sind wir nun an dem entscheidenden Motiv unseres
ganzen Gedankenganges angelangt. Es ist dieses: Das allgemeine Gesetz kann sich nur auf die einzelnen und als
einzelne bezeichenbaren Handlungen richten, die aus dem
individuellen Lebenszusammenhange herausgeschnitten sind.
Die Individualisierung der Tat, die sie durch Unterordnung
unter einen Begriff (wodurch ihre Unterordnung unter ein
allgemeines Gesetz bedingt ist) gewinnt, widerspricht derjenigen Individualisierung, die sie als Szene oder Pulsschlag
des Gesamtlebens ihres Subjekts besitzt und in der allein
— dies ist allerdings mein Grundaxiom — ihre volle und
letzte sittliche Bedeutung sich dartun kann. Soll also das
über dem Tun stehende Gesetz ihm wirklich diese Bedeutung abfordern, so kann es nur aus der als Sollen ablaufenden Lebenseinheit des Individuums stammen, oder
genauer, die augenblickliche Ausgestaltung eben dieser sein.
Solange die einzelne Handlung von ihrer begrifflich isolierten Bedeutung aus gefordert wird (immer selbst vorausgesetzt, daß sie als moralische Intention, nicht als äußerlich gutes Werk gemeint ist), fehlt ihr die völlige ideell-
genetische Verbundenheit mit dem ganzen Leben ihres Voll-
bringers; die Verantwortung findet kein einheitliches Funda-
ment: denn dazu müßte das Gesetz aus derselben letzten
Lebensquelle kommen, der seine Verwirklichung abgefordert
wird. Zudem ist mit der Wurzelung der Pflicht in der Totalität des jeweiligen Lebens eine viel radikalere Objektivität gegeben, als der rationale Moralismus erreichen kann.
Dessen Vorstellung nämlich: daß jeder unbedingt seine
Pflicht kennte, und daß nichts anderes Pflicht sei, wie
was er als solche kennt — hängt damit zusammen, daß er
kein anderes Sollen kennt, als das durch den Willen reali-
sierbare. Ihm wäre es undenkbar, daß wir in bestimmter

Art sein sollen, fühlen sollen usw., kurz, daß irgendetwas
sein soll, das nicht zweckmäßig gewollt werden kann. Faßt
man das Sollen aber als die ideale Reihe des Lebens, so versteht es sich von selbst, daß jedes Sein und Geschehen dieses
Lebens ein Ideal über sich hat, eine Art, wie es innerhalb
dieses Lebens sein soll. Die ganze Existenz soll so und so
sein, gleichviel wie ihre Wirklichkeit ist, und nur durch ein
in der Praxis und Reflexion freilich unvermeidliches Herausreißen einzelner Stücke kann man ein einzelnes der Wirk-
lichkeitsreihe mit einem einzelnen der Idealreihe konfron-
tieren und sagen, das erstere solle wie das letztere sein. Das
Ganze soll, wie gesagt, so und so sein, wenn einmal eine
bestimmte Individualität gegeben ist. Ersichtlich besitzt die
Pflicht eine viel entschiedenere, durch ein viel reicheres
Koordinatensystem festgelegte Objektivität, wenn auch ihr
rein willensmäßiger Sinn nicht nur innerhalb seines partikularen Gebietes, sondern gemäß dem Zusammenhang mit der
Idealsphäre des gesamten personalen Lebens bestimmt ist.
Erst aus einer solchen innerlich einheitlichen, wenn auch
sicher nicht mit einem einzigen oder überhaupt einem Begriffe zu formulierenden Normierung einer Lebenstotalität
können überhaupt auch die Sollungen sich ergeben, die
jeder Erfassung nach dem kategorischen Imperativ, ge-
schweige nach den materialeren allgemeinen Gesetzen,
spotten: alle die, die sich auf die gleitenden, fluktuierenden,
schwebenden Lebensinhalte oder -situationen, für die es gar
keine Begriffe gibt, beziehen, die in ihrer Ganzheit oder in
ihrer Nuancierung nur erlebt, aber nicht formuliert werden
können, und für deren sittliche Entscheidung die Verbreiterung zu einem allgemeinen Gesetz völlig versagt. All
solches, was gar nicht zur allgemeinen Maxime geformt
werden kann, bleibt außerhalb des Machtbereichs des kategorischen Imperativs und fällt der ganz problematischen
Kategorie der ἀδιάφορα oder einer Anarchie anheim. Ich
kann nicht leugnen, daß ich als den Revers des Kantischen

Moralrigorismus oft gerade eine anarchische Hilflosigkeit
gegenüber den logisch nicht zu schematisierenden Lebensmomenten, ja dem Lebensganzen, empfunden habe. Wir
leben doch niemals einfach als solche „Vernunftwesen", sondern als eine irgendwie einheitliche Totalität, die wir nachträglich, nach wissenschaftlichen, praktischen, teleologischen Gesichtspunkten, in Vernunft, Sinnlichkeit usw. erst
zerlegen. Aber diese Elemente haben in ihrer Isoliertheit
andere Gesetze und Entwicklungen als innerhalb jenes Ganz-
heitslebens — gerade wie ein organischer Teilvorgang, über
den im chemischen Laboratorium experimentiert wird,
keineswegs ohne weiteres den Schluß gestattet, daß er
innerhalb des lebenden Körpers genau so ablaufe. Wie aber
auch die Relation von Einheit und Vielheit unter diesen
„Seelenvermögen" angesetzt werde — mit welchem Rechte
sperren wir die unzähligen anderen Elemente unseres
Wesens davon aus, für sich oder aus sich ein Sollensideal zu
bilden? Darf zum Beispiel das Sinnliche in unserer Existenz wirklich nur in seiner reinen Tatsächlichkeit ver-
bleiben, gibt es nicht auch dafür eine Art, auf die es, rein
als Sinnliches, verlaufen soll, ein ihm immanentes Ideal,
dem es sich nähern und von dem es sich entfernen kann?
Und steht es nicht ebenso mit der Phantasie, mit der Gestaltung der ethisch indifferenten Lebenselemente, mit dem
religiösen Glauben, wirklich nur als Glauben angesehen?
Erst das Gesetz des Individuums, das sich aus demselben
Wurzelpunkt entfaltet, dem auch seine — vielleicht davon
völlig abweichende — Wirklichkeit entwächst, ergreift
jegliches analytisch oder synthetisch herauszugewinnende
Stück des Lebens, weil es nichts anderes ist, als die als
Sollen sich auftuende Totalität oder Zentralität dieses Lebens
selbst. Darum läßt sich das hier gemeinte Prinzip auch
nicht etwa so formulieren: was für den einen Sünde oder
Tugend ist, sei es noch nicht für den anderen. Dies ist nur
Oberfläche oder Folge. Denn schon dieses „Was" ist ja von

vornherein, und nicht nur, weil es nachträglich als Sünde gewertet ist, in dem einen Fall etwas anderes als in dem anderen. Nur der äußere Effekt, nicht das Innerliche, Ethische, ist „dasselbe". Si duo faciunt idem ist schon an sich eine so falsche Voraussetzung, daß es des Nachsatzes gar nicht bedarf.

Die Gleichgültigkeit des Gesetzes gegen das Individuum, für das es gilt, stammt bei Kant daher, daß er das Prototyp des Gesetzesbegriffes überhaupt aus der Naturwissenschaft und dem Rechte bezieht. In diesen beiden gilt das „Gesetz" schlechthin, ohne daß die individuelle Gestaltung, auf die es sich richtet, sich irgendwie als ein von dem Allgemeinen gesonderter Quell von Bestimmungen auftun könnte. In der Naturwissenschaft, weil das Gesetz hier nur die Formulierung des tatsächlichen (gleichviel wo und wie oft realisierten) Verlaufes der einzelnen Vorkommnisse bedeutet; im bürgerlichen Recht, weil dieses von sich aus und um einer sozialen Ordnung willen befiehlt, wie das einzelne Tun verlaufen soll. Der kategorische Imperativ hat einerseits die logische Struktur eines Naturgesetzes mechanistischer Provenienz (was Kant selbst andeutet), andererseits die eines Rechtssatzes. Darum scheint der Zirkel nicht für ihn zu bestehen, der jedem apriorisch-allgemeinen Moralgesetz droht: ein Gesetz soll mich deshalb verpflichten, weil es allgemein gilt oder gelten kann — wie aber kann ich seine allgemeine Geltung behaupten, bevor ich weiß, daß es auch für mich gilt, auf mich paßt? Dies ist ersichtlich die bekannte Schwierigkeit des Syllogismus mit allgemeinem Obersatz. Wie darf ich aus der Sterblichkeit aller Menschen und dem Menschsein des Cajus schließen, daß auch dieser sterben wird, da doch jener Obersatz nur gilt, wenn ich von vornherein der Sterblichkeit auch des Cajus sicher bin? In der Natur ist das Gesetz der einzelnen Tatsache immanent; es besteht hier kein Gegenüber von beiden, das die Frage des Passens oder Nichtpassens aufkommen ließe. Das bür-

gerliche Gesetz seinerseits befiehlt dem Individuum von
außen her, es stellt nur eine sachlich partielle Forderung,
unter grundsätzlicher Indifferenz gegen die Totalität des
Subjekts; die Frage des Passens für dieses wird also gar
nicht erhoben, womit freilich das Nichtpassen in unbe-
grenztem Maße möglich ist. Hier aber scheint sich doch
schon die Unzulänglichkeit zu zeigen, die dem „allgemeinen
Gesetz" von jenen beiden Quellflüssen seiner her zukommt.
Denn das ethische Gesetz hat weder die prinzipielle Ad-
äquatheit zum Einzelfall wie das Naturgesetz, noch das absolute Gegenüber, wie der von Menschen ausgehende Be-
fehl, sondern indem hier das Gegenüber zugleich das innig-
ste Verbundensein bedeutet, entsteht jetzt allerdings das
Problem des Passens; wenn es nicht paßt, gilt es auch
nicht — und damit wohnt seiner „Allgemeinheit" der oben
berührte Zirkel ein.

Aber gerade auf Grund der von mir hier geforderten
Weite in der Auffassung und Bedeutung der Individualität
kann man den Begriff der „Allgemeinheit", die der einzelnen
Handlung ihr Gesetz vorschreibt, aufrechterhalten: nur daß
es nicht die Allgemeinheit aller Menschen, sondern die
dieses bestimmten Individuums ist. Das Allgemeine des Individuums ist nicht ein Abstraktum aus seinen einzelnen Qualitäten und Handlungen. Denn schon daß es einzelne solche,
im genauen Sinne von Einzelheit, gebe, ist eine künstliche
Abstraktion, die gerade nicht die innere Form des Handelns
innerhalb der realen Lebensstetigkeit trifft, sondern nur die
umschriebene Sichtbarkeit seines äußeren Erfolges oder
seiner äußeren Anregung. Von innen her gesehen, ist die
„einzelne" Tat nur ein relativ berechtigtes, nachträglich-sub-
jektives Herausschneiden aus einer absoluten Kontinuität;
gerade nur für die Praxis, für die Anderen, für das Äußere
besteht die Singularität einer Tat, nicht aber für ihr Auf-
quellen aus dem tiefsten Lebens- und Wesensgrunde, auf
den die Ethik doch gerade zurückgehen will. Dies ist der

eigentliche Grund, aus dem ein rein ethisches Richten über den Menschen so schwer ist. Es handelt sich dabei nicht um die — in der theoretischen Unvollkommenheit des richtenden Subjekts gelegene — Erkenntnisschwierigkeit, sondern um die Struktur des Objekts selbst, die die Herauslösung eines einzelnen Gegenstandes der Beurteilung eigentlich verbietet. Das Allgemeine des Individuums steht also nicht als Abstraktion oberhalb seiner Handlungen, sondern als Wurzel unterhalb ihrer. Es ist jeder „Teil" eines Individuums vom Leben des ganzen durchdrungen; keiner hat, innerhalb der Ebene des Lebens, eine für sich abgeschlossene Bedeutung. Aber dadurch ist die Einheit der Teile eine noch unbedingtere: wer nicht das Individuum als Ganzes erfassen kann, ist demnach unfähig, überhaupt irgend etwas von ihm absolut zu erfassen. Das Individuum ist nur durch eine Art von intellektueller Anschauung vorzustellen, insofern diese das Ergreifen eines Ganzen durch eine einheitliche Funktion bedeutet. Es ist nicht gesagt, daß man nicht auch am Individuum ein Element nach dem anderen erfasse; allein dann kommt ein Augenblick, in dem sie sich zu einer Totalität zusammenschließen, die nicht ein Nebeneinander, ein bloßes Verbundensein ist, sondern ein ganz neues Gebilde. Jetzt dreht sich auf einmal die Ordnung um: diese Einheit kommt nicht aus den zusammengefaßten Teilen, sondern die Teile aus der Einheit. Daß ein Mensch lügt oder sich für seine Überzeugung opfert, daß er hartherzig oder wohltätig ist, daß er sich ausschweifend oder asketisch benimmt — das ist als jeweilige Wirklichkeit absolut in die Kontinuität seines Lebens verflochten; ja, der Ausdruck des Verflochtenseins ist noch unzutreffend, denn er scheint eine irgendwie selbständige Existenz oder Genesis dieses Tuns, als eines von einem Begriffe fest umschriebenen, vorauszusetzen, und als stellte es sich erst mit dieser eigenen Charakterisiertheit gleichsam nachträglich oder wie von sich aus in den Lebensverlauf ein. Tatsächlich ist es doch aber umgekehrt ein erst durch einen herangebrachten Begriff aus diesem Verlauf herausgelöstes Stück, der Kontinuität eben dieses genau so zugehörig wie jeder andere, zwischen zwei beliebig gesetzten Zeitmomenten ablaufende Teil. Mögen die Äußerlichkeiten unseres Verhaltens relativ scharfe Grenzen gegeneinander zeigen, innerlich ist das Leben doch nicht aus einer Lüge, dann einem mutigen Entschlusse, dann einer Ausschweifung, dann einer Wohltätigkeit usw. zusammengesetzt, sondern es ist ein stetiges Gleiten, in dem jeder Augenblick das sich fortwährend gestaltende, umgestaltende Ganze darstellt, kein Teil scharfe Grenzen gegen den anderen besitzt und ein jeder nur innerhalb jenes Ganzen und von ihm aus gesehen seinen Sinn zeigt. Daß die Tat in diesem Augenblick geschieht, das bedeutet, daß das Leben in seinem kontinuierlichen Verlauf momentan gerade diese Form angenommen hat; sie ist sozusagen nicht daher bestimmt, daß es eine Lüge oder daß es eine Wohltat ist, sondern sie ist die jetzige Realität dieses Lebensverlaufes; gerade wie die Form eines in fortwährender Umrißänderung befindlichen Gallerttieres nicht jetzt von der Idee des Kreises, jetzt der Ellipse, jetzt des annähernden Vierecks determiniert ist, sondern nur von dem inneren Lebensprozeß des Tieres (im Verein mit äußerlichen Bedingtheiten) her — obgleich der Kreis oder die Ellipse in sich, als objektive Formen, Gesetze oder Notwendigkeiten haben, die gegen den vitalen, sie als Form dieses Wesens hervortreibenden Prozeß ganz gleichgültig sind. Wenn nun eine allgemeine Norm über die Lüge oder die Wohltätigkeit besteht, so findet sie an dem kontinuierlich-einreihigen Lebensprozeß noch nicht ohne weiteres einen Angriffspunkt, sondern dazu müssen dessen Inhalte in einer ihm selbst fremden Weise aus ihm herausgehoben und zunächst einem sonst schon bestehenden Begriffe, von außen, wenn auch von einem ideellen Außen, her unterstellt werden. Haftet das Sollen an derartigen allgemeinen Begriffen von Lüge, Wohltat usw., so kann es also die Tat gar nicht von

ihrer inneren Quelle her ergreifen, sondern nur, nachdem
das aus dieser Quelle stetig fließende Leben in die Form der
Diskontinuität gebracht ist, oder nicht eigentlich das Leben
selbst, sondern seine von einem Begriffssystem her ausdrückbaren und isolierbaren Inhalte. Die Lüge oder die
Wohltat, als die jeweilige Lebendigkeit ihrer Subjekte, hat
die Einmaligkeit alles Wirklichen und ist von dieser Richtung her keineswegs eine Darstellung der allgemeinen Lüge
oder der allgemeinen Wohltat, von der das allgemeine Gesetz spricht; diesem ist sie vielmehr erst untertan, nachdem
sie ihrem organischen Zusammenhang enthoben und in
einen begrifflichen eingestellt ist, der sie nur als singulari-
sierte, ihrer vitalen Dynamik entkleidete, als Summe ideell
vorher feststehender Merkmale gebrauchen kann. Der Kantische Imperativ ist prinzipiell ebenso gerichtet, da er nur
die allgemeinste formale Abstraktion aus allen möglichen
einzelnen allgemeinen Gesetzen ausspricht. Als Regulativ des
Handelns muß er sich sogleich in eine inhaltliche, also singuläre Norm umsetzen, die nach seiner reinen Konsequenz
allerdings nur jeweilig eine empirisch gültige, für einen
nächsten Fall vielleicht zu widerrufende sein kann. Allein
in die mögliche Summe dieser relativen Allgemeinheiten zerlegt sich eben der kategorische Imperativ, sobald er praktisch werden will. Freilich scheint seine Formel weit genug
zu sein, um die Sittlichkeit eines Tuns auch dann mittels
seiner „möglichen Verallgemeinerung" zu bestimmen, wenn
unser Tun so gefaßt wird, wie es wirklich im Leben steht:
mit dessen Ganzheit absatzlos verwebt, nur die gerade
beobachtete Welle in seiner kontinuierlichen Strömung. Tatsächlich aber ist das so erfaßte Tun gar nicht zu verall-
gemeinern, denn dies hieße nichts anderes, als das ganze
Leben dieses Individuums als allgemeines Gesetz zu denken;
die Frage lautete dann: Kannst du wollen, daß alle Menschen von ihrer ersten bis zu ihrer letzten Minute sich so
benehmen, wie du? — denn, wie immer wiederholt werden

muß, ihren inneren, wirklich zuverlässigen Sinn zeigt die
einzelne Tat nur in der Totalität des Lebenszusammenhanges. Aber abgesehen von der Unausdenkbarkeit oder
dem Widersinn dieser Konsequenz, kann es zweifellos auch
gemäß den höchsten Kriterien, nach denen der kategorische
Imperativ die Wünschbarkeit einer Tat bestimmt, unter
Umständen wertvoll sein, daß ein Mensch dieser bestimmten
Art existiere, aber nicht, daß auch nur einige solcher existieren. Es ist gar nicht abzusehen, wieso aus dieser letzteren Konstellation sich die sittliche Verwerflichkeit jenes
einen ergeben sollte. Die letzte Konsequenz also, in die der
kategorische Imperativ ausläuft, wenn die mit dem einzelnen Tun gesetzten Zusammenhänge nicht willkürlich abgeschnitten werden sollen, hieße: kannst du wünschen, daß
du überhaupt da bist, oder: daß eine Welt, in der du da
bist (denn diese, wie sie besteht, ist die unnachlaßliche Bedingung deines Gesamtlebens und damit deines einzelnen
Tuns), unendlich oft da sei? So würde die Kantische Formel,
konsequent bis zu ihrer vollständigen Bedeutung entfaltet,
in der Ewigen Wiederkunft münden, und damit würde ersichtlich die Verallgemeinerungsfrage nicht mehr eine nur
logische Antwort, wie sie selbst sie beansprucht, finden
können, sondern einer aus willens- oder gefühlsmäßigen
Entscheidungen heraus bedürfen. Soll dies alles vermieden
werden, soll die einzelne Tat als verallgemeinert gedacht
sein, um die Legitimierungsfrage zu beantworten, so bleibt
nichts übrig, als sie eben doch aus dem Gesamtzusammenhange des Lebens zu isolieren, sie in äußerliche Umgrenztheit zu setzen; die Verallgemeinerung ihrer vollen Realität
innerhalb unserer Existenz hebt sich selbst, hebt mindestens
den Anspruch auf eine objektiv-logische Entscheidung nach
der Kantischen Formel auf: gerade die Verallgemeinerung
setzt eine künstliche Individualisierung der einzelnen Tat
voraus. Diese Formel bestimmt höchstens von Fall zu Fall;
das Ganze kann sie nicht bestimmen, da dieses Ganze —

als lebendiges so wenig aus einzelnen Fällen zusammensetz-
bar, wie die Wirklichkeit eines Organismus aus einzelnen
Stücken —, als „allgemeines" gedacht all jenen Widersinn
ergibt. Diese Individualisierung der einzelnen Tat wider-
strebt gerade, wie ich schon betonte, der persönlichen Individualität, das heißt der Einheit und Ganzheit, die sich durch
alle Mannigfaltigkeit der einzelnen Taten hindurchlebt, oder
genauer: die als diese Mannnigfaltigkeit lebt. Das jeweilige
Sollen ist eine Funktion des totalen Lebens der individuellen
Persönlichkeit. Dies ist vielleicht der tiefere Sinn der mystischen Vorstellung, daß jeder Mensch seinen besonderen,
ihn von Fall zu Fall führenden Engel oder Genius hätte, der
gewissermaßen die „Idee" seines Lebens darstellte. — Damit wird auch klar, was ich als eine mehr beiläufige Folge-
rung bemerke, in welchem Sinne „Konsequenz" des Handelns als Wert gelten kann. Sie wird meistens in einem objektiven Sinn verstanden: als ob die Situation, die Aufgabe,
die stattgehabte Entwicklung aus ihrem logischen Gehalt
diejenige Verhaltungsweise folgern ließen, die nun die kon-
sequente und deshalb als sittlich von dem Subjekt zu for-
dernde wäre. Aber ob dies immer die Konsequenz für eben
dieses Individuum ist, bleibt für manche Fälle durchaus
zweifelhaft. Gerade die Folgerichtigkeit seiner Natur führt
vielleicht (nach der gleichen oder einer ebenfalls individuellen Logik) zu einem ganz anderen Handeln; unbeschadet
dessen, daß jene sachlichen Reihen Elemente eben dieses
Wesens seien und ihre Konsequenz zu der seinigen machen
mögen. In jenem populären Konsequenzbegriff liegt die irr-
tümliche Anwendung der am reinen Begriffsinhalt vorschreitenden Logik auf ein ihr nicht verhaftetes Gebiet, die
die Voraussetzung auch der Vorstellungspsychologie ausmacht, da sie sich bei ihren Assoziationen usw. schließlich
auch von einer mehr oder weniger versteckten Logik in
der Relation der Elemente führen läßt. Wir haben die Logik
jetzt von den Verfälschungen befreit, mit denen die Ein-

mengung der Psychologie sie bedrohte. Auf die Gefahren aber, die umgekehrt der Psychologie und damit einem großen Teil der Ethik von Usurpationen der Logik her kommen, ist man noch nicht genügend aufmerksam geworden. — Wie in einem ideellen Parteigegensatz schienen bisher die Akte des Lebens, deren jeden wir als einzelne, irgendwie umgrenzte, ihrem Inhalt gemäß bezeichenbare Einheit ansehen, dem Gesamtstrom des Lebens gegenüberzustehen, dessen allumfassende Einheit keinen Sondereinheiten, keinen Einzelheiten mit Eigengrenzen Raum und Recht geben will. Der einzelne Akt, dessen Betontheit nach dem begrifflichen, wenn auch nicht außervitalen, so doch außerindividuellen Inhalt hin gerichtet ist und der, einer an den anderen anschließend, die Lebensreihe zusammensetzt — und das von innen quellende individuelle Leben, das wie eine flüssige Substanz an all jenen Phänomenen nur seine stetig wechselnden Formen gewinnt — dies sind ersichtlich zwei aufs prinzipiellste unterschiedene Erfassungen des Lebens. Aber bei dieser Antinomie oder Fremdheit zwischen der Bedeutung des Einzelnen und der Bedeutung des Ganzen kann man sich nicht beruhigen. Es wird eine Anschauung zu suchen sein, in der jene beiden von einer funktionellen Beziehung und inneren Notwendigkeit vereinheitlicht sind. Sie entfaltet sich aus einem Grundmotiv, das innerhalb der Ethik weder nach seiner Tiefen- noch nach seiner Breitendimension hin zu seinem ganzen Rechte gelangt scheint und das sich zunächst wieder am Gegensatz gegen die Vernunftmoral charakterisiert. Denn diese leitet (hiermit eigentlich nur eine Einstellung der Popular-Ethik aufnehmend) die ethisch relevanten Handlungen entweder aus dem reinen, sinnenfreien Ich oder aus dem sinnlichen Ich ab. Demgegenüber behaupte ich aufs entschiedenste, in zunächst ganz aphoristischer Formulierung, daß in jeglichem menschlichen Verhalten der ganze Mensch produktiv ist. Mag die

Vernunftmoral auch an die Wertstelle der äußeren Tat die
„Gesinnung" setzen, gleichsam als die kürzeste Linie zwischen der Tat und dem absoluten Ichpunkt — der ganze
Reichtum der empirischen Persönlichkeit, den diese Linie
nicht mitnimmt, ist hier von jeder, ebenso der tatsächlichen
wie der ethischen, Beziehung zu der Tat ausgeschlossen.
Denn hier wird der Mensch nur beurteilt, insofern er gerade diese Tat vollbracht hat, nicht die Tat, insofern sie gerade von diesem Menschen vollbracht ist. Ja, es kann zu der
isolierten Normierung der einzelnen Tat (d. h. zu einem allgemeinen Gesetz über ihren Inhalt) nur durch solchen Ausschluß des ganzen Menschen kommen. Und umgekehrt,
dieses Herausreißen und Vereinzeln der Tat führt zu der
Konstruktion des reinen, absoluten, transzendentalen oder
transzendenten Ich, das das Korrelat dazu ist. In Wirklichkeit aber gilt dies nur für die logisierte und mechanisierte
Vorstellung vom Seelischen und fällt ganz dahin, wenn man
jedes Einzelverhalten als eine neue bereichernde Möglichkeit, mit der die Daseinstotalität sich darstellen kann, gelten
läßt. Dann wird das in der Vernunftmoral schwer begreifliche Verhältnis zwischen dem absoluten, eigentlich unlebendigen Ich und den wechselnden singulären Handlungen
sogleich ein organisch einheitliches. Denn nun schließt das
singuläre Tun jene Totalität nicht aus, sondern ein; so
wenig unser Wissen ausreicht, es im einzelnen zu erweisen,
so ist doch hier das metaphysische Grundgefühl dieses:
daß jede existenziale Besonderheit das Ganze des individuellen Daseins, aus dem sie kommt, in ihrer besonderen
Sprache restlos ausdrückt. Darum ist jeder Lebensaugen-
blick, jedes Sich-Verhalten und Handeln das ganze Leben;
dieses ist nicht eine Totalität für sich, der das einzelne
Handeln in ideeller Abgetrenntheit gegenüberstünde. Sondern dies ist die eigentümliche, mit keinem mechanistischen
Gleichnis erschöpfbare Form des Lebens, daß es in jedem
seiner Augenblicke eben dieses ganze Leben ist, so mannig-

faltig und einander entgegengesetzt auch die Inhalte dieser Augenblicke seien. Nicht ein Stück seiner, sondern das Ganze hebt sich zu der jeweiligen Tat. In dem Augenblick ihres Geschehens, wie in jedem anderen, hat dies individuelle Leben alle Folgen seiner Vergangenheit, alle Spannkräfte seiner Zukunft in sich. Darum ist dieser seelische Augenblick wirklich das ganze Leben, weil es außerhalb seiner jetzt keines gibt (wo sollte es eigentlich sein?) und weil das Leben überhaupt keine andere Gestalt als die des kontinuierlichen, jeweils zu einer — unabsehlich variablen — Wellenhöhe sich hebenden zur Verfügung hat. Natürlich ist nicht ein einzelner Moment das ganze Leben, wenn es als die Summe inhaltlich bestimmter Erlebnisse verstanden wird. Aber das Leben als Prozeß — als derjenige, der alle Inhalte trägt und erzeugt und den sie in einer nicht weiter erklärlichen Weise symbolisieren — ist überhaupt nicht eine Summe, sondern er ist in jedem seiner Augenblicke ganz und gar wirklich. Diese Augenblicke sind an Stärke, Intention, Wert äußerst verschieden. Aber diese Verschiedenheit ist das unmittelbare Wesen des Lebens, es ist bald schwach, bald stark, jetzt innerlich ausbalanziert, jetzt in zugespitzter Erregtheit, bald intensiv, bald leer — keiner dieser Augenblicke weist von sich aus, außer durch die vitale Gesetzmäßigkeit der „Reaktion", auf den anderen hin, um sich mit ihm erst zu dem ganzen Leben zusammenzutun; nur von ganz anders orientierten Begriffssystemen her könnte dies geschehen. Ich bin wirklich und ganz in dem einen Augenblick stark, in dem anderen schwach; mein Sein hat jetzt diese Qualität, gleichviel, ob es ein andermal eine andere hat; wobei natürlich diese Beispielsbezeichnungen viel zu einfach sind; der Gesamtstatus des Augenblicks ist vielmehr, obgleich in vitalem Sinne einheitlich, von seiner inhaltlichen Begrifflichkeit her unendlich kompliziert und nur höchst unvollkommen analysierbar. Durchaus muß die Vorstellung ausgeschlossen werden, daß irgendeine Wertung

oder Relation der Inhalte oder auch der Intensitäten des
Lebens darüber bestimmte, ob wirklich das ganze und
„volle" Leben in einem Momente ist. Denn der Begriff des
„vollen" Lebens hätte hier einen Wert- oder subjektiven
Gefühlssinn, einen ganz anderen als den des objektiven Vital-
prozesses. Auch wenn man das Leben im Sinn einer Meß-
barkeit faßt, so daß ein individueller Daseinsverlauf mehr
oder weniger Leben zeigt, so ist doch in jedem dieser differenten Zustände das echte und ganze Leben: es ist eben
abwechselnd ein volleres und ein leereres, und nur von einem
Begriff oder einer Sehnsucht her streckt das letztere ideelle
Arme nach einem ideellen Mehr aus, mit dem es sich vervollständigen will; im eigentlich vitalen und metaphysischen Sinne gibt es nur ein Leben, von dem bald die Fülle,
bald die Armut die Echtheit und Ganzheit ist. Darum ist
es auch falsch zu sagen, daß, wenn ich in einer Stunde
meines Lebens Gutes will und vollbringe, in einer anderen
Schlechtes, dieses oder jenes meine echte Natur, das andere
eine vorübergehende, sozusagen zufällige Abbiegung sei.
Wer will sicher erkennen, wo das Echte meiner Natur liegt?
Vielleicht tritt es nur in einer einzigen Stunde meiner ganzen
Existenz in die Erscheinung. Diese ganze Scheidung ist
höchst problematisch. Der Mensch ist einmal so und ist ein
andermal anders, und aus dem bloß häufigeren Auftreten
einer bestimmten Qualität zu schließen, die eine läge in einer
charakterologisch oder metaphysisch prinzipiell anderen
Schicht als die andere, bewegt uns nur ein Optimismus oder
Pessimismus über unseren Eigenwert. Daß diese Möglichkeit des Lebens besteht, wirklich ganz gut und wirklich
ganz schlecht zu sein, daß wir nicht innerlich in Schichten
von verschiedener ethisch-metaphysischer Wesenstiefe ein-
geteilt sind, so daß die eine Handlung unabänderlich in die
fundamentale, die andere in die oberflächlichere fiele — das
ist die menschliche Freiheit; der transzendentale „Charakter" setzt an ihre Stelle ein Fatum, das durch die Lehre

von der metaphysischen Charakterwahl nur phantastisch verschleiert wird. Übrigens, von der hereinspielenden Proble-matik der Freiheit abgesehen, ist die im Sinne der Lebensdarstellung gleichmäßige Echtbürtigkeit unserer wertmäßig heterogensten Handlungen mit dem „angeborenen Charakter" keineswegs unverträglich. Denn es ist eine ganz wunderliche Einengung und Starrheit, daß man die Angeborenheit des Charakters mit einer qualitativen, mit einem (wenn auch vielleicht komplizierten) Begriff bezeichenbaren Gleichmäßigkeit des Verhaltens identisch setzt: als ein sittlicher oder ein amoralischer, ein sanguinischer oder melancholischer, ein pedantischer oder weitherziger Charakter sei das Individuum geboren, und entweder könne es sich überhaupt niemals in abweichendem Sinne benehmen, oder wenn dies geschähe, so sei es durch ichfremde Mächte abgebogen, oder eine — eigentlich unbegreifliche — Zufälligkeit erzeuge dies dünne und flüchtige Oberflächenphänomen. Bleibe aber selbst dahingestellt, ob es Charaktere von so schwankungslos durchgehender Beschaffenheit gebe, so sehe ich nicht, weshalb es nicht einem Individuum „angeboren" sein könnte, in einer Epoche seines Lebens eine bestimmte innere Haltung, in einer anderen aber eine ganz abweichende — und so in unbegrenzten Schwankungsmöglichkeiten — einzunehmen. Warum sollte das anders liegen als bei den physischen Angeborenheiten? Daß uns der Bart im zweiten Lebensjahrzehnt wächst, erst spärlich und dann stark ist, in späteren ergraut und schließlich weiß wird — ist uns dieser Wechsel nicht durch die ursprüngliche Keimanlage unabänderlich zugeteilt? Warum sollte der Wechsel der Wesensfarbe im Laufe der Lebensentwicklung nicht ebenso eine Angeborenheit sein, wie die vorgebliche Einfarbigkeit des Charakters? Es ist ein bloßes Vorurteil, daß dessen Vorbestimmtheit durchaus mit seiner begrifflich-qualitativen Gleichförmigkeit solidarisch sei, wohl nur daher entstanden, daß für unsere unvollkommene Erkenntnis die Wahrscheinlichkeit, daß ein ein für allemal determinierter Charakter bestehe, allerdings bei durchgängig wahrgenommener Qualitätsgleichheit des Benehmens sehr erheblich wächst. In der Sache selbst aber, gleichgültig gegen mögliche oder unmögliche Konstatierbarkeit, liegt nicht der geringste Grund vor, ein im Zeitverlauf wechselndes charakterologisches Benehmen für weniger prädeterminiert zu halten, in der einen Phase ein geringeres Hinabreichen in die angeborene Wesenswurzel zu sehen als in der anderen.

Daß in dem Querschnitt durch den Lebensstrom, den wir als dessen Jetzt bezeichnen, das Leben in einer zwar differenziellen Ausgestaltung enthalten ist, so daß ein jeder, mag er inhaltlich ganz eng oder ganz weit sein, eine volle Phase der Lebenstotalität bedeutet — das stellt sich natürlich in mannigfaltigen empirischen Modifikationen dar. Auch angesichts scheinbar selbständig funktionierender Sonderenergien sollte nie vergessen werden, daß es der ganze Mensch ist, der denkt, fühlt, begehrt, daß auch jeder einzelne Sinn nur eine Kanalisierung der Lebensganzheit ist, durch die diese mit der Außenwelt verkehrt. Wir täuschen uns darüber leicht, insofern wir allerdings oft keinerlei Beziehung oder Bestimmung zwischen der einen Sonderenergie und einer anderen feststellen können und darüber vergessen — was übrigens für unzählige geistige und praktische Verhältnisse typisch ist —, daß ein Element eines Ganzen sehr wohl durch dieses Ganze als Einheit bestimmt sein kann, ohne daß sich ein Einfluß irgendeines einzelnen anderen Elementes auf jenes auffinden ließe. So vergißt der christlich Gläubige nicht selten, daß er in der absoluten Umfaßtheit durch das göttlich Eine lebt, wenn die göttliche Güte, die göttliche Weisheit oder auch die göttliche Gerechtigkeit und der göttliche Zorn nicht so in sein Leben eingreifen, wie er es an dieser Stelle erwartet hatte.

Der theoretisch keineswegs leicht zu erfassende Formtypus: daß das individuelle Leben sich immer nur als

Ganzes zu den Entfaltungen, die wir einzelne Taten oder Erlebnisse nennen, hebt, findet in unserer Begriffsbildung, eine gewisse logische Analogie. Von der konkreten Sache, die ein Begriff bezeichnet, schließt er nur gewisse Teile, Seiten, Bestimmtheiten ein; viele andere aber, ihre ganze individuelle Konfiguration, all das an ihr, was entweder unter andere Begriffe gehört oder überhaupt nicht begrifflich ausdrückbar ist, läßt er ganz außerhalb seines Inhalts. Dennoch gilt er für die Totalität, für die Einheit der Sache, einschließlich all jener von ihm nicht mitbetroffenen Bestimmungen. Wenn ich ein Gewächs einen Baum nenne, so bestimmt dieser Begriff nicht, ob das Gewächs Nadeln oder Blätter hat; dennoch gilt er nicht etwa für einen Teil des nadeltragenden und für einen dementsprechenden Teil des blättertragenden, sondern für das in sich einheitliche ganze Gebilde, das Nadeln trägt, und für das ganze, das Blätter trägt: das Baum-Sein durchdringt gewissermaßen ein jedes, ohne sich von individuellen Unterschiedlichkeiten hemmen zu lassen. Oder, wenn man jemanden einen Dummkopf nennt — so schließt dieser Begriff doch all die zahllosen Eigenschaften des Menschen nicht ein, die mit Dummheit oder Klugheit überhaupt nichts zu tun haben und für die diese nicht einmal ein Präjudiz bilden. Trotzdem, mit all diesen, mit seiner Gutmütigkeit oder Bosheit, seinem normalen oder abnormen Triebleben, seiner Gesprächigkeit oder Schweigsamkeit und allen anderen, ist er ein Dummkopf; dieser Begriff, unter den er nach einer nur partiellen Eigenschaft gebracht wird, umfaßt oder beherrscht dennoch seine Ganzheit, die auch all jene intellektfremden Bestimmungen in ihre Einheit einschließt. Dieses Strukturverhältnis zwischen Einzelheit und Lebensganzheit bewirkt gerade an ethischen Werturteilen eine eigentümliche Problematik. Bei Dante erleiden die Sünder in der Hauptsache wegen einzelner Taten ihre Verwerfung. Mag, man hier auch die tiefere Bedeutung herauslesen: daß der Mensch einmal in

seinem Leben etwas tut, das den gesamten Sinn, die ge-
samte Tendenz dieses Lebens in sich sammelt — so bestimmt sich hier der ethische Wert solcher repräsentativen
Tat eben doch von ihrer inhaltlichen Einzelheit her, wie
sie sich an einem System vorbestehender Normen mißt. Und
selbst wenn es Eigenschaften sind, die die Verurteilung
begründen, so sind es doch nur partielle: der Geizige, der
Wollüstige, der Zornmütige können außerdem ganz vortreff-
liche Eigenschaften haben, und Dante stellt dies auch nicht
in Abrede, ja, deutet es sogar gelegentlich an. Wo bleiben
diese? Warum verschwinden sie absolut vor dem einen
Wertnegativen? Und wie stimmt dies als formales Prinzip
damit überein, daß das ganze Sodom um eines Gerechten
willen verschont bleiben sollte? Und sollte nun wirklich
dieses Eine als der maßgebende Wertpunkt der Existenz
gelten, wie es bei Kant als reinste Erscheinung des intelli-
giblen Charakters auftreten könnte — hier wie dort wird
die Tat nicht gemäß ihrem organisch-kontinuierlichen Ver-
wachsensein in das Leben beurteilt, sondern gemäß ihrem
für sich angebbaren Inhalt, bzw. für Kant gemäß der bloßen
Absicht dieses Inhalts. In beiden Fällen aber bedarf es der,
wie auch immer mit Innerlichkeit geladenen, Vereinzelung
der Tat, weil sie an einer dem Gesamtleben des Indiv-
duums gegenüberstehenden, gegen dieses prinzipiell gleichgültigen Norm ihre Wertung finden soll. Dabei ist nicht uninteressant, festzustellen, daß, wenn die Tat nach der umgekehrten Richtung: nach ihren auf den Täter zurückge-
wendeten Wirkungen, verfolgt wird, ihre Isolierung dem
Lebensganzen gegenüber auf einmal aufgehoben ist. Der
Richter mag nur das definierte Vergehen bestrafen, der
Mensch mag ihm nur dessen im übrigen gleichgültiger
Träger sein; allein die Strafe — ihr unmittelbarer Schmerz,
wie etwa auch die soziale Deklassierung, trifft tatsächlich
den ganzen Menschen. Unsere Taten sind hinsichtlich der
Rückwirkungen auf uns keineswegs so lokalisiert, wie, nach

den hier kritisierten ethischen Vorstellungen, ihr Ursprung
aus uns es ist. Schon diese hundertfältige Erfahrung hätte
bewirken sollen, auch den letzteren in engere Verbindung
mit dem Lebensganzen zu bringen. Auch gilt dieses Grundverhältnis noch für intimere als die angedeuteten Schichten.
Wir würden uns von der Schuld einer Handlung, die wir
vielleicht wirklich als eine relativ isolierte, aus einem
seelischen Nebenfluß auftauchende empfinden, leichter los-
sprechen, würde sie nicht doch von dem dumpfen Gefühl
umschwebt: du bist also fähig, und für alle Zukunft, etwas
derartiges zu tun! Das eigentlich Bedrückende ist die Beschaffenheit an uns — mag diese auch gleichsam eine
provinzielle sein —, ihre jetzt nicht mehr fortzuleugnende
dauernde Möglichkeit, also doch etwas über die Tat als
einzelne hinaus auf den ganzen Lebensverlauf sich Er-
streckendes. Darum ist psychologisch auch zu beobachten,
daß, wenn eine radikale innere Wendung es uns ganz undenkbar macht, eine bereute Tat zu wiederholen, das Leiden
der Reue erheblich gelindert wird. Auch ist ja gar nicht zu
übersehen, daß wir tatsächlich uns für manche Handlungen nicht voll verantwortlich fühlen, daß sie plötzlich
wie Fremdlinge, man weiß nicht woher, gekommen, in
unserer Innenlandschaft dastehen, etwas Peripherisches, unserem Lebenszentrum nicht Verbundenes. Nur solche Deu-
tungsworte für diese Tatsache scheinen mir irrig. Wir sind,
wie oben erörtert, immer und also auch in solchen Hand-
lungsmomenten, unser ganzes Leben, und dessen hier leicht
sich anbietende Scheidung in unsere Aktualität und unsere
Potentialität, mit sehr ungleichmäßigen Maßverteilungen,
ist ein durchaus problematischer Hilfsausdruck, da die un-
lösbare Verwebtheit des sogenannten Aktuellen und des sogenannten Potentiellen erst den wirklichen und wirksamen
Lebensmoment konstituiert. Nur daß eben das Leben seinem
Wesen nach in fortwährendem Auf und Ab, Stark und
Schwach, Hell und Dunkel fluktuiert, ohne darum in irgend-

einem Augenblick seine Ganzheit als dieses eine Leben auf-
zugeben. Es sind deshalb nicht bloße „Teile", es ist kein
exterritoriales Wo, das Handlungen jener Art entspringen
läßt, sondern es ist unsere ganze Lebenseinheit, die nur in
solchen Momenten das Stadium der Reduziertheit, des Sich-
selbst-Fremdseins, des Abstandes gegen das sonst Gewohnte
passiert. Aber auch dieses als Anderssein Bezeichnete ist
kein irgendwoher gewehtes Zufälliges, sondern ein Modus
des Lebens selbst, das Außerhalb ist eine Form seines Innerhalb.

In näherer Ausführung zeichnet sich das für uns hier entscheidende Motiv in seinem Gegensatz einerseits gegen die
mechanistische, andererseits die platonisierende Auffassung,
vielleicht am deutlichsten, wo wir unser Verhalten zu durchgehenden Wesenszügen zusammenfassen. Ich gehe von dem
eben Erörterten aus. Wenn wir einen Menschen geizig
nennen, so ist doch nicht sein Geiz geizig, sondern der ganze
Mensch, der zugleich tapfer, sinnlich, klug, melancholisch
und noch alles Mögliche ist — der ist geizig. Darum ist in
jeder Handlung, die wir als eine geizige bezeichnen, eben
dieser enthalten, gerade wie in jeder anderen, die uns als
eine kluge oder tapfere oder sinnlich bestimmte erscheint.
Es ist ein völliges Verkennen vom Wesen des Lebens, wenn
man seine einheitliche Ganzheit nur insoweit sehen will, als
man qualitative Gleichheit in ihm wahrnimmt — die man
dann durch eine Art von Mischung aller inhaltlichen Verschiedenheiten seiner Momente, einen Durchschnitt durch
sie oder in einem „reinen" Ich, das heißt in einer Abstraktion von inhaltlichen Verschiedenheiten überhaupt zu gewinnen sucht. Die Kategorie vom Ganzen und Stück, wie
sie für das Unlebendige gilt, ist auf das Leben, zuhöchst auf
das individuell-seelische, überhaupt nicht anwendbar. Hier
ist eine innere Verbundenheit des Lebens, die nicht nur das
Vorher und Nachher betrifft, indem man von jedem Punkt
zu jedem nur durch alle zwischen ihnen liegenden hindurch

gelangen kann; sondern außerdem greifen Vergangenheiten gleichsam über den Kopf alles Dazwischenliegenden hin und wirken auf das Gegenwärtige ein, gehen mit ihm zu stetig sich wandelnder Einheit zusammen — wie in einem Gemälde jeder Farbfleck nicht nur mit den benachbarten in Relation steht, sondern mit jedem anderen derselben Leinwand, und dadurch jenes Netzwerk von Gegensätzen, Synthesen, Steigerungen entsteht, das wir als die „Notwendigkeit" im Kunstwerk ausdrücken, das heißt als die Unerläßlichkeit eines jeden Teiles, weil jeder andere eben dieser bestimmte ist, und zwar wechselseitig: jeder Teil des Kunstwerks ist das, was er an dieser Stelle ist, nur dadurch, daß jeder andere das ist, was er ist; die Bedeutung eines jeden schließt gewissermaßen das ganze Kunstwerk ein. Aber schließlich nähert sich auch dieses Gleichnis nur sehr unvollkommen und sozusagen nur dissolut dem, was die eigentümliche Form des Lebens prinzipiell restlos und in Einheit vollzieht: daß es wirklich in jeder jeweiligen Gegenwart ganz besteht. Daß diese Gegenwärtigkeiten daraufhin, daß sie einerseits als zeitlich getrennte „Stücke", andererseits durch die Widersprüche ihrer Inhalte sich gegenseitig ausschließen, sich sträuben, jeweils das eine ganze Leben zu sein, geht auf die Wirksamkeit von Gesichtspunkten zurück, die an das Leben von außen herangebracht sind. So gilt das Schema vom Ganzen und vom Stück allenfalls für die Lebenszeit, das heißt für das leere, lineare Zeitschema, das man gewinnt, wenn man sozusagen aus dem Leben das Leben wegstreicht. Innerhalb dieses freilich gibt es „Stücke", Teile, die durch scharfe, punktuelle Grenzen ausgeschnitten sind und deshalb für das in absoluter, niemals zerschnittener Kontinuität verlaufende Leben nicht einmal Symbole sein können. Zwischen 6 und 7 Uhr vergeht freilich „ein Stück" meines Lebens, dem sich ein anderes von 7 bis 8 Uhr anschließt, so daß jedes von ihnen mein Leben nur pro rata enthält, das ganze sich aus ihnen addiert.

Allein vom Leben selbst her gesehen, ist diese Ausstückung
durchaus nichts Objektives, nichts in seiner eigenen Struktur
Vorgezeichnetes; man kann seine Kontinuität nur dadurch
zum Ausdruck bringen, daß jeder etwa besonders betrachtete Moment das ganze Leben ist — weil es die Form dieses
Ganzen, seine Einheit, ist, sich in etwas, was man unter dem
äußerlich zeitlichen Aspekt Vielheit nennen muß, auszuleben.
Nicht anders verhält es sich mit Rücksicht auf die qualitative Unterschiedlichkeit der Lebensstücke. Daß ich mein
Tun in ein jetzt geiziges oder verschwenderisches, jetzt
tapferes oder feiges, jetzt kluges oder törichtes zerlege, geschieht von begrifflichen Kategorien aus, die dem Lebensprozeß in sachlicher Systematik und ganz unverbunden
gegenüberstehen. Natürlich sind es inhaltliche Unterschiede
innerhalb dieses Prozesses selbst, auf die hin er bald der
einen, bald der anderen Kategorie Anwendung gewährt.
Allein dieser Zustand bezieht seine wahre Wesenheit und
ethische Beurteilbarkeit nicht von dem Begriffe des Geizes
oder der Verschwendung, der Tapferkeit oder der Torheit
her, sondern von der kontinuierlichen und kontinuierlich
wechselnden Lebensströmung her. Hier zeichnet sich noch
einmal aufs schärfste der Unterschied zwischen der begriff-
lich-allgemeinen und der vital-individuellen Anschauungsweise. Für den platonisierenden Standpunkt (der hier auch
die Voraussetzung für die Ethik des „allgemeinen Gesetzes"
bildet) ist die tapfere Handlung eine exemplifizierende Verwirklichung des Begriffes Tapferkeit; nur indem sie von
diesem oder einem anderen Begriff gedeckt wird, ist sie
sozusagen überhaupt eine Handlung; von dorther, nicht von
dem Leben, dessen Pulsschlag sie bildet, kommt ihr ihr
Wesen. Mag man auch die transzendent-substantialisieren-
den Ausdrücke Platos ablehnen, wonach der Mensch, indem
er so handelt, teilhat an der Idee der Tapferkeit, so ist doch
das Grundmotiv noch immer wirksam. Noch immer erscheint die Tat ihrem Sinn, ihrer Wertung, ihren Einord-

nungen nach nicht als das ganze, jetzt gerade so sich verwirklichende Leben des Individuums, sondern als eine Verwirklichung des Begriffes der Tapferkeit. Von diesen Umschriebenheiten der begrifflich ausdrückbaren Inhalte des Tuns herkommend, ist das Jeweilige des Lebens freilich innerhalb dieses ein bloßes Stück, das mit anderen zusammen (also zum Beispiel das Vernünftige mit dem Sinnlichen, das Praktische mit dem Theoretischen, das Individualistische mit dem Sozialen) erst das ganze Leben bildet. Diese Betrachtungsweise ist zweifellos nötig und nützlich, da uns das Leben sowohl für das Handeln wie für das Erkennen nur durch seine Beziehungen zu solchen realen und idealen Reihen und Werten und seinen nach diesen zu sich streckenden Ergebnissen von Wichtigkeit zu sein pflegt. Allein von dem Quellpunkt her gesehen, an dem die Tat sich wirklich bildet, ist sie nicht eine „Tat der Tapferkeit" (diese halb dichterische Sprechweise hat für den Rationalismus doch eine irgendwie real gemeinte Basis), sondern sie ist die jetzige Wirklichkeit dieses Totallebens und deshalb, sobald es sich um ethische Verantwortung handelt, nur aus dem zu beurteilen und zu werten, was das Gesamtsollen dieses Lebens an dieser Stelle zeigt. Als Entfaltung des einen Lebens ist das Sollen ebenso entschiedenen, wenn auch nicht den gleichen, qualitativen Polaritäten zugängig, wie ich es vorhin für die Wirklichkeitsform des Lebens gegenüber dem Aberglauben betonte, daß die Angeborenheit des Charakters uns in ein wesentlich immer gleichartiges Verhalten bannte. Eben darum ist das Sollen, auf den Verantwortungspunkt hin gerichtet, nicht nach einem allgemeinen Gesetz bestimmbar. Gewiß ist Tapferkeit als solche gut und Geiz als solcher übel, und als allgemeines Gesetz könnte man nur wollen, daß die eine sei, der andere nicht sei. Aber was die so benannten Handlungen in der Reihe eines individuellen Lebens bedeuten, genauer: was sie als dieses Leben bedeuten (da sie doch nur die momentanen Darstellungen seiner Totalität und deshalb nur aus dem Gesamt-Sollen dieses beurteilbar sind) — das ist damit noch nicht bestimmt. Damit tritt die ethische Bedeutung des so ausführlich Behandelten hervor: daß in jeder Handlung der ganze Mensch produktiv ist, nicht ein noch so verfeinertes „Seelenvermögen", das schließlich doch immer auf den Zirkel führt, daß unser geiziges Verhalten aus unserem Geiz und unser tapferes aus unserer Tapferkeit hervorgeht. Das allgemeine Gesetz, das, selbst als formales, sich für die Praxis doch immer in ein materiales umsetzen muß, bestimmt den ganzen Menschen von der transvitalen, transindividuellen Bedeutung eines rationalisierten Handlungsinhaltes her; es kann, wie sich erst jetzt recht ergibt, überhaupt nicht anders, aber es wendet dazu ein untaugliches Mittel an, weil es nicht aus der gelebten Totalität des Menschen, sondern aus der Begrifflichkeit eines isolierten Inhalts heraus seine Forderung stellt. Umgekehrt geht unser hier skizzierter Gedanke darauf, daß der Mensch, in der als einheitliche Kontinuität gedachten Ganzheit seines Lebens, etwas soll, ein mit diesem Leben gegebenes Ideal seiner selbst zu verwirklichen hat, dessen Wesen freilich, wie das des Lebens überhaupt, es ist, als unaufhörlich wechselnde, oft vielleicht einander logisch widersprechende Handlungen abzurollen. Diese Forderung geht nicht etwa auf die allgemeine „gute Gesinnung", die zu ihrer individuell praktischen Ausgestaltung immer noch weiterer Normen bedarf. Hier wird nun eben aus dem Prinzip heraus, daß in jedem Tun der ganze Mensch produktiv ist, die einzelne Handlung durch den ganzen Menschen sittlich bestimmt — nicht durch den wirklichen, sondern durch den gesollten, der mit dem individuellen Leben ebenso wie der wirkliche gegeben ist. Aus ihm und nicht aus ihrer dem Leben transzendenten Verbegrifflichung ins Allgemeine muß die Handlung ihr Gesolltwerden schöpfen; sie muß es logisch, weil die ideale Lebenskontinuität (da sie Leben ist) ausschließlich an dem Sich-Heben ihrer Ganzheit zu, freilich singulär benennbaren, Handlungsinhalten ihre Existenz hat. Natürlich handelt es sich in jedem gegebenen Augenblick immer nur um irgendeine einzelne sittlich geforderte Tat. Allein eine sittlich geforderte ist sie nur um ihrer Zugehörigkeit zu einem ganzen, ideell vorgezeichneten Leben willen. Denn zum Sollen gehört die — wie auch immer gedeutete — Möglichkeit, daß wir ihm mit unserer Wirklichkeit entsprechen oder nicht entsprechen. Nun aber kann man wohl ein ganzes Leben, aus dem identischen Keimpunkt hervorbrechend, sich anders denken, als das wirkliche. Aber daß eine einzelne Tat „anders" sei, als sie geschehen ist, erscheint eigentlich sinnlos; dann ist es eben eine andere und nicht dieselbe, die doch anders ist. Höchstens wenn man von der harten Selbständigkeit ihres Inhaltes — der nur sein kann, wie er ist, oder überhaupt nicht ist — absieht, das Leben rein unter den Gesichtspunkt des Prozesses stellt, der den Inhalt in seine Flüssigkeit aufgelöst hat, und nun die einzelne Tat als die jetzt gerade wirkliche Gestaltung dieses Lebensganzen auffaßt — nur dann könnte man von ihr verlangen, daß sie anders sein solle, als sie ist. Denn das ist das Unvergleichliche an dem organischen Wesen, zuhöchst an der Seele, die als ganze lebt, daß sie eine geänderte sein kann und doch dieselbe. Sicher ist die gewöhnliche Veranschaulichung dieses Urphänomens: das irgendwie substanzhaft beharrende oder auch nur in Form- oder Funktionsgleichheit durchhaltende Ich, dem wirklichen Sachverhalt ganz unangemessen; dies innere Wissen um die Identität des Individuums bei völliger, scheinbar bis ins Tiefste hinabreichender Variabilität ist eine Grundtatsache, der gegenüber vorläufig alle analytischen Verbegrifflichungen versagen. Nur also, wenn dieser Charakter des Lebens sich weiterhin dem Motiv verbindet, daß die einzelne Tat der jeweilig vollständige Ausdruck dieses ganzen Lebens ist, kann eben diese

Tat an jenem „Andersseinkönnen" teilhaben. Aber dies
Motiv hängt dennoch auch mit der immer wieder auftauchen-
den Vorstellung zusammen, daß wir zwar im Ganzen des
Lebens frei sind, das Einzelne aber determiniert ist. Das ist
nur der Ausdruck dafür, daß auch das Sollen eine Totalität
ist, aus der die einzelne Tat nicht zu zirkumskripter Selbstverantwortlichkeit herausgehoben werden kann.

Ist das Verhältnis jeder begrifflichen, zeitlichen, phäno-
menalen Umgrenztheit zu der Ganzheit eines individuellen
Lebensprozesses in diesem Sinne erfaßt, so gilt es ersichtlich
für jede der Kategorien, unter denen die Einheit dieses
Prozesses ablaufen kann: wie sich die Wirklichkeit eines individuellen Lebens überhaupt zu seiner jeweilig gegenwärtigen Realität hebt, so das Sollen eben desselben überhaupt zu seiner jeweiligen Pflicht.

Wir stellen uns damit allen Bemühungen entgegen, das
Sollen aus der Materie oder den formalen Verhältnissen
seiner Inhalte herauszugewinnen. Natürlich lebt jedes Sollen
an diesen, sind sie das Gesollte. Der Unterschied trifft nur
dieses: woraufhin sie gesollt sind, von welcher Instanz
ihnen die ethische Auswahl und die ethischen Akzente kommen. Indem die Lösung hier in einem eigentümlich bestimmten Lebensbegriff gesucht wird, darf darum die Bedeutsamkeit der Inhalte nicht etwa für ausgeschaltet gelten. Dieses
Sollen vielmehr, indem es als eine Form jedes individuellen
Lebens, dessen Wirklichkeitsform koordiniert, erkannt ist,
nimmt alle möglichen, ihm äußeren Verkettungen auf, ihre
Breite viel weniger präjudizierend, als es dem Moralismus
des kategorischen Imperativs und seiner Bindung an die
Allgemeinheitsforderung gelingen kann; denn alle sozialen
und schicksalsmäßigen, alle vernunfthaften und religiösen,
alle aus den tausend Bedingungen der Umwelt stammenden
Bindungen, Aufforderungen, Impulse wirken ja auf dies
Leben selbst ein; gemäß der Füllung und Formung, die das

Leben von ihnen erfährt, bestimmt sich jeweils seine Pflicht. Da nun das Leben sich nur an Individuen vollzieht, ist die moralische Normierung, ihrem inneren Prinzip nach, eine individuelle. So besitzt die Ineinssetzung von Gesetz und allgemeinem Gesetz, wie sie die Ethik beherrscht und in der Kantischen zu reinster Abstraktion entwickelt ist, doch vielleicht nicht die beanspruchte logische oder selbstverständliche Notwendigkeit. Und nun mag ich, was ich zu tun habe, noch so genau aus den sachlichen Verhältnissen der Dinge und aus Gesetzen, die außerhalb meiner entsprungen sind, herleiten — zuletzt oder zuerst habe ich es zu tun, es gehört zu meinem Pflichtenkreis, mein Daseinsbild ist durch sein Vollbringen oder Unterlassen ein wertvolleres oder wertloseres. Wird dieser Sinn der Individualität, der nicht etwa eine eigenschaftliche Unvergleichbarkeit bezeichnet, nicht zugegeben: die Erzeugung der Pflicht aus dem unvertretbaren, unverwechselbaren Einheitspunkt oder, was hier dasselbe ist, der Ganzheit des lebendigen Ich, als der aktuelle Moment des so bestimmten ideellen Lebens — so sehe ich nicht, wie es zu der eigentlichen Verantwortung, also dem Innerlichsten des ethischen Problems kommen sollte.

Dies zu vertiefen und zu verdeutlichen muß vor allem wiederholt werden: daß das Sollen überhaupt nicht von einem Zweck herkommt. Nicht von einem solchen, sondern von uns aus sollen wir; das Sollen als solches ist kein teleologischer Prozeß. Dies betrifft natürlich nicht den Inhalt des Sollens, der vielmehr dauernd sich unter der Kategorie des Zweckes darstellt: unzählige Male sollen wir uns schlechthin zum Mittel für Zwecke machen, die über die minimale Einzelexistenz hinausgehen und denen gegenüber es auf uns als Selbstzwecke überhaupt nicht ankommt. Aber daß wir dies sollen, daß es uns unter der Kategorie der Pflicht auffordert — das ist nicht selbst wieder von dem Zwecke abhängig, dem wir mit der Tatsächlichkeit solchen Handelns dienen. Freilich, von den äußeren, uns umgebenden

Mächten her gesehen, ist auch dies kein autonomes, sondern
ein teleologisches Ereignis: die Gesellschaft, der Staat, die
Kirche, der Berufs- oder Familienkreis erlegt uns jene
Pflichten der hingebenden, selbstlosen Aktionen als Mittel
für die Zwecke dieser Gebilde auf. Aber darum, weil es von
uns gefordert wird, ist es noch lange nicht sittlich gesollt,
denn als Forderung ist ja die sittlich anzuerkennende nicht
von der ungerechtfertigten unterschieden. Die Entscheidung
also, daß die eine uns als Pflicht gelten soll, die andere nicht,
kann ohne circulus vitiosus nicht von den Zwecken kommen,
denen ihr Inhalt dient, sondern kann nur als unmittelbare,
aus dem Inneren des Lebens selbst erwachsene, obgleich
seine Wirklichkeit absolut überflügelnde, Tatsache gesetzt
sein. Das Sittliche am Handeln kann als solches nicht Mittel
sein — so sehr sein Inhalt uns zum bloßen „Mittel"glied
sozialer, kultureller, geistiger, religiöser Reihen machen
mag —, ohne von seiner Wesenswurzel abgetrennt und in die
Verknüpfung einzelner objektiver Geschehnisse aufgelöst zu
werden [1].

---

[1] Kant hat die Unmöglichkeit, das Sollen durch den Pflichtinhalt zu
sanktionieren, sehr wohl durchschaut. Aber er ist doch so sehr in der
Kategorie des Zwecks befangen, daß er nun die kühne Drehung versucht, die Sittlichkeit, Sollensmäßigkeit als ganze zum Endzweck des
Lebens zu machen. Allein daß er sie nun wieder an den Rationalismus
des „allgemeinen" Gesetzes bindet, macht die Befreiung des Sittlichen
von jedem Charakter als Mittel wieder illusorisch. Denn nun ist es doch
wieder ein bloßes Mittel zu dem Endzweck: einer logisierten, rational-
gesetzlichen Welt zum Dasein zu verhelfen. Von diesem letzten Motiv
her gesehen, ist auch der kategorische Imperativ nicht wirklich kate-
gorisch, sondern davon abhängig, ob wir eine logische Welt wollen
oder sollen, denn erst als Mittel zu dieser ist er legitimiert — gerade wie
der Wahrheitswert von Kants theoretischem Apriori dadurch bedingt
ist, daß wir die Gültigkeit des Erfahrungswissens anerkennen, und in
dem Augenblicke hinfällig wird, wo wir diesem aus irgendwelchen
Gründen oder auch ohne Gründe die Anerkennung weigern. Auch hier
hat die Tatsache, daß das Handeln seinem individuell-sittlichen Inhalt nach uns unzählige Male höheren, allgemeineren Zwecken beugt,
dazu verführt, schon das Sollen als Sollen jenem weiteren idealen Zweck
zu subordinieren und sein Wesen von dieser Subordination, d. h. von

Auch mag man, mit allem Rechte, noch so viele Sanktionen rationaler, gegenständlicher, sozialer Art anerkennen: erst mit der Einordnung in die von meinem gesamten Daseinsbild bestimmten Pflichtreihen wird die Handlung m ein e Pflicht. Denn niemand kann ein einziges Handeln, ein einziges allgemeines Gesetz angeben, dem wir nicht unter besonderen Umständen die Anerkennung als unsere Pflicht verweigern müßten — also keines, dessen Sachgehalt nicht die Frage als höchste Instanz über sich hätte: ist es denn m eine Pflicht, gehört es der objektiv-idealen Gestaltung m eines Lebens zu? Die Entscheidung bleibt auch dann dem Sinn und den Konstellationen meines Gesamtlebens vorbehalten, wenn sie etwa das Opfer dieses Lebens fordert; denn auch den Tod kann nur der Lebende auf sich nehmen. Das aber heißt, daß, wenn auch alle einzelnen Pflichtinhalte aus jenen Bezirken kämen, eben die Entscheidung über sie nicht aus ihnen selbst, nicht aus noch so vielen einzelnen Zwecken und Normierungen zusammenzusetzen ist, sondern der Einheit und Kontinuität des Lebens vorbehalten bleibt. Nur daß eben dieser Zusammenhang hier nicht einfach empirische Wirklichkeit ist — denn aus Wirklichkeiten als solchen können immer nur Wirklichkeiten gefolgert werden, niemals aber, ohne μετάβασις εἰς ἄλλο γένος, eine Forderung. Die Form dieser muß vielmehr von vornherein zugrunde liegen, d. h. das Leben muß schon ursprünglich auch unter der Kategorie des Sollens ablaufen — gleichviel, an welchem Punkte dies in der Chronologie des empirischen Bewußtseins auftritt. Oder anders ausgedrückt: das jeweilige Sollen ist

etwas ihm Transzendenten, her zu begründen. Die ethischen Prinzipien scheiden sich an der Frage, ob das Sollen als ethisches aus dem Leben heraus- oder an das Leben herankommt — und das letzte wird auch von der „Vernunftmoral" aufrecht erhalten. Denn mit dem Begriff der „Autonomie" deckt sie doch nur ihre Voraussetzung, daß die Vernunft unseres Selbst die irgendwie in uns hinein transformierte, von uns repräsentierte Logik der Inhalte sei, die aber ideell oder metaphysisch i h r e r seits autonom ist, d. h. außerhalb dieses Selbst besteht, dem sie seinen „Endzweck" vorschreibt.

eine Funktion des totalen Lebens der individuellen Persönlichkeit.

Es kommt alles auf die Differenzierung sonst ver-
schmolzener Begriffe an, um einzusehen, wie weit dieses
Grundmotiv von allem Subjektivismus, aller Willkür, aller
Zufälligkeit entfernt ist. Die sittliche Forderung schien bisher für ihre Sanktionen an die Entscheidung gewiesen: entweder ist sie das, was sich im subjektiven Bewußtsein, in
der persönlich-gewissensmäßigen Entscheidung als gesollt
darstellt, oder sie kommt vom Objektiven her, von einer
überindividuellen, aus ihrem sachlich-begrifflichen Gefüge
Gültigkeit ziehenden Satzung. Dieser Wahl gegenüber
glaube ich, daß es ein Drittes gibt: das objektive Sollen eben
dieses Individuums, die aus seinem Leben heraus an sein
Leben gestellte Forderung, die prinzipiell unabhängig davon
ist, ob es selbst sie richtig erkennt oder nicht. Wiederum ist
hier eine neue Scheidung und neue Synthese von Begriffen erforderlich: das Individuelle braucht nicht subjektiv zu sein,
das Objektive nicht überindividuell. Der entscheidende Begriff ist vielmehr: die Objektivität des Individuellen. Besteht
einmal ein bestimmt individualisiertes Leben als eine in
vollem Sinne objektive Tatsache, so ist auch sein ideales
Sollen als ein objektiv gültiges da, derart, daß wahre und
irrige Vorstellungen darüber sowohl von seinem Subjekte wie
von anderen Subjekten gefaßt werden können.

Ich belege dies mit der Analyse eines einfachen Beispiels.
Man denke einen Antimilitaristen, der davon durchdrungen
ist, daß Krieg und Kriegsdienst das schlechthin Verderbliche
und Böse ist, und der sich der vaterländischen Waffenpflicht
entzieht, nicht nur mit ruhigem Gewissen, sondern mit der
heiligen Überzeugung, damit das sittlich Rechte, unbedingt
Geforderte zu tun. Wenn nun sein Verhalten dennoch verurteilt wird, wenn die Erfüllung jenes vaterländischen An-
spruchs gerade als sittliche verlangt wird, da es ganz gleichgültig sei, wie er darüber subjektiv denke — so weiß ich

nicht, wie der Leugner des „irrenden Gewissens" sich mit dieser Situation abfinden könnte. Es genügt aber auch keineswegs, als Sanktion einfach die Staatsordnung und salus publica anzuführen. Denn daß diese als Macht besteht, der es nur auf Erfüllung ihrer Forderung, nicht aber auf die Innenseite des leistenden Subjekts ankommt — das bedeutet an und für sich noch nicht sittliche Forderung an dieses. Und wenn alle objektiven irdischen und überirdischen Ordnungen um den Menschen herum stünden und ihm ihre Ansprüche präsentierten — er hat sie zu erfüllen und, wenn es ein sittliches Tun sein soll, so müssen sie als Ansprüche aus ihm kommen, müssen das in seinem Sein gelegene Sollen darstellen; was von außen, von einem noch so idealen und wertvollen Außen, als Forderung an ihn herantritt, kann nur Material des eigentlich sittlichen Sollens sein, muß durch dieses erst als für diesen Menschen sittlich legitimiert werden. Auf dieser Basis, die keinerlei Kompromiß oder Konzession verträgt, meine ich allerdings, daß jener Antimilitarist wirklich zum Waffendienst moralisch verpflichtet ist, obgleich sein subjektiv-sittliches Bewußtsein ihn verwirft. Denn die Individualität, die in der Form des Sollens lebt, ist doch keine unhistorische, materialfreie, nur etwa aus dem sogenannten „Charakter" bestehende. Sie ist vielmehr dadurch mitbestimmt oder schließt es als gar nicht zu eliminierendes Moment ein, daß dieser Mensch etwa Bürger eines bestimmten Staates ist. Alles, was ihn umgibt und was er von je erlebt hat, die stärksten Triebe seines Naturells wie die flüchtigsten Eindrücke — alles dies formt an jenem flutenden Leben der Persönlichkeit, und aus alledem wächst, wie eine Wirklichkeit, so ein Sollen. „Nicht nur das Angeborene, auch das Erworbene ist der Mensch" (Goethe). Von außen kann durchaus nur die Forderung des Waffendienstes an diesen Menschen herantreten; daß ihre Erfüllung seine Pflicht ist, gleichviel ob er ihr zustimmt oder nicht, stammt aus der ganz unübersehlichen, gar nicht lösbaren Eingewebtheit der

staatlich-nationalen Kräfte und Werte in seine individuelle
Existenz, und darum kann sich aus dieser die Pflicht seines
Waffendienstes erheben, ein schlechthin objektiver Überbau
oder Nebenbau zu seiner Wirklichkeit. Ob er nun diese
Pflicht weiß, sie anerkennt oder verkennt, ist dafür genau so
gleichgültig, wie für die Wirklichkeit seines Wesens, ob er
über sie richtig oder falsch urteilt. Für die abgekürzte Ausdrucksweise der gewöhnlichen Praxis genügt es natürlich,
wenn man den Waffendienst für sittlich gesollt erklärt, „weil
der Staat ihn verlangt". Aber für die letzte ethische Frage,
die aus dem eigentlichen Verantwortungspunkt des Menschen
kommt, ist das nicht ausreichend. Hier wirkt jenes Verlangen des Staates nur, insoweit die Zugehörigkeit zum
Staate sich in einer solchen Weise in das tatsächliche Sein
oder Leben des Individuums verwebt, daß das Sollen, als
welches dieses Leben sich ideal-ethisch vollzieht, die Erfüllung jenes Verlangens einschließt — dann aber ist die
Forderung auch von allem Subjektiven durchaus unabhängig.

Das Entscheidende ist aber, daß das individuelle Leben
nichts Subjektives ist, sondern, ohne irgendwie seine Beschränkung auf dies Individuum zu verlieren, als ethisches
Sollen schlechthin objektiv ist. Die falsche Verwachsung
zwischen Individualität und Subjektivität muß ebenso gelöst
werden, wie die zwischen Allgemeinheit und Gesetzlichkeit.
Dadurch werden die Begriffe frei, die neue Synthese zwischen
Individualität und Gesetzlichkeit zu bilden. Würde nur die
jenseits des Lebens und seines individuellen Verlaufes
stabilierte Allgemeingesetzlichkeit aufgehoben, ohne daß das
an ihre Stelle Tretende den vollen Charakter objektiver Gesetzlichkeit trüge, so würden wir in diesem keinen angemessenen Ausdruck der idealen wie der realen ethischen
Tatsächlichkeit erblicken. Es kann vielmehr nur ein individuelles Gesetz in Frage stehen, das genau so weit von allem
Subjektivismus und aller Anarchie absteht, wie das allgemeine, aus begrifflichem Rechtsgrunde hergeleitete es von

sich behauptet. Welche Diskrepanz hier besteht, mag man sich an offenbar sehr verbreiteten Typen des russischen Lebens verdeutlichen. In der russischen Romanliteratur, vom „Helden unserer Zeit" bis zum „Ssanin", begegnen uns unzählige Menschen, die alles Objektive, alle sachliche Bindung, alle Unterordnung unter ein höheres Allgemeines ablehnen und deren Leben von der Quelle bis zur Mündung ein rein individuelles ist; aber unter seinem individuellen Gesetz steht Bewußtsein und Wille dieser Menschen sehr selten. Da sie sich irgendwie berechtigt fühlen, alles Sachliche, außerhalb ihrer Individualität Gültige zurückzuweisen, so fallen sie auf die andere Seite jener Alternative, die schließlich auch von Kant und der ganzen allgemein-rationalen Moral behauptet wird: in die Haltlosigkeit der Individualität, sobald man sie einfach als Subjektivität gelten läßt.

Ich habe zuvor ausgeführt, daß ein allgemeines ethisches Gesetz, auch in seiner höchsten formalen Zuspitzung zum kategorischen Imperativ, sich immer nur auf die einzelne, von ihrem Inhalt fest umschriebene Handlung richten kann. Gemäß diesem Inhalt (der natürlich nicht ausgeführt, sondern nur vom guten oder bösen Willen intentioniert zu sein braucht) empfängt die Handlung von dem darüberstehenden Gesetz ihre begrifflich nachweisbare Wertung. Das Bedeutsame und entschieden Suggestive dieser Urteilsrichtung ist die Objektivität, die sie dem so leicht als schwankend und fragwürdig, als nur subjektiv bestimmt empfundenen ethischen Bezirk zu geben scheint. Indem seine Regulativen nun nicht aus dem unkontrollierbaren Inneren des Subjektes kommen und sich ihrerseits auf den gleitenden, begrifflich kaum fixierbaren Fluß des Lebens sozusagen gar nicht einlassen, tritt hier eine Sachlichkeit der sittlichen Determination entschieden und entscheidend hervor. Wie im Theoretischen die Allgemeingültigkeit einer Erkenntnis nur besagt, daß sie sachlich wahr ist, so geht hier die moralische Allgemeinheit der Gültigkeit und Anerkennung auf die sachliche Bedeutung und Konfiguration der Lebensinhalte zurück. Unter „sachlich" verstehe ich natürlich nicht den Bezug auf irgend etwas Äußeres, sondern, daß die Faktoren des ethischen Verhaltens: Impulse und Maximen, innere Bewegtheiten und fühlbare Folgen — als objektive, einen Sachgehalt dartellende Elemente figurieren, aus denen dann logisch die Beziehung auf die höchste verbindliche Norm folgt. Die Bedeutung und Relation der praktischen Inhalte, ideell gelöst von dem Individuum, an dem sie realisiert sind, entlassen aus sich die sittliche Notwendigkeit bestimmter Verhaltungsweisen. Da dies also mit begrifflicher Notwendigkeit für jeden gilt, bei dem die Bedingungen zutreffen, so scheint der Schluß gerechtfertigt: wo die Allgemeingültigkeit eines Gesetzes unmittelbar empfunden oder als logisch möglich oder tatsächlich vorgestellt wird, ist dies das Zeichen dafür, daß es jene Notwendigkeit aus den Sachgehalten der praktischen Welt gezogen hat. Während die Bindung des praktischen Gesetzes an mögliche oder wirkliche Allgemeinheit auf den ersten Blick eine Vergewaltigung des Einen durch die Vielen, eine Nivellierung des Besonderen durch das Typische verkündet, braucht hier allerdings keinerlei soziale — oder, wie Schleiermacher dies bei Kant bezeichnete: politische — Motivierung zu bestehen, sondern nur Bedingungen und Inhalte der Praxis werden in eine ideelle, begrifflich auszudrückende Selbständigkeit jenseits ihrer individuellen Träger erhoben, und die Logik der Moral entwickelt aus ihnen diejenigen Formungen, in denen diese Inhalte vor sich gehen sollen. So angesehen ist die Allgemeingültigkeit, die der kategorische Imperativ für die Maxime der einzelnen Handlung verlangt, nur das Symptom oder Erkennungszeichen dafür, daß die Handlung im reinen Sachsinn ihres Inhaltes „richtig" ist. Das ist der Sinn davon, daß Kant seine Formel als nicht nur für alle Menschen, sondern für alle denkbaren vernünftigen Wesen gültig erklärt. Ein Imperativ, der für alle Menschen gilt, hätte, nach letzter metaphysischer

Absolutheit, doch nur individuelle Bedeutung; denn die Menschheit ist ein individuelles Gebilde. Nur wenn er sachlich gilt, ist er wirklich überindividuell. Nur bleibt es freilich problematisch, ob die Kantische Ineinssetzung von Sachlichkeit und Vernunftgemäßheit zu Recht besteht und ob diese angeblich nicht menschlich bedingte Vernunft nicht vielleicht ein sehr menschlich-historisches Erzeugnis ist. Hiervon indes abgesehen, ist jedenfalls ganz klar, in welche prinzipielle praktische Einstellung, die eine der großen, unendlich bedeutsamen Parteinahmen des Geistes ist, diese ethische Determinierung aus dem überindividuellen, lebenenthobenen Sachgehalt des Handelns heraus gehört. An ihrem ebenso prinzipiellen Gegensatz gezeichnet, ist sie die Gesinnung, die die Tat bestraft, weil sie ihrem Inhalt nach zu den prinzipiell strafbaren gehört — aber nicht den Täter, der nur der an sich gleichgültige Träger der an sich strafbaren Handlung ist; die Gesinnung, die in der Pädagogik allen Wert auf den einzuprägenden Lernstoff legt, darauf, daß der Zögling eine gewisse Summe objektiver Kenntnisse besitze, während seine „Bildung", als Vollkommenheit des geistigen Lebensprozesses, zu dem alles Lernen — jenseits seiner technischen Notwendigkeit — schließlich nur Mittel ist, außer Betracht bleibt; die Gesinnung innerhalb der Medizin, die die Krankheit, gewissermaßen aus dem lebendigstetigen Zusammenhang des ganzen Körpers als festdefiniertes Gebilde herausgehoben, mit den dogmatisch vorgeschriebenen Mitteln behandelt, nicht aber den ganzen Organismus, in dessen Gesamtfunktionen sie verwebt ist — die Krankheit also und nicht den Kranken. Zweifellos ist diese isolierende Objektivierung von Lebensinhalten, die ihnen eine für sich sinnvolle, selbstgenugsame Sachlichkeit verschafft, ein gar nicht zu überspringendes Stadium der Kulturentwicklung. Sie ermöglicht eine auf anderem Weg vielleicht nicht erreichbare Erkenntnis und spezialistische Bearbeitung wichtiger Gebiete. Ebenso unvermeidlich aber ist

das weitere Stadium: die Wiederauflösung dieser starren,
gleichsam substantialisierenden Versachlichungen in die
fließenden Relationen, die funktionellen Gesamtverbindungen
der Lebenseinheit, der sie zugehören. Nun aber entsteht die
Aufgabe: an dieser viel mehr fluktuierenden, problem-
reicheren, eigentlich unübersehliche Faktoren in sich ver-
webenden Anschauungsweise die reine und feste Objektivität
zu erkennen oder herauszuarbeiten, die — innerhalb der
historischen Entwicklung — vielleicht erst mit der ver-
einzelnden Umrahmung und begrifflichen Fixierung jener
Sachgehalte gefordert und gewonnen werden konnte —
offenbar eines der allerumfassendsten und tiefsten Motive
in der Weltgeschichte des Geistes.

Dies nun bestimmt die ganze hier vorgetragene Wendung
von der Moral des rational-allgemeinen Gesetzes zu der des
individuellen Gesetzes. Ich verkenne nicht die Größe, Kraft,
geschichtliche Notwendigkeit der ethischen Wertung, die den
reinen praktischen Sachgehalt, wie er sich an unbegrenzt
vielen Personen und gleichgültig gegen deren individuellen
Lebenszusammenhang darstellt, ein Zeitloses innerhalb oder
gegenüber der Zeitlichkeit des letzteren — einem objektiven
Gesetz unterstellt, ein sachlich Einzelnes einem sachlich Allgemeinen. Auch handelt es sich hier nicht um den Fortschritt von einer theoretisch unvollkommenen Erkenntnis zu
einer theoretisch zulänglicheren, sondern — wie es dem
Wesen der Philosophie und insbesondere der Ethik entspricht — es ist ein gewisses geistesgeschichtliches Stadium
erreicht, für dessen Grundgestimmtheit und zentrale Einstellung die eine Deutung von dem genetischen Sinn und dem
Heimatsrecht des Sittlichen der angemessenere, „wahrere“
Ausdruck ist als die andere. Logische Erweislichkeit für die
Erweiterung des Objektivitätswertes auf das Sollen als auf
eine Form, in der das individuelle Leben strömt, kommt
nicht in Betracht. Aber ebensowenig kann ich einen logischen
Grund sehen, weshalb die volle Objektivität nicht einem

Gesetze zukommen soll, das aus dem eigenen und totalen Leben dessen, für den es gilt, geboren ist. Die Gegebenheit dieses individuellen Lebens ist die Prämisse für eine genau so strenge und über alle subjektive Willkür erhabene Sollensfolgerung; nur daß der quantitative Ausdruck dieser Objektivität nicht in der Gültigkeit für beliebig viele, sondern gerade nur für dieses individuelle Leben besteht.

Als eine Art Analogie bemerken wir ein individuelles Gesetz in dem, sozusagen morphologischen, Zusammengehören des menschlichen Äußeren und Inneren. Wir kennen kein allgemeines Gesetz, nicht einmal problematischerweise, mit dem sich aus irgendeinem gegebenen Äußeren die Notwendigkeit eines bestimmten Inneren als Funktion jenes ableiten ließe. Dennoch haben wir das sichere Gefühl, daß beides nicht gegeneinander zufällig, sondern das Sosein des einen unabwendlich mit dem Sosein des anderen verbunden ist — wenngleich empirisch weder Körper noch Seele sich rein nach diesem persönlichen Gesetz gestalten, da auf sie außerpersönliche Gewalten vielfach übermächtig und ungleichmäßig einwirken. Es gehört in gewissem Sinn zu jenen Gesetzen, von denen Goethe sagt, daß in der Erscheinung nur Ausnahmen von ihnen anzutreffen sind; es über diese hinweg deutlich, wenn auch nicht formulierbar fühlen zu machen, ist die tiefste Aufgabe der individualisierenden Porträtkunst. Es ist aber in jedem Fall ersichtlich so individuell, wie der Mensch überhaupt es ist, und hält diesen Körper mit dieser Seele genau so notwendig zusammen, wie wenn diese innerlich-äußerlichen Qualitäten in ihrem Zusammengehören gemäß einer für alle gültigen Formel ausrechenbar wären. —

Nun bedarf der Begriff des individuellen Gesetzes der entschiedensten Feststellung, daß der zunächst sich aufdrängende Sinn der Individualität: das Anders- und Besondersein, die qualitative Unvergleichbarkeit des Einzelnen — hier nicht in Frage steht. Nicht um die Einzigkeit,

sondern um die Eigenheit, in deren Form jedes organische
Leben und zuhöchst das seelische verläuft, handelt es sich,
um das Wachsen aus eigener Wurzel. Daß sich an den Begriff
des Individuums soviel Fehlerhaftes und Unzulängliches
knüpft, liegt gerade daran, daß sein Inhalt vielfach nur in
der spezifischen Differenz gesehen wird, durch die das Individuum sich von dem Allgemeinen, mit anderen Individuen
Geteilten unterscheidet. Allein diese Scheidung geht das Individuum nach seiner Wesenswirklichkeit nichts an; diese ist
vielmehr eine lebendige Einheit, zu und in der die vergleich-
baren und die unvergleichbaren Elemente völlig koordiniert
und insoweit ohne innere Rangunterschiede sich verweben
und zusammenwirken. Das Individuum ist der ganze
Mensch, nicht der Rest, der bleibt, wenn man von diesem
alles auch anderen Zukommende abzieht. Freilich ist in
einem gewissen Sinn die qualitative Einzigkeit nicht abzu-
weisen, und zwar gerade, weil wir festhalten, daß jedes einzelne Sollen die ganze Persönlichkeit repräsentiert und ein
Gesamtleben, mag es noch so viel mit anderen gemein haben,
doch eigentlich eine doppelte Unvergleichbarkeit an sich
fühlt. Einmal in einer tiefsten Persönlichkeitsschicht, von
der ein jeder, unbeweisbar, aber unwiderleglich empfindet,
daß er sie mit niemandem teilen und niemandem mitteilen
kann, die qualitative Einsamkeit des persönlichen Lebens,
deren Brückenlosigkeit in dem Maße der Selbstbesinnung
fühlbar wird. Und neben dieser sozusagen punktuellen, in
das schlechthin Nicht-Extensive des Lebens zurückgezogenen
Individualität gerade die des Gesamtumfanges unserer
Existenz: in vielen Einzelabschnitten dieser mögen Individuen übereinstimmen — die Totalität eines Lebenslaufes, mit
wirklich allen äußeren und inneren Bestimmungen und Ereignissen, wiederholt sich sicher nicht ein zweites Mal. Die
Bezirke der Vergleichbarkeit, deren Inhalte überhaupt allgemeinen Gesetzen der Wirklichkeit wie der Forderung
Raum geben können, liegen gewissermaßen in den mittleren

Schichten der Persönlichkeit; sowohl ihr Innerlich-Zentralstes, wie ihr Phänomenal-Totales hat das Cachet des Unvergleichbaren, des nur einmal Seienden. Wie sich dies aber auch verhalte, die hier genannte Autonomie des Sollens berührt es nicht, weil die Ungleichheit mit anderen sie so wenig bedingen kann, wie — was Kant wollte — die Gleichheit mit anderen sie bedingen kann. Beides liegt insofern in der gleichen Ebene, da das über dem individuellen Leben — oder vielmehr als dieses — sich wölbende Sollen seinem inneren Sinne nach jenseits jeder Vergleichung steht, gleichviel zu welchem Resultat diese führe. Die qualitative Differenzierung des ethischen Verhaltens ist überhaupt dem Prinzip des allgemeinen Gesetzes gar nicht so entgegengesetzt, wie es scheint. Es ließe sich nämlich sogar als allgemeines Gesetz denken, daß ein jeder sich absolut anders verhalten solle als jeder andere. (Die Schleiermachersche Ethik, die der Romantik überhaupt, liegt in dieser Richtung.) Weil damit aber ein, wenn auch nur in abstracto, bestimmter und von außen herantretender Inhalt des Handelns vorgeschrieben würde, wäre es ein prinzipiell anderes Gesetz, als das individuelle, das, in bezug auf die Handlungsinhalte völlig unpräjudiziert, deren ganze Unermeßlichkeit in Gleichheit und Ungleichheit vor sich hat. Der Schnitt muß eben anders, als man es gewohnt ist, geführt werden: nicht zwischen Gleichheit oder Allgemeinheit und Individualität im Sinne des Besondersseins, sondern zwischen Inhalt und Individualität im Sinne des Lebens. Denn die ganze Frage ist, ob die Norm von da her bestimmt sein soll, von wo das Handeln kommt, vom Leben, oder von da her, wohin das Handeln geht, von einem ideellen Außerhalb des Lebens, vom Inhalt. Und das ganze Tertium, um dessen Herausstellung es sich hier handelt, ist: daß die Bestimmung vom terminus a quo, vom Leben her, sie nicht in eine naturalistisch-reale Kausalität bannt, sondern daß dieses Leben selbst, außer als wirkliches, noch als ideales, als Sollen verläuft und daß es die ethische Forderung nicht von einem Außerhalb-seiner (und auch die „Vernunft" hat sich, der Lebenstotalität gegenüber, als ein solches Außerhalb gezeigt) zu beziehen braucht, sondern sie als seinen eigenen Entwicklungsprozeß, aber gegen den als Wirklichkeit verlaufenden gleichgültig, in sich schließt.

Darum ist dieses Prinzip bei einer solchen Gleichheit der Wesen, wie sie das allgemeine Gesetz bedingt, als auch bei einer solchen Ungleichheit ihrer, die dieses ganz unanwendbar machte, von gleichmäßiger Gültigkeit. Es schließt deshalb ganz das Motiv aus, durch das sich das Individuum so oft, mit materialem Recht oder Unrecht, dem allgemeinen Gesetz zu entziehen liebt: man sei doch eben anders als die anderen, man gehöre nicht in das allgemeine Schema, für diesen Fall passe nicht, was für alle anderen passe usw. Dies kann nun nicht mehr gelten; wenn du anders bist als alle anderen, so besteht darum für dich nicht weniger als für alle anderen ein ideell vorgezeichnetes Sollen, denn es kommt aus deinem eigenen Leben, nicht aus einem Inhalt, der durch die Verallgemeinerungsmöglichkeit bedingt ist und deshalb vielleicht deinen Fall allerdings nicht einschließt. Wo sich Individualität und Gesetz gegeneinander spannen, kann das Individuum noch immer sagen: das Gesetz paßt nicht für mich, es ist nicht mein Gesetz. Aber die hier mögliche Willkür schließt das individuelle Gesetz gerade aus, das ganz und gar auf der Basis ruht, daß Individualität nichts weniger als Subjektivität oder Willkür ist: wenn die Wirklichkeit — die eine Form, in der die Individualität lebt — Objektivität besitzt, so tut es die andere, das Sollen, nicht minder.

Nun könnte die rationalistische Ethik noch versuchen, die Wertung der Tat als einer zugegeben individuellen so herzustellen, daß man für die ganze Fülle ihrer Teilinhalte, für all ihre Bestimmtheiten aus ihrem individuellen Lebenszusammenhange heraus — je ein allgemeines Gesetz aufsucht; aus dem Zusammenwirken oder der Ausgleichung all dieser

Gesetze ergäbe sich dann die jeweilige definitive Normierung. Gerade der kategorische Imperativ, dessen Abstrak-
tionshöhe sich wenigstens prinzipiell über alle apriorische
Einzelfestlegung des Ethos erhebt, indes, wenn er konkret
werden will, sich doch in spezielle Maximen detaillieren
muß, scheint eine solche Umfassung, die kein Element der
Tat außer sich ließe, wohl denkbar zu machen. Dies wäre
eine genaue Analogie zu der theoretischen Wissenschaft, die
das tatsächliche Verhalten eines Objektes als die Summierung oder die Resultante der Wirkungen aller der Gesetze
gewinnt, die für jede einzelne seiner Bestimmungen gelten.
Nun hat man darauf hingewiesen, daß eine allseitig vollständige Determination auch des einfachsten realen Objektes
auf diese Weise gar nicht möglich sei; denn ein jedes solches
enthalte eine solche Unabsehlichkeit von Eigenschaften und
Beziehungen, daß keine von uns aufstellbare Reihe von Begriffen und also von Gesetzen sie erschöpfen könne; wir
müssen uns mit einseitigen, partikularen, Unzähliges weg-
lassenden Bestimmungen der Dinge begnügen. Zunächst gilt
schon dies auch gegenüber dem Versuch, die sittliche Forderung an einen Moment des Lebens, in all ihren Kompliziert-
heiten, aus den allgemeinen Gesetzen zusammenzusetzen, die
für jeden einzelnen seiner Faktoren gelten. Wesentlicher aber
ist, daß jener erkenntniskritische Gedanke noch nicht weit
genug geht. Das Quantum der Bestimmungen einer Realität mag tatsächlich ausreichen, den Versuch einer begriff-
lich-gesetzlichen Festlegung ihrer restlosen Ganzheit zu ver-
eiteln; prinzipiell könnte immerhin der Anzahl dieser Ganz-
heitsfaktoren eine ebensolche von Begriffen und Gesetzen
entsprechen. Vielmehr, zwischen der Art der Wirklichkeit
und der unserer Begriffe besteht eine Diskrepanz, infolge
deren diese sozusagen jene nie einholen können. Die Bestimmungen eines realen Dinges haben untereinander eine
Kontinuität, eine fließende Allmählichkeit des Ineinander-
Übergehens, die sie für unsere festumschriebenen Begriffe

und deren Erweiterung zu Naturgesetzen ganz ungreifbar macht. Das künstliche Verfahren, das dennoch die Brücke zwischen beiden bildet, ist nicht nur ein Weglassen dem Maße nach, sondern ein Verändern der Art und Form nach. Wir müssen (auf ein hier nicht untersuchtes Recht hin) das Gleiten und die ununterbrochenen Korrelativitäten in und zwischen den Dingen zu scharf geschiedenen Pluralitäten gerinnen lassen, das Kontinuierliche diskontinuierlich machen, den unendlichen Fluß der Beziehungen zum Nächsten bis zum Fernsten allenthalben stauen, wenn wir das Wirkliche mit Begriffen meistern wollen. Und ersichtlich treibt diese Transposition ihre Faktoren am weitesten auseinander, wenn es sich um die Verbegrifflichung und Gesetzeserkenntnis des Lebendigen handelt. Denn indem dieses als ein Subjekt vorgestellt wird, das unter den mit ihm vorgehenden Veränderungen irgendwie beharrt, bekommen diese Veränderungen eine ganz besonders vollkommene Kontinuität, und zeigen die Bestimmungen des in diesem Sinne einheitlichen Wesens eine Fülle und eine Nähe ihrer Relationen, wie sie an bloßen Mechanismen nicht stattzufinden scheinen. Dadurch wird das Herausgreifen und Fixieren einzelner Determinationen der Form des realen organischen Seins und Geschehens im höchsten Maße inadäquat. Nun mag die Naturwissenschaft diese Inadäquatheit für sich verantworten, vielleicht damit, daß ihre Absicht und ihre Apriorität auf ein selbstgenugsames Reich von Begriffen und Gesetzen gehen, das zur Realität nur eines symbolischen Verhältnisses bedarf. Indem die Ethik aber sehr viel näher an dem Leben in seiner Unmittelbarkeit steht, zeigt sich nun auch durch das Medium dieser theoretischen Analogie, wie fremd die Wesensform des „allgemeinen Gesetzes", das einen Einzelinhalt postuliert, der Wesensform des Lebens ist, das doch seine Wirklichkeit ihm anschmiegen soll; wie wenig eine noch so große Häufung solcher Gesetze der Bewegtheit und Mannigfaltigkeit des Lebens nachkommen kann — nicht aus quantitativer Unzulänglichkeit, sondern aus der Diskrepanz der prinzipiellen Form beider.

Die Objektivität alten Stiles ist also auch auf diese Weise den Forderungen gegenüber nicht aufrechtzuerhalten, die sich mit der Erkenntnis des Sollens als einer kategorial eigenen und totalen Form des seelischen Lebens überhaupt erheben. Indem aber diese Form gleichfalls alle Objektivität für sich in Anspruch nimmt, weist sie nicht nur alle Willkür und Unzuverlässigkeit von sich ab, sondern auch den populär wie dogmatisch hauptsächlichen Sinn des praktischen Subjektivismus: das eudämonistische Eigeninteresse als letztes Telos. Denn auf das Subjekt selbst schlägt das so bestimmte ethische Leben überhaupt nicht zurück. Wenn von jeher behauptet worden ist, daß ein solches Leben nicht auf das eigene Glück ausgehen könne, so ist das zwar schon deshalb richtig, weil das Glück hier immer als Zweck des Tuns gedacht ist, und die fundamentale ethische Bewegtheit überhaupt nicht von einem Zweck, sondern von dem aus eigener Wurzel wachsenden Leben bestimmt ist (auch wenn ihre angebbaren Inhalte sich immer in der Zweckform darstellen sollten). Wenn es aber außerdem auch deshalb richtig ist, weil dies Glück einen Reflex des Tuns rückwärts in das Subjekt hinein darstellt, während das ethische Tun niemals in dieser umbiegenden, sondern in der vorwärts strebenden Richtung des Lebens als solchen läuft, so ist doch der Ausschluß des eudämonistischen Motivs nur ein Bruchteil dieser sehr viel prinzipielleren Bestimmung. Um ihretwillen wäre es sogar schon mißverständlich, die dem individuellen Leben entwachsende, seine Wirklichkeit ideell, aber aus ihm selbst heraus überbauende Forderung, die sich als Gegensatz zu der „allgemeinen" Legitimierung ihres einzelnen, für sich betrachteten Inhaltes weiß — es wäre mißverständlich, sie etwa als „Vollendung der eigenen Persönlichkeit" zu bezeichnen. Denn so sicher diese ein objektiver Wert ist, so wäre nicht nur auch sie ein einzelner Sollensinhalt, neben dem, eben weil er ein einzelner, a priori angebbarer ist, andere auf gleicher Rechtsstufe stehen, sondern es läge darin gerade jene vorhin gerügte, naive Undifferenziertheit: daß die von dem individuellen Leben ausgehende Idealbildung auch mit ihrem Inhalt zu ihm zurückkehren müßte. Sie kann sich vielmehr, ohne ihre Quelle zu verleugnen, und durch sie gerade getrieben, in soziale, altruistische, geistige, künstlerische Gestaltungen ergießen und in diesen ihren jeweiligen Endzweck sehen; das Leben vollendet sein urtümlich eigenes, nur von seiner individuellen Wurzel genährtes Ideal seiner selbst unzählige Male, indem es sich selbst entfernt, sich selbst aufgibt. Will man dies durchaus Vollendung der eigenen Persönlichkeit nennen, so kann das nur eine Titulatur, aber nicht der ethisch entscheidende Endzweck sein, da die hier erfragte Sanktion überhaupt nicht von einem terminus ad quem, sondern nur von einem terminus a quo, von dem mit dem Leben selbst vorschreitenden Ideal seiner selbst kommen kann.

Dies Vitalisieren und Individualisieren des Ethos ist allem Egoismus und Subjektivismus so fremd (was freilich allen Denkverschmelzungen, deren Recht ich gerade bestreite, und ihrem naiven Dogmatismus schnurstracks zuwiderläuft), daß es nicht nur keine Erleichterung des sittlichen Anspruches mit sich bringt, sondern umgekehrt das Gebiet der „mildernden Umstände" eher einschränkt. Viele unserer Taten, isoliert betrachtet läßliche Sünden, gewinnen ihr ganzes Gewicht erst, wenn wir uns klarmachen, daß unser ganzes Dasein dazu gedrängt hat, und daß sie unser Dasein vielleicht für alle Zukunft bestimmen werden — ein Kriterium, das aber nur für dieses individuelle Leben gelten kann und in der Verallgemeinerung auf irgendwelche andere, die nicht mit dem meinen absolut identisch sind, ganz sinnlos wäre. Noch weitergehend: nun sind wir nicht nur dafür verantwortlich, daß wir einem bestehenden Gesetz gehorchen oder nicht, sondern schon dafür, daß dieses Gesetz für uns gilt; denn es gilt für uns nur, weil wir diese bestimmten sind, deren Sein sich durch jede geschehene Tat irgendwie modifiziert und damit das ihm stetig entfließende Sollensideal selbst in jedem Augenblick modifiziert. Statt des eigentlich öden Nietzscheschen Gedankens: Kannst du wollen, daß dieses dein Tun unzählige Male wiederkehre — setze ich: Kannst du wollen, daß dieses dein Tun dein ganzes Leben bestimme? Denn daß es dies tut, ist gar keine Frage, sobald man die Zerreißung des Lebens in diskontinuierliche „Handlungen" aufgibt. Diese Entwicklung des Sollens verhält sich wie die der theoretischen Werte. Daß uns irgend etwas als Wahrheit gilt, hängt von dem ganzen Komplex der in diesem Augenblick von uns anerkannten Prinzipien, Methoden und Erfahrungsinhalte ab, deren Zusammenhang mit der neuen Erkenntnis diese legitimiert. Ist dies aber geschehen, so verändert das hinzugekommene Element jenen Bestand in irgendeiner Weise, die selten rein quantitativ bleiben wird; es wird vielmehr leicht irgendwelche Bestimmungen neben denjenigen, die zu seiner Akzeptierung durch jene Kriterien führten, enthalten, und auch diese werden, da es eben als ganzes akzeptiert ist, als Wahrheit gelten und damit die Totalität der Wahrheiten irgendwie weiterentwickeln oder modifizieren. Es findet also der nächste, seine Legitimation nachsuchende Satz ein abgeändertes Kriterienfeld vor. Das heißt also, in prinzipieller Formulierung: jede anerkannte Wahrheit verändert die Bedingungen, auf die hin sie selbst als Wahrheit anerkannt wurde. Dies gilt nun ebenso für die Sollensentwicklung unseres Lebens. Indem irgend etwas als sittliche Forderung in der Strömung unseres Lebens, gestaltet nach deren bisherigem Lauf, Maßstäben, Inhalten, sich erhebt, ist dieser Lauf weiterhin nicht mehr derselbe, sondern bietet nun dem nächsten Moment dieses ethischen Lebens andere Entstehungs- und Geltungsbedingungen, als diejenigen waren, unter denen das soeben modifizierende Moment zur Entstehung und Geltung gelangte. Natürlich

macht dies Schwierigkeiten der ethischen Entscheidung
sichtbar, denen gegenüber die Herrschaft eines allgemein
gültigen, ein für allemal fest normierenden Gesetzes diese
Entscheidung so leicht macht, wie es die Orientierung des
Lebens unter einem patriárchalischen Despotismus gegenüber der unter der Autonomie des freien Menschen ist.
Indem die fließende Gestaltung des Lebens als Sollen auftritt,
indem das Absolute der Forderung in diesem Sinne ein Historisches wird, dies Historische aber ein Absolutes, steigt die
normierende Strenge tief unter die Schicht herunter, in der
die Ethik bisher die Verantwortung des Menschen allein
suchte: ob er nämlich dem bestehenden Sollen gemäß wirklich handle. Aber nun reicht dies nicht aus, weil schon das
Sollen unser eigenes Leben (unter der Kategorie der Idealität) ist und, wie es entsprechend unter der Kategorie der
Realität der Fall ist, an jedem aktuellen Sollen jedes Moment
des bisher gelebten Lebens mitgeformt, mitbedingt hat. In
der Pflichtethik Kants ist der Mensch nur für sein Tun verantwortlich. Die Pflicht ist ihm gegeben, er findet sie vor
als ein Festes, dem er folgt oder nicht folgt, dessen Inhalt
aber seiner Entscheidung entzogen ist. Die unendlich viel
schwerere Verantwortung: dafür, daß man sich überhaupt
dies Bestimmte zur Pflicht setzt — scheint ihm damit abgenommen. Die Logik des kategorischen Imperativs, an der
man nur entlangzugehen braucht, erspart ihm das Schöpferische des Sittlichen, mit seinen Gefahren und Verant-
wortungen. Indem Kant die Handlung nur auf den Wert
ihres in sich geschlossenen, auf sich allein zugespitzten Inhaltes ansieht (denn auch seine ausschließliche Wertung der
Gesinnung vollzieht sich in der atomisierenden Konzentrie-
rung zu der jeweiligen Handlung), wird das Ganze des
Lebens zu der Summe diskontinuierlicher Einzelheiten. Weil
dies nun dennoch seiner gefühlten Wirklichkeit nicht genügt,
weil seine sprunglose Einheit irgendwie zu Worte kommen
will, zieht sie sich unvermeidlich auf ein „reines Ich" zurück,

auf eine inhaltliche Punktualität oder Funktion, jenseits von
Wechsel und Mannigfaltigkeit. Das reine Ich ist das Korrelat
des Lebensbildes als eines bloßen Nacheinander einzelner,
je eine selbstverantwortliche Totalität bildender Handlungen.
Dem steht meine Auffassung gegenüber, die das Leben nicht
in das Ich als einen leeren Prozeß und die einzelnen, inhalt-
erfüllten Handlungen zerlegt, sondern die Form seiner Einheit unmittelbar darin sieht, daß es sich in wechselnden Inhalten äußere, oder richtiger: in ihrem Erlebt- und Getan-
werden bestehe. Darum ist das ganze Leben für jede Tat
und jede Tat für das ganze Leben verantwortlich; die Inhalte sind als erlebte kontinuierlich, weil ein jeder nur die
jeweilige Höhe ist, zu der sich das Leben hebt. Neben dem
Operari sequitur esse gilt auch: Esse sequitur operari. Jede
Handlung wirkt auf den — nicht mehr definierbaren —
Grund zurück, aus dem unser Handeln überhaupt aufsteigt.
Darum liegt schon in dem Gesolltwerden jedes einzelnen Tuns die Verantwortung für unsere ganze
Geschichte.

Damit schließt sich nun das Bild der Lebenskontinuität
in ihren beiden, hier als koordiniert behaupteten Formen.
Wenn, wie ich meinte, das Leben die Gestalt hat, jeweils
als ganzes sein jeweiliger Moment zu sein, und die unvergleichliche Art seiner Einheit eben darin besteht, daß die
völlige inhaltliche Entgegengesetztheit dieser Momente sie
nicht hindert, ein persönliches Leben in seiner Ganzheit darzustellen, daß jedes Verhalten „das Leben" ist — so ist das
bedingende Enthaltensein der ganzen Vergangenheit in dem
aktuellen Sollen nur ein anderer Ausdruck dafür. Und
wiederum nur ein anderer, nach einer anderen Dimension
sich streckender ist es, wenn wir an jedem einzelnen Gesollten, das uns als ein formulierbares Gesetz gegenübersteht, fühlen: so sollen wir uns in diesem einzelnen Falle
verhalten, weil wir uns als ganze Menschen in einer bestimmten (wenn auch nicht ebenso formulierbaren) Weise

verhalten sollen. Auch im Sollen bestimmt das Ganze den Teil, lebt das Ganze im Teil. Wahrscheinlich ist dieses jeweilige individual-allgemeine Gesetz nicht begrifflich zu fixieren, sondern dies erreichen nur jene singuläreren Vorschriften, die sich bei seinem Zusammenschlage mit einzelnen Gegebenheiten und Situationen erheben. Aber darum ist dies Gesetz der individuellen ethischen Totalhaltung nicht weniger gültig und wirksam, wie sein Gegenstück im Gebiet der Wirklichkeit: jener unbeschreibliche Stil und Rhythmus einer Persönlichkeit, ihre Grundgeste, die jede ihrer, durch die Gegebenheitsfaktoren hervorgerufenen Äußerungen zu etwas unverwechselbar ihr Zugehörigem macht. Obgleich wir dies nie rein, sondern immer nur an einem materialeinzelnen Verhalten als dessen Formungskraft ergreifen können, wissen wir doch, daß hiermit die tiefste Seinsbestimmtheit des Individuums sich darlebt. Daß nun, entsprechend, das Sollensganze der individuellen Persönlichkeit ohne Vorbehalt ihre jeweilige Sollung bestimmt, ist nur die ethische Ausformung davon, daß das Leben in jedem Augenblick seine Totalität ist. Auf diese Weise wird aller Mannigfaltigkeit der ethischen Situationen und Evolutionen Rechnung getragen und ebenso doch der Einheit, Stetigkeit, Konsequenz des sittlichen Anspruches, die die Ethik der allgemeinen Gesetze nur in der mechanischen, zeitlich durchhaltenden Beständigkeit irgendwelcher Inhalte des sittlichen Wertgebietes (und sogar die bloße Form des allgemeinen Gesetzes ist in diesem Sinne noch ein Inhalt und muß sich in solchen umsetzen) zu erreichen meinte.

Auf der Basis also, daß das „individuelle Gesetz" (gleichviel übrigens, ob man das hier Gemeinte mit diesem oder einem anderen Schlagwort bezeichne) die Richtung des Sollens überhaupt umkehrt, es statt von den Lebensinhalten vielmehr von dem Lebensprozeß herkommen läßt, verbreitet es die normative Forderung gleichsam nach zwei Dimensionen über den Bezirk hinaus, den ihr Kant und eigentlich die ganze Moralphilosophie zugewiesen hatte. All das Variierende, seinem Sinn nach Einmalige, in der Lebenskontinuität ohne angebbare Grenzen Gleitende, das sich jeder Unterordnung unter ein vorbestehendes Gesetz ebenso wie der begrifflichen Sublimierung zu einem allgemeinen Gesetz entzieht — alles das findet nun ein Sollen über sich, da dieses selbst ein Leben ist und dessen kontinuierliche Form bewahrt. Und eben darum, weil die Forderung nicht als ein starres Ein-für-allemal dem Leben gegenübersteht, ist alles, was wir je taten und was wir je sollten, die Bedingung, unter der unser ethisch-ideales Leben sich zu der Wellenhöhe des jeweilig Gesollten hebt. Wie jeder Pulsschlag eines lebendigen Wesens durch alle seine vergangenen Pulsschläge bedingt ist, so kann auch in diesem Prozeß nichts verloren gehen, der nicht nur die Tat, sondern auch das Sollen jedes Augenblicks zum Erben und Verantwortungsträger alles dessen macht, was wir je waren, taten und sollten. Damit vollendet sich erst die Differenzierung, gleichsam das In-Freiheit-Setzen der Elemente, von deren Verschmelzung in der Ethik Kants diese Seiten so oft sprachen: daß nur das Wirkliche, aber nicht das Ideal-Normative individuell sein kann und nur das Allgemeine, aber nicht das Individuelle gesetzhaft — das sind die Verbindungen, deren Lösung sich auf diesem langen Wege vollzogen hat, damit die Verbindung von Individualität und Gesetzlichkeit sich vollziehen könne.

MIX
Papier aus verantwortungsvollen Quellen
Paper from responsible sources
FSC® C105338

Printed by Libri Plureos GmbH
in Hamburg, Germany